A TRAVERS
L'ALGÉRIE

PARIS

TYPOGRAPHIE GEORGES CHAMEROT

19, rue des Saints-Pères, 19

A TRAVERS L'ALGÉRIE

SOUVENIRS DE L'EXCURSION PARLEMENTAIRE

(SEPTEMBRE-OCTOBRE 1879)

PAR

PAUL BOURDE

PARIS

G. CHARPENTIER, ÉDITEUR

13, RUE DE GRENELLE-SAINT-GERMAIN, 13

—

1880

Tous droits réservés.

PRÉFACE

Le 22 septembre 1879, une expédition, que par un emprunt au vocabulaire local on a appelée la caravane parlementaire, s'embarquait à Marseille pour aller visiter l'Algérie. Elle était ainsi composée :

Sénateurs : MM. Lelièvre, d'Alger; Lucet, de Constantine; Chevassieux, de la Loire.

Députés : MM. Girerd, de la Nièvre, sous-secrétaire d'État au ministère de l'Agriculture et du Commerce; Barodet, de la Seine; Boudeville, de l'Oise; Crozet-Fourneyron, de la Loire; Devade du Loiret; Farcy, de la Seine; Fousset, du Loiret; Gastu, d'Alger; Jacques, d'Oran; Joly (Albert), de Seine-et-Oise; Jozon, de Seine-et-Marne; Lecomte, de l'Indre; Legrand (Louis), du Nord; Levavasseur, de l'Oise; Magniez, de la Somme;

Ménard-Dorian, de l'Hérault; Noël Parfait, d'Eure-et-Loir; Picard (Arthur), des Basses-Alpes; Thomson, de Constantine, Tiersot, de l'Ain; Villain, de l'Aisne.

Secrétaires : MM. Paul Joly, Lebeau, Locquin, Thevenet, chef de cabinet de M. Girerd.

Sténographe : M. Pengrueber.

Correspondants de journaux : MM. David pour le *Voltaire*, Debains pour la *Petite République Française*, Charles Furby pour le *Petit Marseillais*, Gaston Lemay pour l'*Agence Havas* et Paul Bourde pour le *Moniteur Universel*. Dans le cours du voyage, notre petit groupe s'augmenta de MM. Kohn-Abrest du *Rappel* et H. de Lamothe du *Temps*. Enfin, un charmant compagnon, M. François, de l'*Indépendant* de Constantine, vint avec nous à Biskra.

Le projet de cette excursion parlementaire avait été conçu par M. Thomson, que son mandat porte à chercher tout ce qui peut être favorable au développement de l'Algérie, et par M. Albert Joly, qui avait gardé de plusieurs excursions précédentes une chaude affection pour notre possession. Il rencontra sans peine assez d'adhésions pour pouvoir être exécuté. La caravane qui se forma ainsi n'avait naturellement aucun caractère officiel. Cependant la population algérienne l'a reçue avec les honneurs qu'elle aurait rendus à une délégation du Parlement. Dans toutes les localités qu'elle a traversées, son arrivée a été un jour de fête ; les municipalités se sont empressées de pourvoir à son logement, et partout elle a été conviée à des punchs et à des banquets. Ces démonstrations ont servi de thèmes à quelques plaisanteries : on a dit que la caravane avait fait un voyage charmant aux frais des contribuables. Je ne voudrais pas laisser croire que les populations ont été pressurées pour subvenir aux besoins des voyageurs ; je n'ai jamais remarqué sur le visage de nos hôtes aucune trace des ressentiments qu'auraient infailliblement causés des exactions, et, si quelques-uns des membres de la caravane ont couru le risque d'être mis en pièces, c'est par les gens qui se disputaient l'honneur de les recevoir chez eux. Pour des contribuables faisant les frais du voyage je puis certifier que ces gens étaient de fort bonne humeur et qu'il aurait été bien difficile de se soustraire à leur empressement. L'hospitalité algérienne est cordiale et large comme dans tous les pays nouveaux où la vie est abondante, où l'espace n'est pas mesuré, où l'instinct de la solidarité est d'autant plus vif que les difficultés sont plus grandes et les occasions de s'entr'aider plus nombreuses; elle est particulièrement empressée pour les personnes qui viennent de la mère patrie, comme si elle en retrouvait quelque chose en elles. On ne peut lui faire qu'un reproche, c'est d'être excessive. On concevra sans peine que des banquets de quatre heures, où une cuisine fastueuse faisait défiler une vingtaine de plats, n'étaient pas toujours absolument des fêtes pour des gens fatigués par douze heures de voiture.

La qualification de charmant ne convient pas non plus à ce voyage; il a été exceptionnellement intéressant, en ce sens qu'il a été donné à ceux qui l'ont fait d'entendre tout le long de la route les vœux des populations et d'emporter ainsi une idée précise des besoins de l'Algérie, mais il faudrait violenter les mots pour y voir une partie de plaisir. En trente jours, la caravane a parcouru les trois provinces, poussé jusque dans le désert, visité dix-sept villes et fait 2,578 kilomètres, dont 1,404 en chemin de fer et 1,174 en voiture. Par voiture il faut entendre des fourgons d'ambulance dont les durs ressorts et les banquettes de bois rendaient terriblement sensible le mauvais état des routes algériennes. Les punchs prolongeant les banquets, on se couchait rarement avant minuit, et, à cause de la longueur des étapes, on se levait souvent avant trois heures. Je suis étonné que des vieillards aient pu supporter pendant un mois cette existence de soldats en campagne ; il y eut beaucoup d'indispositions passagères, mais aucune maladie sérieuse.

On s'est demandé quels avantages l'Algérie pourrait retirer d'une visite aussi rapide. En retirera-t-elle même un avantage quelconque et les Algériens n'en seront-ils pas pour leurs frais d'hospitalité? Cette question ne saurait être posée bien sérieusement. Outre que la caravane aura contribué à faire régler nombre d'affaires locales en appuyant des vœux jusqu'alors méconnus, son voyage ne peut manquer d'avoir une influence considérable sur les grandes discussions qui se produiront bientôt. Ce qui manque le plus à l'Algérie dans nos assemblées, c'est un auditoire; il est convenu qu'on s'intéresse à elle, mais en fait on ne s'en occupe guère. Le moment arrive où elle réclamera une sollicitude un peu moins platonique. Des réformes qui engageront gravement son avenir vont être soumises au Parlement; il importe qu'elles soient l'objet du plus sérieux examen. Liés à la colonie par l'accueil qu'ils en ont reçu, par le temps qu'ils lui ont consacré, par la connaissance qu'ils ont prise de ses besoins, les membres de la caravane s'en feront les avocats et associeront leurs amis à leurs convictions. Au lieu de trois députés forcément submergés dans la masse de la Chambre, l'Algérie en aura cinquante. N'est-ce rien que ce résultat? N'est-ce rien non plus que d'avoir fourni à la presse, pendant quelques semaines, l'occasion de s'occuper de notre possession africaine plus qu'elle ne le fait d'ordinaire; d'avoir attiré sur elle l'attention publique et fortifié ainsi le courant de sympathies qui l'unit à la métropole? La pire des choses pour elle serait l'indifférence, cette indifférence à laquelle nous sommes si enclins. Qu'on ne s'étonne donc point de l'empressement avec lequel elle accueille tout ce qui la rappelle à la France; un sûr instinct lui dit qu'elle ne peut qu'y trouver profit.

J'ai suivi la caravane parlementaire depuis le premier jour jusqu'au dernier; j'étais dans le cas de la plupart des membres qui la composaient, c'est-à-dire que je voyageais pour la première fois en Algérie, de sorte que, sans avoir la prétention de traduire leurs impressions, je puis dire que celles que je me propose de résumer ici ont porté sur les mêmes points et qu'elles pourront donner une idée de ce qui les a frappés. J'ajouterai seulement que des études depuis longtemps poursuivies avec passion m'avaient un peu familiarisé avec les questions algériennes. J'aimais notre colonie avant de la connaître, et je l'ai parcourue, n'ayant d'autre parti pris que celui que peut donner la ferme conviction que les destinées de la France sont très-intimement intéressées à sa prospérité.

A TRAVERS
L'ALGÉRIE

LA TRAVERSÉE

Le mal de mer. — Déceptions. — Pas de vaste mer !
Devant Alger. — Première vue de l'Algérie.

La traversée est le gros ennui d'un voyage en Algérie. En trente-six heures on éprouve tous les dégoûts de la mer, et quand, le cœur raffermi, on en comprendrait les attraits, on débarque. J'ai payé mon tribut à la Méditerranée, qu'il me soit permis d'en médire à mon aise.

A cinq heures du soir l'*Ajaccio* se détache du quai et sort doucement du port Les membres de la caravane parlementaire et les personnes qui doivent les suivre se réunissent sur la dunette. Les secrètes appréhensions de chacun mettent promptement toutes les conversations sur le même sujet. On se demande : L'avez-vous? On parle des pastilles de

Malte, de l'éther sur un morceau de sucre, de l'efficacité d'un solide repas, de la diète, de la manière de se tenir couché. Quelqu'un affirme qu'avec de la résolution on peut dompter le monstre. Je serais volontiers de cet avis. Que ne peut la volonté humaine? Le docteur du bord sourit à la dérobée d'un air goguenard. Mais le mouvement du navire est si insensible, que les visages prennent un air vainqueur et ont l'air de dire : Qui donc a entendu parler du nommé mal de mer?

Nous doublons l'île de Pomègue, et le navire commence à se balancer d'une façon qui ramène l'inquiétude dans les groupes. Nous avions beaucoup admiré trois jeunes sœurs, chacune d'une beauté différente mais parfaite. Elles auraient pu jeter leur éventail par-dessus le bord, personne n'aurait hésité à plonger au fond de la mer pour le leur rapporter. Tout d'un coup, le désordre se met parmi elles, et, tout en souriant encore, elles regagnent précipitamment leur cabine. C'est comme un signal : un passager se précipite aux bastingages et se penche avec un mouvement de curiosité qui ne semble pas naturel. Qu'est-ce donc? Hélas, ce n'était pas la curiosité. D'autres pâlissent et se sauvent. On dirait que la peste vient d'éclater à bord ; les gens filent le long de l'escalier avec des mines effarées. Je ne résiste pas au mouvement général. Sauvons le prestige du journalisme! Je disparais. Pendant qu'étendu sur ma couchette, je réfléchis tristement à l'impuissance de la volonté, un appel de cloche éclate au milieu de tant de désolation. C'est l'heure du dîner! Ceux

qui n'y ont pas passé ne sauraient avoir une idée de
ce qu'il y a d'ironie dans le fait de s'entendre inviter
à manger quand on a le mal de mer. Les Compagnies
maritimes combinent du reste les heures du départ
et des repas très-ingénieusement pour vous rendre
ce tourment plus sensible.

Le lendemain, le temps est très-calme. On s'habitue au malaise. Après avoir visité le navire, je m'assieds à la proue pour jouir de la mer. J'apportais une imagination enthousiasmée par les lectures, une âme avide d'émotions; je m'isole, je m'abandonne à mes impressions, et je reste profondément surpris d'être aussi peu intéressé. Je cherche en vain ce vaste horizon de la mer dont on m'a tant parlé. Le navire ressemble exactement à un jouet posé sur une table sous un globe de verre : la table, c'est la mer d'un bleu intense, surface plane parfaitement ronde et qui n'a rien d'immense, j'en vois le bord, à quelques kilomètres devant moi, se découper avec une netteté géométrique sur le fond clair du ciel; le globe, c'est le ciel d'un azur implacable dans lequel le soleil a un flamboiement toujours égal. Pas de vaste mer! Tout le paysage est fait de cette surface plane et de cette surface courbe, de ce bleu foncé et de ce bleu clair. Pas autre chose. C'est borné, c'est pauvre, c'est d'une affreuse monotonie.

La seconde nuit est meilleure que la première. Vers quatre heures du matin, à je ne sais quel frémissement qui parcourt le navire, je sens que nous sommes en face d'Alger. Les indispositions s'oublient comme par enchantement, il n'y a plus de malades, tout le monde se lève et grimpe sur le pont. Un air tiède souffle de la terre d'Afrique, la mer est comme d'encre, une légère brume qui flotte au-dessus d'elle a des teintes de charbon, les traits du navire m'apparaissent très-noirs; on dirait du tout une marine au fusain un peu brouillée. Cependant le ciel est pur. En montant sur les banquettes, on aperçoit dans le lointain, sur la droite, des lumières semblables à un chapelet d'étoiles égrené au bord de ce qui serait l'horizon sans le brouillard du matin. C'est Alger. Tous les désirs qui ont si souvent tourné mes pensées vers l'Afrique me remontent au cœur, et je sens une indicible satisfaction à songer que je vais les satisfaire en partie. Le capitaine du navire, par condescendance pour les voyageurs qu'il transporte, a arrêté son bâtiment et attend le lever du soleil pour nous donner le spectacle fameux d'Alger étincelant de blancheur sur sa colline. Les lumières tremblotent, pâlissent et s'éteignent, la brume se dissout et tombe, le paysage émerge de la nuit et de la mer. D'abord des masses sombres, le Bouzareah à droite, les montagnes de l'Atlas au fond, les montagnes de la Kabylie à gauche, puis les grands détails apparaissent. Allons, voilà l'Afrique!

Ce qui m'attire vers elle, ce n'est pas la vieille terre semée des débris des peuples et des grands souvenirs de l'histoire, ce n'est pas même le pays pittoresque où d'illustres peintres sont venus rajeunir la verve appauvrie des anciennes écoles. Ce n'est ni en archéologue, ni en artiste que je veux la voir, c'est en patriote. Notre siècle assiste à une nouvelle distribution des races sur le globe. Les races européennes s'emparent du monde ; dans les régions où elles peuvent vivre et se reproduire, elles se substituent aux races indigènes pour exploiter les richesses du sol ; dans les régions dont le climat leur est funeste, elles établissent ces exploitations indirectes dont l'Inde et Java nous offrent les exemples les plus intéressants. Un jour viendra où la terre tout entière leur appartiendra. Les Espagnols dans l'Amérique centrale et dans l'Amérique du Sud ; les Portugais dans l'Amérique du Sud, les Russes en Asie, les Anglo-Saxons dans l'Amérique du Nord, dans l'Afrique australe et en Australie, se sont approprié d'immenses territoires où leurs descendants pourront se compter par cent millions d'hommes. Ces pays tardivement appelés à la civilisation revendiqueront dans le gouvernement du monde une part proportionnelle à leur nouvelle puissance ; l'aire où se débattent les destinées de l'humanité s'agrandira sans cesse, et la vieille Europe, habituée depuis vingt siècles à la prépondérance, devra reconnaître des égaux dans ces enfants dont elle aura peuplé la terre. Évolution grandiose qui commence sous nos yeux ! Qu'adviendrait-il de la race française, si elle se désintéressait de cette formidable expansion ? Restant stationnaire, tandis que les races voisines grandiraient en nombre et en influence, elle perdrait son rang parmi les peuples. Son histoire répéterait celle de la race grecque. Écrasée par la disproportion, annihilée par son infériorité numérique, n'ayant plus de force réelle, elle n'aurait plus de rôle, et il ne lui resterait qu'un souvenir : le droit à la reconnaissance éternelle des nations pour sa glorieuse collaboration à la civilisation universelle (1). Coupables ceux qui disent que nous devons nous concentrer dans nos frontières, parce qu'ils nous condamnent à la décadence! Coupables ceux qui disent que nous ne savons pas coloniser, parce qu'ils nous vouent à la mort! Non, il faut que la France se fasse une part digne d'elle dans la conquête du monde, et je viens chercher sur cette terre, que j'aperçois à travers la brume du matin, la preuve que nos facultés sont à la hauteur de cette ambition. Je sais que je l'y trouverai, et j'en tressaille d'aise. En dépit des calomnies dont nous nous faisons nous-mêmes les

(1) Voici quelques chiffres sur la population totale des grandes puissances européennes comparée, à diverses époques, avec celle de la France. Fin du XVIIe siècle : grandes puissances européennes (France, Allemagne, Angleterre), 50 millions d'habitants ; France, 20 millions, soit 40 p. 100. Fin du XVIIIe siècle : grandes puissances européennes (France, Allemagne, Angleterre, Russie), 96 millions d'habitants ; France, 26 millions, soit 27 p. 100. Actuellement : grandes puissances européennes (France, Allemagne, Angleterre, Autriche, Italie, Russie), 265 millions d'habitants ; France, 37 millions, soit 14 p. 100 seulement. Il y a aujourd'hui de par le monde près de 100 millions d'individus parlant l'anglais, 80 millions parlant l'allemand, 65 millions parlant le russe et il y en a à peine 45 millions parlant la langue française. Quel Français ne se sentirait pris d'angoisse en présence de cette disproportion croissante où notre race finirait par sombrer, si nous ne lui ouvrions des pays nouveaux où elle se multipliera? Voilà la grande raison d'être de l'Algérie. Compter ce qu'elle nous coûte, c'est prendre la question par le côté mesquin qui n'est nullement le côté pratique. Toute autre considération doit s'effacer devant l'urgence du résultat à atteindre : agrandir la France.

propagateurs, nous colonisons aussi bien que d'autres. Je salue dans l'Algérie un gage de la durée de notre race et la plus rassurante des promesses pour l'avenir de notre pays.

Cependant la brume tombe tout à fait, l'horizon s'empourpre au-dessus du cap Matifou, le soleil se lève, et ses premiers rayons frappent horizontalement les façades d'Alger. Tant de descriptions de la beauté du spectacle ont été essayées, et par les plus grands maîtres, que je n'ose y ajouter le récit de mes propres émotions. De toutes les comparaisons que j'y ai lues, la meilleure, à mon avis, est celle de la carrière de marbre. On dirait, en effet, une avalanche de blocs qui a glissé de la Kasbah, et s'est étalée sur la pente arrondie de la montagne, en un triangle dont la base ne s'est arrêtée qu'à la mer. Les cubes blancs des villas innombrables éparpillées à travers la verdure sur les coteaux de Mustapha, ajoutent à l'illusion. On imagine que les environs d'une carrière exploitée par des géants auraient cet aspect. Le lait est moins blanc que toutes ces habitations qu'on a sous les yeux, qu'elles soient dans la ville ou dans la campagne, et l'œil, habitué à l'enveloppe grise de nos édifices, en est délicieusement surpris.

Nous ne faisons que passer à Alger. La caravane parlementaire y venait chercher le gouverneur général, M. Albert Grévy, qui devait se rendre avec elle à Bône, où commençait réellement le voyage. Le lendemain matin, nous nous rembarquons donc à bord d'un bâtiment de l'État, *l'Européen*. La vue des côtes que nous ne cessons de longer étonne beaucoup quelques-uns d'entre nous. Pendant quatre cents kilomètres, nous n'avons sous les yeux que des montagnes boisées. On ne saurait dire qu'elles sont verdoyantes, mais elles ont cette belle rousseur d'automne que Gautier appelait couleur rôtie de pain grillée, et elles ne ressemblent nullement au pays plat, nu, calciné et sans eau que bien des gens s'attendent à rencontrer. En réalité, en s'en tenant simplement au territoire colonisable, il y a deux Algéries, l'une faite des régions où deux chaînes de montagnes courent parallèlement à la mer, on y trouve d'immenses forêts d'une superficie totale plus considérable que celle des forêts de France; l'autre faite de vastes plaines faiblement ondulées où l'on ne rencontre pas un arbre. Je ne sais pourquoi on parle toujours de celle-ci, ce qui donne des idées très-fausses sur l'ensemble de la colonie.

BONE

Le débarquement. — Les querelles de Bône et de Constantine. Le département de la Seybouse. — Autres vœux de Bône. — La ville. — Les corailleurs. — Les Biskris. — La Kasbah et ses légendes. — Les incendies des forêts. — Une kouba. Les ruines d'Hippone.

Nous doublons le cap de Garde, et nous pénétrons brusquement dans la baie de Bône. La côte d'Afrique décrit beaucoup de ces courbes profondes, dans le repli occidental desquelles des villes se cachent à l'abri des vents dangereux. Mers el-Kébir, Arzeu, Alger, Bougie, Stora, Bône, se sont bâties ainsi, provoquées par le refuge que leurs rades offraient aux vaisseaux. Le paysage en demi-cercle est gracieux : à droite, les croupes de l'Edough, chargées de forêts, fuient vers l'horizon ; au fond, deux mamelons d'une verdure vigoureuse tranchent sur la plaine de la Seybouse ; à gauche, une terre basse borde d'un ourlet noir la surface bleue de la baie. Le bloc blanc de la Kasbah signale de loin l'emplacement de Bône, que deux petites collines cachent encore.

Comme nous approchons, on nous fait remarquer un rocher qui figure un lion avec une vérité que l'on rencontre rarement dans les bizarreries naturelles de ce genre. L'animal est dans une attitude de curiosité profonde dont Barye aurait pu s'inspirer ; il est accroupi, les épaules sont renflées par un geste énergique, il penche la tête et regarde attentivement les vagues qui lui lèchent les pattes de devant.

Peu à peu les collines, s'écartant comme un écran, laissent apercevoir la ligne noire de la jetée, le quai de l'avant-port courant le long d'un contrefort de l'Edough taillé à pic, une haute porte cintrée enjambant le quai, un pied contre la montagne et l'autre dans la mer, et par là-dessus quelques habitations et la tour carrée d'un minaret. Une fois entré dans le port, on voit la montagne finir en pente douce, et, sur le versant qui regarde la baie, une cinquantaine de maisons. La ville est invisible de l'autre côté, fâcheusement abritée contre les brises de la mer.

Le débarquement est fort pittoresque. Les goums de la subdivision, rangés sur le quai, le sabre au poing, encadraient la scène. Des agents de police indigènes, portant le turban, la veste, le seraoual et le bas tendu sur le mollet, contenaient avec une badine une foule épaisse où se mêlaient tous les costumes de l'Algérie. Quels contrastes ! Mon œil étonné allait du feutre mou à la chechia rouge, du chapeau à haute forme au turban, du mouchoir maltais simplement noué autour de la tête au haïk arabe serré d'une corde en poils de chameau. Ce qui frappe tout d'abord, c'est combien ces races qui se mêlent se sont encore peu pénétrées l'une l'autre, c'est combien les costumes restent tranchés. A peine, pendant tout le voyage, ai-je vu quelques pauvres Kabyles passer un de nos pantalons ou enfiler un paletot. Ce compromis entre les deux costumes, inspiré par la nécessité, n'était qu'un accident. L'indigène, plein de mépris pour des vêtements qui moulent les formes et que pour cela il trouve indécents, reste fièrement drapé dans son burnous. Les artistes l'approuvent et la raison aussi, car son costume convient bien mieux que le nôtre au climat. La seule concession qu'un assez grand nombre aient faite à la manie qu'ont les peuples inférieurs de copier les modes de leurs aînés en civilisation, consiste à porter des chaussettes. Le rhume de cerveau a plaidé pour le progrès.

Je faisais cette observation en prêtant une oreille distraite aux compliments que le gouverneur et les autorités municipales échangeaient sur le quai, lorsque le ton du maire éveilla mon attention. Il se plaignait vivement. Bône est une jeune ville très-remuante, très-affairée, très-prospère, qui compte aujourd'hui 24,000 habitants, et qui possède un des quatre grands ports de l'Algérie. Elle prétend même que le sien est le meilleur : il est certain que les navires y abordent à quai, ce qu'ils ne peuvent faire ailleurs. Elle partage avec la Calle les bénéfices de la pêche du corail, elle a dans son voisinage les mines les plus riches de l'Algérie, elle est le centre d'une exploitation de chênes-lièges fort active, le débouché naturel de la fertile vallée de la Seybouse, le point d'embarquement désigné pour les céréales de l'intérieur de la province. Deux chemins de fer la mettent en relation. l'un avec Constantine, l'autre avec la Tunisie ; elle espère en obtenir deux autres qui la relieront à Tebessa et à Aïn-Beida. Bref, elle est placée et outillée pour devenir ce qu'elle est déjà dans une certaine mesure : un des grands centres algériens.

Une seule chose contrarie son existence et nuit à son développement, du moins à ce qu'elle croit : c'est sa subordination administrative à Constantine. Cette dernière ville a violenté la nature pour se créer un débouché direct vers la mer. On lui a construit une voie ferrée qui a franchi les ravins et coupé les montagnes à grand renfort d'ouvrages d'art, et on a jeté des sommes relativement énormes à la mer pour lui faire, à Philippeville, un port dont les vagues renversent incessamment les murailles et dont l'entretien reste fort coûteux. Constantine et Bône se disputent le commerce des mêmes régions ; les deux voies ferrées parallèles, Guelma à Bône et Constantine à Philippeville, se jalousent et se battent à coups de tarifs. Quelques jours avant le passage de la caravane, la première, pour accaparer les céréales du haut pays, avait abaissé le prix du transport de 15 centimes à 5 centimes par tonne et par kilomètre. Mais l'État, qui plane au-dessus des passions locales, et qui paye une garantie d'intérêt aux deux compagnies, ne jugea pas à propos de s'exposer à faire les frais de la lutte et refusa d'homologuer le nouveau tarif. Un grief de plus sur le cœur des Bônois ! Ils supposent, et peut-être n'ont-ils pas absolument tort, que s'ils ont fréquemment le dessous dans cette rivalité, cela tient à ce que Constantine est le siège des autorités départementales et qu'elle pèse sur leurs décisions. Pour égaliser les chances, ils demandent qu'on crée un nouveau département en leur faveur. Leur territoire est le plus riche et l'un des mieux peuplés de la province, il a assez de ressources pour se suffire à lui-même. On s'accorde à reconnaître que la province de Constantine est d'une étendue démesurée et que tous les services en souffrent. Le moment est donc venu de créer le département de la Seybouse. Voilà ce qu'ils se disposaient à dire à la caravane parlementaire, lorsque, la veille de notre arrivée, l'*Indépendant* annonça que la province allait être en effet scindée en deux, mais pour créer un département de la Kabylie. Bône se croit sacrifiée, Bône entre aussitôt en ébullition ; ces têtes du Midi s'enflamment aisément ; on veut manifester, on parle d'accueillir par une bordée de sifflets le gouverneur et la caravane ; pourtant on décide sagement qu'on attendra une explication, et sans plus tarder, après quelques paroles de bienvenue, le maire la demande au gouverneur un peu interloqué sur le quai même où il vient d'aborder ; M. Albert Grévy le rassure, et une demi-heure après une affiche placardée sur tous les murs démentait la création d'un département de Kabylie. Je ne sais ce qui serait arrivé si la nouvelle s'était trouvée exacte ; tant qu'elle ne connut pas la vérité, la population fut d'une froideur qui montrait combien elle avait à cœur cette affaire. Pas un cri ! Le sabot des chevaux sonnait sur le pavé comme si la ville eût été déserte.

Être chef-lieu de département est le grand vœu de Bône ; il en est d'autres de moindre importance qui ne sont pas moins légitimes. Ce port, le troisième de l'Algérie, d'un mouvement annuel qui atteint 450,000 tonnes, n'a pas de service direct avec la métropole. Les paquebots qui le relient à Marseille passent soit à Philippeville, soit à Ajaccio. Les affaires souffrent beaucoup de ces retards. Certains commerces, celui des primeurs par exemple, très-prospère à Philippeville, est complètement paralysé à Bône. Cette cause d'infériorité ne saurait subsister plus longtemps sans injustice. L'importance du mouvement commercial que je viens d'indiquer réclame une autre réforme. Les questions contentieuses se multipliant sans cesse encombrent le tribunal, qui ne peut plus suffire aux exigences de son quadruple rôle; civil, correctionnel, commercial et musulman. La création d'un tribunal de commerce est urgente.

La ville n'offre rien de particulièrement curieux. Comme dans la plupart des villes algériennes, le passé n'y a pas laissé de monuments et nous n'avons pas encore eu le temps d'en construire. C'est quelque chose comme un Havre au petit pied, un port de mer tout moderne. Elle est divisée en deux parties : le vieux Bône, sur le penchant du contrefort de l'Edough, et le nouveau, qui grandit et s'étale chaque jour davantage dans les terrains plats au-delà du cours National. L'une et l'autre ont un aspect tout à fait européen : des rues larges et tirées au cordeau, de belles maisons d'après le type que nous reproduisons dans toutes nos villes ; rien de ce à quoi fait songer le nom de l'Afrique. Il y a bien dans les rues hautes un bout de ville arabe qui a résisté jusqu'à présent à toutes les tentatives d'alignement, mais il nous a suffi d'entrevoir Alger pour y prendre peu d'intérêt.

A Marseille, quand on se promène sur les quais, la confusion des langues frappe vivement ; à Bône, elle est bien plus marquée encore. On entend plus souvent le rude accent des Sardes, la langue gutturale et sourde des Maltais, que le français. Sur 24,000 habitants, il y a, en effet, près de 5,000 Italiens, autant de Maltais et 6,500 indigènes. Les Français sont à peine plus de 6,000.

La vie se concentre sur le cours National, trait d'union entre les deux villes, et autour du port. Presque tous les jours il entre dans la darse un paquebot qui vient de Marseille, d'Alger ou de Tunis, et l'on m'a assuré qu'on y voit constamment dix ou douze grands bateaux : les uns chargent du blé, d'autres du liège, d'autres du minerai. La Compagnie de Mokta-el-Hadid a une flottille à elle, de même qu'elle a une voie ferrée pour amener son minerai jusque sur le quai. J'ai vivement regretté de n'avoir pu aller visiter cette belle exploitation minière, l'une des plus vastes du monde entier. Elle est à trente-trois kilomètres de Bône, sur les bords du lac Fefzara. L'extraction se fait soit par des galeries souterraines, soit à ciel ouvert. Des centaines d'ouvriers échelonnés sur des gradins pratiqués de cinq mètres en cinq mètres débitent une montagne de fer presque pur. Huit trains amènent chaque jour sur le quai de Bône 1600 tonnes de minerai.

En été et jusqu'en octobre, il y a souvent aussi dans le port des bateaux corailleurs, ou, pour parler la technique du métier, des coralines. La Calle a toujours été le principal centre de la pêche du corail, mais Bône y prend part également ; sa baie contient des bancs assez riches, et il arrive fréquemment que, par les gros temps, des pêcheurs de la Calle se réfugient dans son port. De la côte on voit au loin la voile latine des barques, blanche comme l'aile d'une mouette. Le gouvernement ne permet que deux engins : le scaphandre et une sorte de croix de bois accompagnée d'un filet. On attache une grosse pierre à la croix, on la traîne au fond de la mer, et les rameaux de corail qu'elle détache s'entortillent dans les mailles du filet qui les ramène avec lui. C'est une rude vie que celle de ces marins occupés tout le jour à manœuvrer cette grossière machine. De dures fatigues, une mauvaise nourriture et les dangers de la mer, pour gagner quarante ou cinquante francs par mois. La plupart sont Italiens ; on en compte environ deux mille en Algérie. La précieuse substance qu'ils recueillent a longtemps intrigué les savants. Au commencement du dix-huitième siècle, un naturaliste italien démontra à l'Académie royale des Sciences de Paris que le corail était une plante : « Les branches de cette plante étant tirées de la mer, disait-il, et posées dans des vases où il y ait assez d'eau pour les couvrir, au bout de quelques heures on voit, de chaque tubule, sortir une fleur blanche ayant son pédoncule et huit feuilles, le tout de la grandeur et figure d'un clou de girofle. » L'Académie ne fut pas convaincue. Elle chargea un des élèves du naturaliste, nommé Peyssonnel, d'aller étudier le corail dans ses propres eaux. Peyssonnel fit dans les États Barbaresques un beau voyage qui, aujourd'hui encore, est bon à consulter et constata que « cette prétendue plante n'était, au vrai, qu'un insecte semblable à une petite ortie ou poulpe ». Le savant italien, son maître, avait pris les tentacules du poulpe pour des pétales et son corps pour un calice de fleur. Il est aujourd'hui bien démontré que le corail se compose des carapaces agrégées d'une infinité de polypes d'une espèce particulière.

J'ai fait, pour la première fois, à Bône, connaissance avec une honorable corporation qui infeste toutes les villes algériennes : celle des Biskris. Biskri, à proprement parler, veut dire natif de Biskra, mais, comme on les compte par milliers en Algérie, il faut croire qu'ils se recrutent un peu partout. Tous les porteurs d'eau de Paris ne sont pas non plus Auvergnats. Le Biskri a généralement de huit à douze ans, il a pour tout costume une chechia rouge et une gandourah. La chechia est une simple calotte et la gandourah est une simple chemise taillée sur un patron primitif. Représentez-vous un sac et trois trous, un pour la tête et deux pour les bras. Les colons prétendent que le musulman a une horreur instinctive pour l'eau, et la gandourah est blanche juste le jour où on la met pour la première fois. Le Biskri n'a pour toute fortune qu'une petite boîte où il loge deux brosses et une boîte à cirage. Armé de cet engin, il vous guigne au coin de la rue. A peine êtes-vous sorti de votre chambre le matin, que vous entendez le cri : « Cirer, m'sieu? » et, quand vous avez fait cinquante pas dans la rue, vous avez à vos trousses douze galopins qui vous montrent leur boîte en répétant : « Cirer, m'sieu? » Si vous faites un geste d'acquiescement, c'est une lutte homérique; chacun veut avoir le m'sieu, et vous prenez deux cireurs pour faire au moins deux heureux. Aussitôt que le brillant de vos bottes se ternira un peu, le cri recommencera. Je ne crois pas, pendant tout le voyage, être arrivé à me faire cirer moins de trois fois par jour. Le Biskri a une autre ressource. Il s'aperçoit tout à coup que vous avez un objet à la main; si menu qu'il soit, il s'élance : « Porter, m'sieu? » Et il vous l'arrache et galope derrière vous. Enfin, s'il n'a aucun moyen décent de vous extraire un sou, il le mendie carrément, il tend la main : « Un sou, m'sieu! » Pour l'avoir, il s'improvisera saltimbanque; il nouera les pans de sa chemise entre ses cuisses, et tous les tours que vous admirez chez nos acrobates, il vous les fera. Ce jeune corps, un peu grêle, mais généralement admirablement fait, a la souplesse de l'osier et l'élasticité de l'acier. Pour cinquante centimes, vous pouvez exécuter une entrée sur une place avec un cortège faisant la roue. Je me souviens qu'à Milianah, nous étions sur la terrasse qui surplombe la pente du Zaccar d'au moins quinze mètres; Lemay dit en riant à un Biskri qui le harcelait : « Jette-toi en bas. » Il regarda l'abîme, en mesura la profondeur

et répondit sans sourciller : « Combien donnes-tu ? »
D'abord, la familiarité du gamin choque, son insistance importune, mais on s'y habitue. Il n'y a rien
de laid ni de déplaisant dans la pure lumière de
l'Afrique. La physionomie du petit Biskri est presque
toujours charmante, sa tête rasée a des rondeurs
bouffonnes, ses yeux noirs pétillent d'intelligence,
il ignore la mauvaise humeur, et un large sourire
épanouit éternellement ses grosses lèvres ; avec cela
il est leste et infatigable. Vous vous surprenez
quelquefois à jouer avec cette nuée de moucherons dont la turbulence quémandeuse finit par amuser.

Nous sommes montés à travers les mûriers et les
pins, jusqu'à la Kasbah. Toutes les villes algériennes
ont leur Kasbah ; c'est une forteresse généralement
isolée, bâtie sur une hauteur, et à deux fins : tantôt
menace et tantôt refuge, tantôt moyen de défense
et tantôt instrument d'oppression. En cas de danger,
les habitants y enfermaient ce qu'ils avaient de précieux et, au besoin, s'y enfermaient eux-mêmes ;
plus souvent les canons des remparts étaient tournés
aussi bien contre eux que contre l'ennemi extérieur
et servaient des maîtres que la population ne s'était
pas toujours donnés. Du haut de la Kasbah de Bône
nous jouissons d'une vue admirable : la baie est
transparente, glacée de reflets ; les mamelons qui
bossuent la plaine semblent les ouvrages avancés
de l'immense citadelle de l'Edough, Bône apparaît
enveloppée d'une ceinture de jardins. Le paysage est
d'une grâce irrésistible dont la note dominante est

donnée par la Seybouse, qui s'étale avec le calme d'un lac entre deux haies de tamarix.

Les *Guides* répètent, les uns après les autres, que la Kasbah de Bône fut prise dans la nuit du 26 mars 1832, à la suite d'un coup de main que le maréchal Soult appela en pleine tribune « le plus beau fait d'armes du siècle ». Le maréchal Soult en avait vu bien d'autres; pour qu'il hasardât un pareil éloge, il fallait une aventure bien merveilleuse. Je rêvais d'une poignée d'hommes accrochés à la corde, grimpant dans les ténèbres et massacrant une garnison. Mais j'avais eu beau chercher, je n'avais trouvé aucun détail dans les historiens. Un évènement de ce genre avait dû laisser des souvenirs dans la population. J'interrogeai l'aimable membre de la municipalité qui nous servait de guide, M. Magliulo :

— De quelle fameuse escalade voulez-vous parler? dit-il.

— De celle de 1832, Yussuf..! Armandy..!

— Ah! mais il n'y a rien eu de particulièrement extraordinaire dans cette escalade. Il y avait une garnison turque dans la Kasbah et des troupes du bey de Constantine dans la ville, sous les ordres de Ben-Aïssa. La garnison turque se vendit, chaque homme devait recevoir 200 francs payés comptant et une pension de 30 francs par mois. Le bateau la *Béarnaise* était dans la baie de Bône, c'était mon père qui le pilotait; trente marins en descendirent une nuit sous les ordres du capitaine d'Armandy, évitèrent la ville, grimpèrent la falaise, et une fois arrivés sous les murs de la Kasbah, firent un signal convenu. On leur jeta une corde, ils escaladèrent les remparts à la force du poignet, et on leur livra le fort. Ils en tournèrent aussitôt les canons contre la ville, et de grand matin ouvrirent le feu. Ben-Aïssa lâcha à travers Bône ses trois mille bandits, qui massacrèrent les hommes et les femmes, prirent les enfants pour les vendre, et mirent le feu aux quatre coins de la ville avant de se retirer. Voilà « le plus beau fait d'armes du siècle ». L'armée d'Afrique en a cent autres de plus glorieux.

— J'aimais mieux ma légende.

— Il faut y renoncer, me dit un employé de la mairie qui nous accompagnait. Deux soldats de la garnison turque survivent depuis quarante-sept ans à leur trahison et habitent toujours Bône. C'est moi qui ordonnance chaque mois le paiement de leur pension.

En redescendant, on nous fait remarquer au loin, sur les flancs de l'Edough, de sombres zébrures qui trouent en plusieurs endroits le manteau des forêts. Ce sont les traces des grands incendies du mois d'août; chaque année, l'été, avec une déplorable régularité, ramène les mêmes désastres. Souvent, au mois de juillet ou au mois d'août, d'un bout à l'autre de l'Algérie, l'incendie s'allume sur cent points de la région forestière, d'énormes colonnes de fumée obscurcissent le ciel, la flamme court sur les pentes, les broussailles grillées par une chaleur torride flambent avec une effrayante rapidité, le feu s'étend en immenses nappes au milieu desquelles les arbres séculaires se tordent comme de noirs spectres. Alors tout le monde accourt, la population civile et les soldats: mais l'homme est bien faible en présence de pareils fléaux. Cependant on se porte du côté où le vent chasse les flammes, on arrache les broussailles, on abat les arbres, on pratique à travers la forêt des vides où l'incendie s'arrête faute d'aliments. Le moyen ne réussit pas toujours, une étincelle porte le feu plus loin, il faut recommencer, et on lutte ainsi pendant des semaines entières. Il n'est pas d'année où Bône, situé dans le voisinage de quelques-unes des plus belles forêts de l'Algérie, n'ait deux ou trois fois ce triste et grandiose spectacle d'une montagne qui brûle et vomit la flamme et la fumée comme un volcan.

Comment prend le feu? Parfois par accident, souvent par imprudence; l'indigène incendie des broussailles pour se faire un pâturage, et l'incendie se communique; souvent aussi par malveillance. Le vaincu ne peut plus nous faire la guerre ouvertement, mais il la continue par le brigandage; s'il ne peut plus nous disputer le sol dont il était autrefois le maître, il se venge du moins en nous en ravissant les fruits.

C'est en vain que la loi du 17 juillet 1874 a prescrit les mesures les plus sévères : du 1er juillet au 1er novembre, défense d'apporter ou d'allumer du feu dans l'intérieur ou à 200 mètres des forêts; défense, à moins d'une autorisation expresse, de mettre le feu aux broussailles, dans un rayon de 4 kilomètres; obligation, pour les indigènes de la région forestière, d'exercer un service de surveillance et de prêter leur concours en cas d'incendie ; application de la responsabilité collective aux tribus ; application du séquestre quand les incendies, par leur simultanéité, semblent indiquer que les indigènes se sont concertés ; défense de pâture sur les endroits incendiés. Rien n'y fait. En 1877, 40,538 hectares ont été ravagés par le feu qui a causé un dommage évalué à plus de 1,800,000 francs. Les colons demandent une résolution énergique : l'expropriation de tous les indigènes qui vivent dans la région forestière. Le moyen serait sans doute efficace, mais il a quelque chose d'inhumain qui répugne ; ce serait le commencement du refoulement, cette extermination déguisée. Au fond de tous les conflits entre conquérants et conquis, il y a toujours la même cause : la haine, et nous n'avons rien fait jusqu'à présent pour l'apaiser.

Les ruines d'Hippone sont, au sud de Bône, à vingt minutes de la porte à laquelle elles ont donné leur nom. Le long du chemin, ce n'est qu'un jardin continu et admirable ; les oliviers, les figuiers, les citronniers, les cédratiers, passent la tête par-dessus les haies ; nous apercevons quelques palmiers cultivés ici comme arbres d'ornement, et des bosquets d'orangers qui ploient sous les oranges vertes. Dans nos pays du Nord, ces noms éveillent dans l'imagination des idées de chaud soleil, de belle lumière, d'éclatantes couleurs, de grasse fertilité : toute une poésie de bonheur flotte autour d'eux ; il nous est agréable de les entendre et nous avons plaisir à les prononcer. Qu'est-ce donc que de voir les arbres eux-mêmes s'épanouir en pleine terre? Ici, les oliviers sont des arbres comme nos chênes; ce ne sont plus ces végétaux rabougris, tors, souffreteux, qu'on voit en Provence et qui ressemblent à des tronçons de cylindre ou à ces buis que les Hollandais taillent en forme de table. Les haies mêmes me ravissent : elles sont faites de grenadiers, d'acanthes, de lentisques. Noms charmants, plus charmants feuillages d'un vert cru et luisant! Les gigantesques aloès qui bordent la route, épuisés par la sécheresse, dégonflés de sève, laissent traîner par terre leurs feuilles qui ressemblent à des lames d'épées tordues par le feu.

A mi-chemin, on visite la kouba de Sidi-Brahim. On appelle kouba un petit monument élevé au-dessus du tombeau d'un musulman vénéré. L'Algérie en est couverte, je suis émerveillé du soin avec lequel les indigènes conservent les restes et la légende de leurs personnages : la dévotion chrétienne n'est rien auprès de la dévotion musulmane. La kouba devient une chapelle où les fidèles vont prier, les femmes s'y donnent des rendez-vous, et on les y rencontre traînant après elles des bandes de petits enfants. Figurez-vous une enceinte carrée ou circulaire, et par-dessus une calotte sphérique. Cette forme est familière à nos pâtissiers parisiens. Rien de curieux à l'intérieur, de mauvaises nattes d'alfa sur le pavé, des murs nus, quelques niches pour recevoir les babouches des visiteurs, un grillage en bois derrière lequel le cercueil du saint repose sous un drap rouge, trois ou quatre étendards poudreux et passés, et un escalier qui conduit sous la coupole. Toutes les koubas se ressemblent. Ah! depuis les gracieux architectes de Tlemcen, le sentiment artistitique a bien décliné parmi les indigènes de l'Algérie.

Hippone occupait les deux mamelons verdoyants qu'on aperçoit de la mer quand on entre dans la baie. Ses murailles ruinées sont cachées aujourd'hui sous des oliviers centenaires et des jujubiers qui atteignent des dimensions qu'on ne retrouve guère dans le reste de l'Afrique. Les Arabes appelaient Bône B'led-el-Aneb, la ville aux jujubiers. La cité romaine devait être fort grande, et on a calculé qu'elle couvrait au moins six cents hectares. Elle s'étendait très-probablement jusqu'à la Seybouse, où l'on a retrouvé les ruines d'un quai avec les boucles de bronze auxquelles les marins antiques attachaient leurs barques. Le seul témoin qui puisse attester encore cette grandeur évanouie, est une vaste construction que l'on trouve sur le mamelon de droite. Qu'était-ce? Les archéologues ont décidé que c'était l'établissement hydraulique qui distribuait l'eau à la ville. Soit. L'étendue des citernes, l'épaisseur des murs, la hauteur des voûtes, remplissent d'admiration. Un figuier a poussé au milieu de la plus vaste des salles; des cactus versent des cascades de raquettes d'un vert pâle sur les pans de murs découronnés et éventrés; quand on lève la tête, on voit se profiler sur le ciel les cimes vigoureuses des oliviers et des jujubiers. Depuis qu'il y a des hommes, et depuis qu'il y a des ruines, l'aspect d'un lieu abandonné amène la même réflexion désenchantée. Des empires se fondent et s'écroulent, l'homme croit remuer le monde et fixer le temps, et le temps et le monde restent impassibles. L'oubli recouvre les plus grands noms, la verdure s'installe au milieu des plus admirables monuments, la nature continue aveuglément son œuvre, et sa solennelle indifférence nous accable du sentiment malsain du néant.

Au-dessus des ruines de l'établissement hydraulique, on a élevé un petit monument qui fait peu d'honneur à saint Augustin. On dirait plutôt la maquette que le monument même : une statuette de 90 centimètres sur un petit piédestal à degrés. Les marches sont couvertes de coulées de stéarine et de débris de figues de Barbarie. La stéarine provient des nombreuses bougies que les Maltais viennent brûler en l'honneur du saint. Les débris de figues de Barbarie proviennent des Arabes, qui, lorsqu'on ne peut pas les apercevoir, donnent satisfaction à leurs passions religieuses en lapidant la statue de fruits gâtés dont la pulpe jaunâtre dégoutte le long du bronze.

BONE (suite)

Le concours régional. — Les chevaux arabes. — Bœufs et moutons. — Le chêne-liège et le liège. — La vigne et les vins en Algérie. — Curiosités gastronomiques, le raisin de l'Écriture. — L'olivier. — Peaux de grèbe et peaux de lion. — Un fabricant de tapis indigène. — Les courses de chevaux en Algérie. — Une fantasia.

La caravane parlementaire avait choisi Bône comme point de départ de son excursion, à cause des fêtes qu'on avait annoncées. Il devait y avoir inauguration d'une statue de M. Thiers et concours régional. Pourquoi une statue de M. Thiers? Il n'était jamais venu en Algérie, et il ne s'en était jamais occupé d'une façon particulière. Il avait un esprit clair, mesuré, peu vibrant, à qui le moment suffisait; des semailles en vue de l'avenir de notre race devaient lui paraître choses un peu chimériques, et je suppose qu'il ne s'est jamais fait une idée bien nette du rôle que l'Algérie pourra tenir un jour dans nos destinées. N'importe! En mourant, un citoyen de Bône avait laissé une dizaine de mille francs pour qu'on lui élevât une statue; le conseil municipal avait parfait la somme nécessaire et commandé à M. Guilbert un double du monument de Nancy. L'inauguration était fixée au 28 septembre. Mais le sculpteur manqua de parole, et, au moment où arriva la caravane, le piédestal, planté au bout du cours National près de la mer, attendait encore sa statue.

Restait le concours régional. Ce n'est pas sans appréhension que je me hasarde à en parler. Des bestiaux dans des boxes, des cochons vautrés derrière des planches, des fruits et des plantes sous des vitrines, des échantillons empilés le long d'un mur, ne parlent guère à l'imagination. Il faudrait un spécialiste. Je vais à ces exhibitions un peu comme le public, et le public ressemble à ce brave homme qui me racontait que ce qui l'avait le plus émerveillé dans l'Exposition de 1878, c'était une pyramide de pelles et de fourches de fer qu'un industriel américain avait dressées comme des faisceaux de piques et de boucliers. Le public voit ce qui l'amuse et néglige ce qui est véritablement intéressant. Cependant, comme ce concours est le premier qu'ait vu l'Algérie, je veux en dire quelques mots en m'aidant des explications que le président du comité agricole donnait aux députés en les promenant à travers les galeries.

Malgré une malechance persistante qui en avait contrarié tous les préparatifs et malgré l'abstention à peu près complète de la province d'Oran, trop éloignée, le catalogue de cette exposition ne comprenait pas moins de 828 numéros. En premier lieu, venaient quatre-vingts chevaux, dont vingt-cinq étaient présentés par des indigènes. On reconnaissait ceux-ci à une tache de henné posée à la naissance de la crinière ou à l'un des quatre pieds. A première vue, on dirait du sang mal lavé, et l'effet est franchement désagréable. Les Arabes estiment cependant que c'est une parure; quelquefois ils en frottent la bouche du cheval, qui prend alors un aspect sanguinolent. On ne comprend bien Fromentin, et on ne jouit bien de ses couleurs, que quand on a vu ces charmants animaux dans le soleil sous lequel ils se sont développés. Leurs robes sont onctueuses et luisantes, d'un moelleux qui est une caresse pour l'œil. Littéralement il y en a de bleues, de violettes et de roses. Même après Gautier et Fromentin, même après Delacroix et Regnault, cette assertion a l'air d'une énormité. Et cependant je les ai vues.

Au repos, ces chevaux ont un air de douceur résignée qui frappe; on croirait qu'ils sont pénétrés de la philosophie fataliste du Coran. Mais, sitôt qu'ils sont montés, ils dressent la tête avec une sorte d'arrogante fierté; ils tiennent droites leurs oreilles; leurs naseaux se dilatent; ils se cabrent; leurs jambes maigres, leur longue crinière, leur queue qui ruisselle jusqu'au sabot, ont une élégance inexprimable. C'est un plaisir dont je ne me rassasierais jamais que de les voir bondir comme des sauterelles au milieu de la poussière des routes. La terre les brûle; ils ont toujours le pied en l'air. Et l'on songe à toutes ces histoires merveilleuses, qui ont bercé notre enfance, de chevaux qui traversent le désert comme le vent, et on y croit. On m'a dit qu'aujourd'hui encore, et bien qu'ils viennent briguer des récompenses dans nos concours, les Arabes ne peuvent se faire éleveurs. Quand ils ont un beau cheval, ils le gardent, et, leur en offrît-on dix fois la valeur, ils ne consentent pas à le vendre.

La production du bétail est encore peu développée en Algérie; essayée avec engouement il y a une quinzaine d'années, elle était tombée en défaveur; cependant, depuis quelque temps, les colons y reviennent et s'en trouvent fort bien. Ils achètent aux Arabes des bêtes maigres, les engraissent en quelques mois et les revendent avec un bénéfice de 20 à 30 0/0. Quelques chiffres indiquent le progrès rapide que cette industrie a faite et les richesses qu'elle introduit dans la colonie. En 1875, l'Algérie avait exporté 2,592 bœufs d'une valeur de 507,501 fr., et 372,201 moutons d'une valeur de 7,444,020 fr. En 1878, elle a exporté 52,628 bœufs valant 10,484,630 fr. et 733,758 moutons valant 14,675,160 fr. Les derniers tableaux de la douane indiquent que la progression est constante, particulièrement pour les bœufs. Les arrondissements de Bône, Guelma et Philippeville sont des plus favorisés pour l'élevage. L'hiver régulièrement doux et humide fait que leurs terres incultes se couvrent d'une herbe excellente dans laquelle dominent les légumineuses. Au début de la colonisation, la coupe de ces foins constituait même le principal revenu des colons, qui les vendaient à l'armée. On m'a dit que plusieurs villages installés aux environs de Guelma en 1848 végétaient misérablement depuis vingt-cinq ans, lorsque les colons se mirent à engraisser des bestiaux et trouvèrent promptement l'aisance. Il existe précisément dans cet arrondissement une race bovine indigène douée de qualités fort remarquables ; elle est rustique, bonne travailleuse, fournit beaucoup de lait et, avec quelques soins, prend facilement la graisse. Les organisateurs du concours régional avaient institué plusieurs prix spéciaux pour cette race, mais ils n'ont pu les décerner, faute de concurrents sérieux. Je n'ai pu me faire expliquer la cause de cette abstention des éleveurs.

Par compensation, il y avait dans l'exposition ovine d'intéressants spécimens de la race mérinos, qui est parfaitement acclimatée en Algérie, et des métissages obtenus avec les races indigènes et qui réunissent également bien. Les races indigènes elles-mêmes étaient brillamment représentées, mais les principaux producteurs de laine de la colonie ne figuraient point au catalogue, car j'y ai vainement cherché un nom indigène. Dans les vingt millions de francs de laine qui sortent chaque année de l'Algérie, la production européenne ne figure que pour une fraction tout à fait insignifiante, pas même le quinzième. Tout le reste est fourni par les Arabes et les Berbères. Ce fait appelle des réflexions de plus d'une sorte : il montre d'abord quelles modifications le contact de la civilisation peut introduire dans les habitudes du peuple en apparence le plus stationnaire, le plus réfractaire au changement ; avant la conquête, les Arabes ne portaient guère que des vêtements de laine, aujourd'hui ils vendent une partie de leur laine pour nous acheter des gandourah de coton. Il montre ensuite quelle erreur on commet en comparant l'Algérie à des colonies telles que celles de l'Australie. En Australie, les Anglais ont trouvé des terres à peu près inhabitées; les premiers occupants s'y sont taillé les domaines qu'ils ont voulu; ils ont commencé par la vie pastorale, qui exige moins de capitaux que la vie agricole; elle exige, il est vrai, beaucoup plus de terre, mais la terre était sans valeur. L'élevage du bétail a créé les capitaux qui manquaient, et le matériel agricole s'est constitué par le seul effet de l'accroissement de la richesse. En Algérie, au contraire, nos colons se trouvent en présence d'une race nombreuse et forte qui possède presque toute la terre. L'État leur délimite leurs domaines avec parcimonie, l'élevage en grand leur est impossible. Les colons anglais ont pu tirer du sol même les ressources avec lesquelles ils l'ont fécondé; les nôtres sont obligés d'apporter un capital s'ils veulent tirer parti des terres qu'on leur donne. Qu'on songe combien les conditions d'établissement sont différentes, combien le colon français a plus d'obstacles à vaincre!

Parmi les produits végétaux de l'Algérie, il en est cinq qu'il faut tirer hors de pair, à cause de leur importance : ce sont les céréales, le liège, le vin, l'huile d'olive et les plantes textiles. Ces dernières étaient assez mal représentées au concours, Oran, où s'en font les grandes exploitations, n'ayant pas exposé. Quant aux céréales, j'aurai, dans le cours du voyage, de meilleures occasions d'en parler.

Je n'ai eu qu'une fois la chance de voir une forêt

de chênes-lièges : c'était dans la vallée de l'Oued-Aguerioun, quand nous allions de Sétif à Bougie. Entre parenthèses, bien que l'Algérie contienne une plus grande étendue de forêts que la France, on pourrait la parcourir tout entière sans voir une véritable futaie. Les routes sont naturellement pratiquées dans les endroits accessibles, et, dans les endroits accessibles, la dent des moutons et des chèvres arabes a tout réduit à l'état de broussailles. On passe donc sans soupçonner que, dans les plis de l'Aurès et des montagnes qui avoisinent Teniet-el-Haad, existent quelques-unes des plus belles forêts de cèdres qu'il y ait au monde. De même on ne se doute guère qu'il y a dans la colonie 480,000 hectares de chênes-lièges; on dit que les forêts du Portugal, de l'Espagne, de la France et de l'Italie, les seules qui fussent exploitées avant la conquête de l'Algérie, n'offrent pas, toutes réunies, une pareille étendue, mais je ne me porte pas garant de l'exactitude de cette assertion. Le chêne-liège n'atteint pas les dimensions de notre chêne ordinaire, un œil peu exercé pourrait le confondre avec un olivier : son port, la petitesse du feuillage, certaine teinte cendrée, le gland qui brille dans les rameaux comme l'olive verte, prêtent à l'illusion. Après le démasclage, le tronc reste noir, et ceux que nous vîmes semblaient avoir été charbonnés par un incendie. L'effet d'une forêt ainsi passée à l'encre ne laisse pas que d'être étrange et saisissant. Comme toutes les exploitations en Algérie, l'exploitation du liège ne fait que commencer. Cela se conçoit d'autant plus aisément qu'elle demande une longue préparation. Enlever l'écorce d'un arbre s'appelle le démascler. On démascle le chêne tous les huit ou dix ans ; le produit du premier démasclage ne vaut rien, et celui du second peu de chose. Ce n'est qu'à partir du troisième que le liège peut être employé par l'industrie. D'autre part, si l'arbre n'est pas démasclé jeune, il devient incapable de produire. Il faut donc une vingtaine d'années pour mettre une forêt en rapport. La date récente de la pacification complète de l'Algérie dit assez pourquoi il y en a si peu qui le soient jusqu'à présent. Mais chaque année l'exploitation s'étend. En 1865, l'exportation dépassait à peine un million de francs ; en 1878 elle a été de plus de six millions. Quand le rouleau de liège est détaché de l'arbre, on le passe dans l'eau bouillante, on le nettoie des matières étrangères qu'il contient, ou l'aplatit comme une planche et on en fait de gros paquets. C'est sous cette forme que se présentaient les échantillons exposés au concours. On nous en a fait remarquer l'épaisseur et l'élasticité. Pour moi, j'ai admiré de confiance.

La culture de la vigne a fait naître les plus hautes espérances en Algérie. Le phylloxera détruisant les uns après les autres tous les vignobles de la métropole, la colonie ne se propose ni plus ni moins que de la remplacer dans la production du vin. C'est devenu une locution courante que l'avenir de l'Algérie est là. Avenir lointain en tous cas, car nos colons ne possèdent encore que dix-huit mille hectares de vignes environ. Il est vrai que le début de cette culture date en quelque sorte d'hier : en 1877 on a planté un millier d'hectares, en 1878 près de deux mille, en 1879 plus de trois mille. L'engouement est général. Les colons en sont arrivés à suffire presque complètement à leur consommation. La récolte de 1878 s'est élevée à 329,782 hectolitres. Pour nous en tenir à Bône, ce port importait encore, en 1870, 38,800 hectolitres de vin; aujourd'hui l'importation se borne à quelques hectolitres de vin de Bordeaux. Et c'est dans la province de Constantine que la viticulture est le moins développée. Qu'on juge par là de l'énorme progrès réalisé en moins de dix ans. On assure qu'attirés par le bruit de ce succès, des villages entiers de l'Hérault et des départements du Midi se proposent de passer la Méditerranée pour venir cultiver la vigne en Afrique, où le redoutable insecte n'as pas paru jusqu'à présent. On assure même que cette curieuse émigration est commencée, mais je n'ai pu vérifier le fait.

Une dizaine de récompenses ont été décernées aux vignerons qui avaient exposé au concours régional. Une grande médaille d'or a été donnée à un colon de Mondovi, qui a fait une plantation de vignes de cent hectares d'un seul tenant. M. Girerd est allé la visiter avec quelques membres de la caravane. Les ceps sont plantés à 1^m,50 les uns des autres, de façon que les labours puissent être donnés à la charrue. Il n'y a ni échalas ni treilles pour retenir les sarments qui retombent autour du pied. Est-ce pour préserver le raisin du soleil, est-ce faute du bois nécessaire, est-ce par mesure d'économie qu'on a adopté cette disposition usitée dans la plupart des vignobles que j'ai vus en Algérie?

Cette introduction de la vigne en Algérie présente un très-haut intérêt pour la science. C'est en effet une expérience comme on n'en avait pas encore fait, et où les connaissances que l'on pouvait croire les plus solidement assises se trouvent en défaut. Tout s'y doit tenter au petit bonheur. Chaque vigneron, en s'installant en Algérie, y apporte naturellement les procédés de son pays natal, mais toutes les données ont changé; le climat, le sol, l'exposition des terrains ne sont plus les mêmes. Les plants de la Bourgogne n'y donnent pas de vin de Bourgogne, et les plants du Bordelais ne font plus de vin de Bordeaux. Tel plant, qui donnait en France des produits de premier ordre, en donne ici de détestables; tel autre s'améliore en passant la mer. La pratique, la pratique seule, peut donc fixer les meilleurs procédés pour la viticulture algérienne, et il faudra sans doute de longs tâtonnements pour les trouver. Jusqu'à présent, il paraît démontré que le climat de la colonie, comme les climats similaires de l'Espagne et de la Sicile, est plus favorable à la production des vins liquoreux qu'à celle des vins ordinaires. Déjà, dans le Sahel d'Alger et dans le voisinage de Bône même, on récolte des vins blancs de qualités supérieures dont quelques-uns se cotent jusqu'à 2 francs la bouteille. Les Algériens ne renoncent pas volontiers, il est vrai, à l'ambition de produire des vins de table. Je dois dire que tous ceux que j'ai bus pendant le voyage m'ont paru aigres et marqués d'un goût de terroir auquel j'aurais bien de la peine à m'habituer. Pour ne pas dés'obliger les braves colons qui nous les offraient avec la plus cordiale hospitalité, je me hâte d'ajouter que c'est là l'humble avis du plus incompétent des buveurs.

En revanche, je ne marchanderai pas les éloges aux raisins. Les coteaux algériens voient mûrir un muscat qui serait digne de figurer sur la table des dieux. Les grains en sont gros comme des prunes, ils sont fermes et craquent sous la dent. Quant au goût, la langue française n'a pas de mots pour qu'on le puisse rendre. Il se vend couramment dans les marchés de quinze à vingt-cinq centimes la livre. Il se conserve longtemps et supporte bien le transport. Je m'étonne qu'on ne l'expédie pas en grandes quantités à Paris. J'ai remarqué encore le raisin dit raisin kabyle, au grain petit, allongé, doré, agréable à l'œil et au goût, et une sorte de raisin aux couleurs pâles, qui ne paie pas de mine, mais qui est très-sucré et exquis. On nous en a servi à Tlemcen une grappe de 7 kilos. Je dis bien 7 kilos ; on l'a pesé devant nous. C'était quelque chose de monstrueux, la réalisation de la légende de l'Écriture, où il faut deux hommes pour porter une grappe. Des colosses de ce poids sont, paraît-il, assez fréquents dans cette espèce. Avec la figue, l'abricot, l'orange et la grenade, le raisin est le seul fruit de table dont on obtienne des qualités supérieures en Algérie. Les poires sont âpres et ont le cœur en gravier, les pommes n'ont point de suc, et les pêches, comme on dit vulgairement, ont autant de saveur qu'un navet. Puisque je parle de table, je signalerai une véritable curiosité gastronomique. On pêche à Bône, et à Bône seulement, à ce qu'on assure, des crevettes énormes. On dirait littéralement de petites langoustes. Les Bônois sont très-fiers de leurs crevettes et en ont fait figurer avec honneur dans tous les repas qu'ils ont offerts à la caravane.

L'olivier aussi bien que la vigne est appelé à un grand avenir en Algérie, et à un avenir plus promptement réalisable peut-être. Dans toutes les montagnes du Tell, entre Alger et la Tunisie, les oliviers sauvages constituent une des essences principales, et en quelques endroits l'essence à peu près unique des bois et des broussailles. Quelques propriétaires ont commencé à pratiquer la greffe parmi eux et ont eu lieu d'être satisfaits de leur initiative. Le jour où tous ces bois seront aménagés pour la production, l'Algérie pourra fournir des quantités illimitées d'olives. La Kabylie notamment deviendra une terre d'or. Ce sont du reste des colons de l'Oued-Sahel qui ont obtenu les principales récompenses de ce chapitre. Pour le moment, la colonie exporte, dans les bonnes années, pour trois millions d'huile en moyenne. C'est peu. Autrefois la fabrication de l'huile était laissée aux mains des indigènes, qui n'obtenaient que des produits que le commerce ne pouvait écouler. Aujourd'hui les Européens se mettent à installer des moulins dans les districts les plus riches en oliviers, achètent les olives aux indigènes et fabriquent eux-mêmes. Il y a beaucoup moins de pertes dans le rendement, et des résultats incomparablement meilleurs au point de vue de la qualité.

A l'exposition agricole était annexée une petite exposition industrielle. Les objets de curiosité l'emportaient nécessairement sur les objets de nécessité dans cette exposition, car, si l'agriculture est encore dans l'enfance en Algérie, on peut dire que l'industrie y est à peine née. On a montré aux députés les produits d'une industrie dont Bône aura toujours le monopole, attendu que la matière première lui est fournie par la peau d'un oiseau aquatique, le grèbe, qu'on ne trouve en grande abondance qu'au lac Fetzara, à vingt kilomètres de la ville. Cette peau est couverte d'un plumage blanc, lavé de gris, très-soyeux et très-doux au toucher, qui a le privilège de supporter le froissement sans trop s'endommager. On en fait des manchons, des garnitures de cou et de poignet, des djebiras, espèce d'aumônières kabyles, et divers autres objets de toilette. Un industriel juif avait exposé quelques spécimens de ces vestes et de ces robes de velours surchargées d'or qu'affectionnent leurs coreligionnaires. Les juives aiment, en effet, les étoffes riches et lourdes, les ornements de prix. Un député racontait plaisamment à ses collègues qu'il en avait vu une à Alger, pieds nus et tête nue, laver une cour dans un costume aussi éclatant que celui que Mlle Falcon revêtait dans la *Juive*.

Une salle était remplie de peaux apprêtées, parmi lesquelles se trouvaient trois superbes peaux de lions. Une peau de lion ordinaire est cotée 1,500 fr.; une peau de lion à crinière noire, étant beaucoup plus rare, est estimée 2,000 fr. Une belle peau de panthère a encore son prix. Bien qu'elle soit beaucoup plus commune et beaucoup moins grande que celle du lion, on en demande de 300 à 400 francs.

Dans une cour intérieure était installé un indigène fabricant de tapis. Vous n'imagineriez pas combien son outillage est simple. Quatre pieux à peine dégrossis formant un cadre de la grandeur qu'aura le tapis, un couteau bien affilé et un sac de laine, et c'est tout, absolument tout. Il commence par tendre de haut en bas sur son cadre un certain nombre de fils de laine noire, ce qui forme la chaîne. Puis il s'accroupit. De la main gauche il attire quelques fils de la chaîne, de la main droite il prend son couteau, choisit dans son sac un fil de la couleur qu'il veut employer et le noue d'un nœud particulier aux fils de la chaîne que la main gauche tenait dégagés. Le geste brusque qui serre le nœud abat aussi le couteau, qui coupe le fil de couleur à la longueur nécessaire pour que le tapis ait l'épaisseur désirée. Tout cela s'accomplit avec une telle prestesse, que le couteau passe comme un éclair et qu'on ne le voit pas atteindre le fil. Il faut observer pendant quelques instants pour se rendre compte de l'opération. Un nœud succède à l'autre et l'ouvrier varie la couleur du fil suivant le dessin qu'il a appris par cœur, et qu'il répète généralement dans tous les tapis qu'il fait.

Notre fabricant nous apprit, avec une certaine fierté, qu'il avait été spahis. Aussi parlait-il passablement le français et, comme tous les indigènes que j'ai rencontrés depuis, qu'ils fussent Arabes ou Berbères, chose remarquable, il le parlait sans aucun accent; seulement il assourdissait un peu les voyelles. Il nous raconta qu'il lui fallait quarante jours de travail et de 180 à 200 francs de laine pour fabriquer un tapis qu'il vendait 350 à 400 francs. L'industrie est assez lucrative pour un Arabe qui travaille en plein soleil, couche dans une niche dont nos chiens ne voudraient pas, et peut se nourrir avec deux ou trois sous de figues de Barbarie par jour.

Le concours régional, rehaussé par la présence de la caravane parlementaire, donna lieu à toutes sortes de fêtes : illuminations de la ville et des bâtiments ancrés dans le port, banquet où le gouverneur général exposa son programme dans un grand discours, courses accompagnées de fantasia. Ces dernières méritent quelques mots. J'ai vu des courses dans les trois chefs-lieux de la colonie; contrairement à ce qu'on attendrait d'un pays célèbre pour ses chevaux, elles sont en général peu brillantes. On m'a dit qu'on en éloignait les Arabes par des prescriptions assez peu compréhensibles, telles que celle qui les obligerait à se présenter en culotte et en casaque. Quoi qu'il en soit, peu de bêtes se présentent sur la piste; souvent une course n'a que deux concurrents, ce qui affaiblit beaucoup l'intérêt, et quelquefois elle n'en a pas du tout.

La fantasia ne répond également qu'à demi aux idées qu'on s'en fait. N'y cherchez plus ni les descriptions de Gautier, ni les eaux-fortes de Fortuny. Autrefois c'était une mêlée simulée, fertile en incidents que faisait naître la tumultueuse fantaisie des cavaliers. Mais il arrivait que des tribus convoquées, ayant des différends à régler, profitaient de l'occasion; le simulacre devenait une réalité, un véritable combat s'engageait. On m'a raconté qu'à Constantine dix-sept indigènes furent tués ou blessés dans un de ces jeux. L'autorité est intervenue, et la fantasia se borne aujourd'hui à un simple défilé qui rend les rencontres impossibles. Tel quel, le spectacle est bien curieux encore et prête toujours aux émotions.

Tous les goums de la subdivision avaient été appelés. Il y avait au moins cinq cents cavaliers assemblés sur le champ de courses. Chaque tribu forme un groupe particulier, ses drapeaux carrés au centre; quelques-unes ont à leur tête des hommes qui font songer à nos sapeurs, car ils sont coiffés de gigantesques bonnets noirs en plumes d'autruche, ce qui leur donne l'air le plus grotesque et le plus étrange qu'on puisse imaginer. Du reste, chaque cavalier s'est paré de tout ce qu'il a de plus riche. Les selles et les harnais en filali, les vestes jaunes ou cramoisies sont brodées de soie et d'or; des burnous, teints dans des tons sévères admirables, rouges, bleus, roux, vieux vert, ressortent au milieu de la masse des burnous blancs; les bottes rouges sont emprisonnées dans de larges étriers de fer poli qui accrochent la lumière et jettent des feux comme des diamants. Par exemple, on chercherait vainement le légendaire moukalah, le long fusil incrusté d'argent et de corail. Nouvel effet du progrès, il n'y en a plus en Algérie; les indigènes l'ont remplacé par le fusil de chasse à deux coups qu'ils achètent chez nos armuriers. Quelques cavaliers, par ostentation sans doute, en ont même deux, un en bandoulière et un en travers de la selle. Des fifres jouent un de ces airs arabes qui crispent les nerfs européens les plus insensibles, des grosses caisses marquent le rhythme.

Quand les courses sont finies, les goums vont se ranger en colonne à un kilomètre des tribunes. Cette distance est nécessaire pour leur permettre de prendre leur élan. On donne le signal, et ils partent à fond de train sur la piste, une tribu après l'autre. Ils accourent en pelotons serrés, chacun met sa gloire à devancer ses voisins, les éperons longs comme des lames de poignards labourent le flanc des bêtes, le bruit des sabots ressemble à la crépitation de la grêle; c'est un tourbillon, c'est une trombe. On songe à la comparaison du poëte arabe, ils vont plus vite que le vent, c'est un éclair qui passe. On n'aperçoit d'abord que les chevaux qui se replient et se détendent dans des bonds prodigieux, et les burnous qui flottent et tournoient comme s'ils avaient un ouragan dans leurs plis ; puis on distingue les cavaliers, les jambes droites sur l'étrier, le buste couché sur le haut pommeau de la selle. Quelques-uns ont pris la bride entre les dents pour avoir les mains libres ; arrivés en face des tribunes, ils saisissent leur fusil et en déchargent les deux coups sur les spectateurs ; d'autres manient leur arme, épaulent et visent d'une seule main; d'autres laissent la bride sur le cou et la reprennent quand ils ont tiré. Quel que soit l'exercice, il est toujours exécuté avec une adresse merveilleuse. Il est évident que l'orgueil de se donner en spectacle, le plaisir d'être à cheval, la vertigineuse furie de la course, procurent à ces étonnants cavaliers une véritable ivresse. Ils cherchent les obstacles pour les franchir, ils sont fous. Rien ne saurait exprimer la joie sauvage qui illumine leur figure, ni le sombre éclat de leurs yeux. Cet enthousiasme semble se communiquer au cheval lui-même, l'homme et la bête ne font plus qu'un, la volonté du cavalier est comprise de la monture avec la rapidité de la pensée. Inchallah! est-il rien de plus beau que de vaincre l'espace!

Pendant que j'admirais, il se trouva un compagnon pour nous rappeler que les Arabes laissent quelquefois par mégarde des balles dans le canon de leur fusil, et que, quelque temps auparavant, une femme avait été tuée raide dans une tribune. Ces histoires sont particulièrement amusantes à entendre au moment où l'on reçoit des détonations dans la figure.

DE BONE A CONSTANTINE

La vallée de la Seybouse. — La ferme d'Ous-Fetha. — Notre droit sur l'Algérie. — Histoires de chasse.—Bombonnel sauvé par le naturalisme. — Guelma. — Un musée algérien. — Le chercheur de trésors. — Hammam-Meskhoutine, le bain des maudits. — Les légendes arabes. — L'Algérie nue.

M. Albert Grévy quitte la caravane pour retourner à Alger. M. Girerd en prend la direction. Je me plais à le remercier ici pour la bienveillance avec laquelle il s'est occupé des personnes qui accompagnaient les membres du Parlement. Il n'est jamais facile de conduire vingt-cinq députés sur lesquels on n'a pas d'autre autorité que celle qu'ils veulent bien vous reconnaître ; c'est moins facile encore quand des fatigues excessives, une existence surmenée tendent les caractères, irritent les humeurs et prédisposent à l'impatience. Le fin bon sens, la ronde cordialité de M. Girerd ont prévenu toutes les difficultés. Grâce à lui, le voyage est resté agréable jusqu'au bout.

Un chemin de fer de 228 kilomètres conduit de Bône à Constantine. Il faut onze heures pour parcourir cette distance; tous les chemins de fer algériens marchent avec la même lenteur : vingt kilomètres à l'heure, vingt-cinq au plus. Le 30 septembre, à neuf heures du matin, la caravane parlementaire se met en route. Nous nous enfonçons dans l'intérieur de l'Algérie. Après la verdoyante zone de cultures qui entoure Bône, la voie traverse la vaste plaine de la Mafrag, qui est plane comme la surface d'un lac. Le sol dépouillé des moissons y est absolument nu : deci delà des scilles dressent d'un air maladroit le maigre panache de leurs fleurs blanches qui sortent de terre sans être accompagnées d'aucune feuille. Au loin quelques fermes, au milieu de bosquets d'arbres. Sans les montagnes doucement ondulées qui ferment l'horizon, on pourrait se croire dans la Beauce. Les vignobles qui commencent à se multiplier autour de Duzerville, de Randon, de Mondovi et de Barral rompent cette monotonie. Elles ont une vigueur de verdure dont ne donnent qu'une faible idée les vignes françaises, d'aspect généralement un peu triste, parce que leurs frondaisons ne cachent qu'à moitié la terre des coteaux.

A partir de Barral les cultures cessent, les montagnes se rapprochent ; la vallée de la Seybouse, vouée encore à la brousse, devient de la plus attrayante sauvagerie. Rien de grand. Les montagnes s'élevant en pentes douces sous un manteau de verdure n'ont pas de sites terribles. Tout le charme réside dans la variété des points de vue, dans l'abondance de la végétation, dans je ne sais quel air heureux qui décèle une terre fertile. L'olivier domine, il accroche partout ses tiges tordues et ses masses rondes dont le feuillage argenté rappelle nos saules ; auprès de lui le lentisque fait contraste avec ses sombres buissons que ponctuent de brun rouge des paquets de petites baies résineuses ; les jujubiers épineux, les chênes, les arbousiers, les azeroliers aux petits fruits jaunes semblables à des mirabelles, mille plantes diverses se disputent l'air et l'espace. Des trembles, des ormes, quelques chênes dominent le fouillis. En certains endroits, des plantes grimpantes éparpillent leurs quenouilles désordonnées d'une branche à l'autre, et le bois prend un faux air de forêt vierge en miniature. La Seybouse se joue à travers tout cela ; tantôt elle apparaît comme un mince ruban de gaze qui se tord sur un lit de sable argenté, tantôt elle se cache sous les tamaris dont le feuillage est si léger qu'on pourrait le croire fait de plumes vertes. Aux coupes géologiques que la rivière a pratiquées elle-même en entaillant ses bords, on peut juger de la bonté du sol ; l'humus se présente en épaisses couches d'une couleur noire qui proclame leur richesse.

La ferme d'Ous-Fetha, perdue comme une oasis de la civilisation au milieu de la nature inculte, montre ce que l'activité européenne fera de cette vallée quand elle s'en sera emparée. Ce fut un cri d'admiration générale quand nous aperçûmes cette superbe habitation à demi cachée par l'opulente végétation des eucalyptus, des orangers et des bananiers. Quand je pense qu'il y a encore en France une école de politiques qui voudraient qu'on laissât le pays aux Arabes! Venez! Regardez! Voyez cette ferme et voyez les misérables campements des Beni-Salah qui sont établis aux environs! Des tentes noires d'une étoffe en poil de chameau posée si bas, qu'il est impossible de se tenir autrement que couché ou accroupi ; des gourbis aux toits de chaume, aux cloisons de roseaux qui ne défendent ni du vent ni de la pluie ; des abords sans chemin ; des bestiaux sans abri ; des champs à peine égratignés par une mauvaise charrue qui respecte les jujubiers qui les envahissent, voilà un village arabe. Comparez cette prospérité et cette misère, et dites à qui le pays doit appartenir. Condamnerez-vous le plus fertile des pays à une éternelle stérilité? La terre a été donnée à l'humanité ; quand une de ses parties reste en friche, l'humanité tout entière est lésée dans sa fortune. Les races supérieures ont le droit de demander aux races moins avancées compte des richesses qu'elles laissent improductives entre leurs mains. Ce droit est la forte assise de l'histoire de toutes les colonies. C'est le seul que la Russie puisse invoquer dans le Turkestan, le seul que l'Angleterre puisse invoquer dans l'Inde, le seul que la Hollande puisse invoquer à Java, le seul que nous puissions invoquer en Algérie. Mais qui oserait en contester la légitimité? Je sais qu'il ne s'exerce avec justice qu'autant que le colonisateur qui agit au nom de la civilisation s'efforce d'en répandre les bienfaits parmi les premiers possesseurs du pays, et, comme on le verra dans le cours de ce livre, je ne suis pas de ceux qui demandent le refoulement des indigènes de l'Algérie ; mais encore moins faut-il demander l'éloignement des Français.

Il y avait deux colons dans le compartiment où je me trouvais. Le plus naturellement du monde la conversation tomba sur le pays que nous traversions et sur la chasse. C'était autrefois une des régions les plus giboyeuses de l'univers. Les broussailles et les fourrés étaient remplis de lièvres, de perdrix, de porcs-épics, de sangliers, de renards, de gerboises, de mangoustes, de gazelles de plusieurs espèces, de mouflons à manchette. On y trouvait les bêtes sur lesquelles on tire uniquement pour tirer comme les chacals et les hyènes, et les fauves que l'on chasse pour le plaisir du danger et pour la peau, comme les servals, les chats-tigres, les panthères et les lions. C'est par ici que les grands chasseurs de notre temps, les Jules Gérard, les Pertuiset, les Bombonnel, les Chassaing, ont accompli la plupart de leurs exploits. Ces messieurs, avec cet esprit de confraternité qui anime les virtuoses de tous genres, ont raconté avec empressement les uns des autres qu'ils avaient beaucoup hâblé, qu'ils avaient tous eu recours bourgeoisement aux affûts où l'on est en sûreté, et que pas un d'eux n'avait jamais osé attendre un lion de pied ferme comme ils s'en sont tous vantés. Les deux colons m'ont paru croire que ces Nemrods valaient mieux que la réputation qu'ils ont essayé de se faire réciproquement.

— Il faut un cœur trois fois trempé pour cette chasse, nous dit l'un d'eux, vieillard aux traits rudes et bienveillants tout à la fois. Quiconque a approché une fois le lion et y retourne est un homme qu'on ne fera jamais passer pour un lâche à mes yeux. J'ai, moi qui vous parle, passé soixante-sept nuits à l'affût près d'un gué où un lion allait boire. Je ne l'ai vu que trois fois. Je n'ai jamais osé tirer dans l'obscurité, de peur de le manquer et de me perdre. Je ne crois pas qu'aucun être vivant soit capable d'entendre à quelques pas de lui le rugissement du lion sans en être remué dans toutes ses fibres. C'est quelque chose d'indicible, de formidable, de hors nature. Centuplez le bruit de l'échappement de la vapeur de la plus forte chaudière, et vous n'aurez pas encore ça. C'est un souffle de tempête craché par des poumons d'airain. On se sent nu et impuissant comme un misérable ver en présence de cette puissance effroyable; vous songez que d'un coup de patte il peut vous ouvrir le ventre et qu'en y mettant toutes vos forces vous ne lui entameriez pas la peau. Votre unique chance est donc le coup de fusil que vous avez dans la main, et l'inégalité de la lutte vous fait froid dans les os. Pour moi, le cœur ne me manquait pas, mais tout mon corps était pris d'un tremblement que je ne pouvais maîtriser. J'étais obligé de me mettre un mouchoir dans la bouche pour que le sifflement de ma respiration ne dénonçât pas ma présence.

L'autre colon nous raconta avec beaucoup de verve une anecdote sur Bombonnel, qu'il avait logé quelque temps. On me l'a répétée plusieurs fois depuis dans le voyage et elle me paraît légendaire en Algérie :

— Bombonnel, dit-il, est un petit homme noir et vigoureux qui semble avoir du vif-argent dans les veines. Vous pouvez, si vous voulez, le visiter à Alger où il réside maintenant. Il a autour du visage un collier de cicatrices. Cela lui vient d'une rencontre où le naturalisme lui sauva la vie.

— Le naturalisme!!!

— Oui. Quel triomphe si M. Zola savait cela! Il avait blessé à mort une panthère qui eut assez de force encore pour bondir sur lui, et qui lui saisit brutalement la tête entre ses mâchoires. Bombonnel crut sa dernière heure arrivée, et, sans choisir ses expressions, avec un accent que Coupeau lui aurait envié, il s'écria : « Je suis f... ! »

La panthère devait être un de ces animaux nourris dans les bas-fonds de l'idéalisme que M. Zola a si énergiquement flétris. Cette exclamation lui résonna désagréablement dans la gueule, elle lâcha prise, et tous les deux roulèrent au fond d'un ravin sur la pente duquel la scène se passait, l'homme évanoui et la bête expirante. Bombonnel en fut quitte pour deux mois de traitement.

Le même colon nous raconta encore que jadis les mauvaises rencontres étaient si fréquentes dans le pays, que le courrier de Bône à Guelma avait pris l'habitude d'attacher derrière sa voiture un vieil âne ou un vieux cheval qu'il abandonnait sur la route si les lions le pressaient trop. Ceci me paraît imité des histoires russes dans lesquelles les voyageurs d'une voiture tirent au sort pour savoir qui sera jeté aux loups. Aujourd'hui le chemin de fer a remplacé l'antique courrier et le lion a disparu devant la civilisation. Il s'est retiré dans les forêts peu fréquentées des environs de Souk-Ahras et de Tebessa où on en tue encore une vingtaine chaque année. Mais avant longtemps on n'en trouvera plus, il sera devenu un animal fossile pour l'Algérie. Malgré les amplifications des littérateurs, les solitudes inaccessibles du Sahara n'en sauveront pas l'espèce, pour l'excellente raison qu'elle n'y peut pas vivre. Le lion du désert est un mythe. Il faut au lion de l'eau, une proie abondante, de l'ombre et des fourrés pour se cacher, quatre choses que le désert ne peut lui fournir.

Les panthères sont restées plus nombreuses. Ayant des besoins moins considérables, elles vivent plus aisément. On en détruit de cent vingt à cent cinquante par an. M. Albert Joly s'étant détaché de la caravane à Bougie pour traverser la Kabylie, on lui amena dans la forêt d'Akfadou un chasseur indigène qui en avait tué quarante-huit. L'administration donne une prime de 40 à 60 francs par lion et par panthère abattus. Les sangliers sont toujours abondants. Quant aux chacals, c'est une des plaies de l'Algérie, ils pullulent, et c'est par milliers qu'on les massacre.

Pour le chasseur modeste qui se contente de proies inoffensives, l'Algérie en général et la province de Constantine en particulier resteront longtemps un lieu de bénédiction. Il y a dans les endroits un peu écartés profusion de lièvres et de perdrix, et les bords des rivières et des lacs fourmillent de macreuses, de sarcelles, de pélicans, de cormorans, de demoiselles de Numidie, de flamants, de hérons et de petites outardes. L'un des colons nous apprend de quelle façon originale on chasse ici ces dernières. Pas plus qu'en France, elles ne se laissent approcher des chasseurs. Mais, si elles s'envolent de très-loin devant un homme, elles ne s'effraient point des voitures et les laissent venir. On abuse de cette confiance pour les chasser en calèche. Quand on a fait lever des outardes, on observe l'endroit où elles se posent; on y conduit la voiture; les outardes, au lieu de repartir, se rasent, et on les fusille à bout portant. Je suppose que ce stratagème n'aura qu'un temps : l'expérience, qui avait appris aux outardes à fuir l'homme, leur apprendra un jour aussi à fuir les voitures.

Je n'ai vu de Guelma que la route qui y conduit, une vaste salle où l'on nous a servi à déjeuner et un musée installé dans le jardin public. Du reste, l'aspect général n'invite pas aux longues visites; non qu'il soit désagréable : la ville, serrée dans une ceinture de murailles qui semble l'empêcher de s'égrener sur la pente douce où elle est bâtie, a au contraire un air coquet; mais, une fois dans l'intérieur, on pourrait se croire dans n'importe quelle jolie sous-préfecture de France. Guelma est en effet de création toute française. En 1836, le maréchal Clauzel, jugeant de l'importance de ce point par l'étendue des ruines romaines qui s'y trouvent, y établit un camp qui devint définitif deux ans après. Une agglomération de soldats attire des débitants de tabac et de liqueurs; il faut des maçons, des charpentiers et des serruriers pour construire les logements de ces débitants; puis un épicier devient nécessaire au petit groupe; puis, à mesure qu'il s'augmente, le besoin d'un tailleur et d'un cordonnier se fait sentir, et peu à peu un centre civil se trouve constitué auprès du camp. Il y a vingt villes en Algérie qui n'ont pas d'autre origine. Le voisinage d'un marché aux bestiaux indigène célèbre dans toute l'Algérie a beaucoup contribué au développement de Guelma, qui est devenu sous-préfecture et compte plus de cinq mille habitants. Maintenant son ambition est d'obtenir un tribunal de première instance, dont son éloignement de Bône justifierait parfaitement la création.

Le mot musée, en Algérie, ne doit pas faire songer à de vastes salles où les objets sont soigneusement rangés, catalogués et étiquetés. Cette sorte de musée n'y existe nulle part, sauf à Alger. Il s'agit simplement de quelques débris : morceaux de statue, fûts de colonnes, stèles votives, inscriptions funéraires, disposés pour l'effet pittoresque dans un jardin. J'en ai vu bien peu; si j'osais, je dirais même que je n'en ai vu aucun dans tout le voyage, qui fût réellement digne du nom d'œuvre d'art. A en juger par ce qui en a survécu, la sculpture romaine me paraît être restée toujours à demi barbare en Afrique. L'influence grecque ne s'est pas fait sentir jusquelà. On a retrouvé dans l'est de la province de Constantine et dans la régence de Tunis, où la domination romaine a été le plus longtemps et le plus solidement assise, des restes de monuments fort remarquables. Je ne les ai pas vus, mais, par les relations des explorateurs et par les photographies qu'il est facile de se procurer, on peut constater qu'il convient de les admirer dans leur ensemble : les masses en sont imposantes et bien ordonnées, mais le détail de l'ornementation est presque toujours de valeur inférieure. Je ne crois pas qu'il soit sorti de l'Afrique un seul antique célèbre. Il faut donc renoncer à chercher des émotions artistiques dans les musées algériens : ils ne peuvent satisfaire que la curiosité de l'archéologue.

Comme la caravane retournait à la gare, un vieillard aborda M. Ménard-Dorian et lui remit une pétition. Puis, comme je me trouvais le dernier de la troupe, il s'accrocha à moi.

— Je suis de Florensac dans l'Hérault... Déporté de 1851... Vous êtes député?

— Non, je suis journaliste.

— Ça ne fait rien, il faut que vous parliez de mon affaire à l'Assemblée.

Je le regardai curieusement. Il avait une de ces mines rusées, bronzées et comme recuites par le soleil, dont nos paysans disent qu'elles sont plus ridées que la peau d'un vieux soufflet, les épaules courbées par l'âge et par la peine, des mains calleuses et robustes. Un beau type de laboureur.

— J'ai fait un trou de vingt-cinq mètres à Bougitoun. Encore soixante centimètres à creuser et j'y arrive. Avec la sonde, je *le* sens. Mais, maintenant qu'*ils* ont vu que j'étais certain de réussir, *ils* ne veulent plus me laisser continuer. *Ils* m'envoient les Arabes qui me jettent des pierres et qui me tueraient dans mon trou. Il faut que vous parliez de cela à l'Assemblée.

— Mais, qu'est-ce que vous cherchez au fond du trou?

— Le trésor, monsieur, répondit-il en mettant un doigt sur sa bouche. Il y a quatre millions. Avec cela, je ferai le bonheur de la France.

Cette folie de la recherche des trésors est assez répandue en Algérie, où tant de dominations diverses ont laissé des légendes de richesses enfouies; mais elle sévit particulièrement à Guelma, où les Arabes se transmettent de génération en génération l'histoire du trésor de Jugurtha, qui serait caché dans les ruines de Suthul et que personne n'a retrouvé encore. Les cerveaux faibles ont été récemment raffermis dans la conviction qu'il existe, par la disparition subite de quatre manœuvres italiens qu'on employait à la démolition d'une ruine et qui sont partis sans réclamer leur salaire.

—S'ils n'avaient pas eu intérêt à cacher au plus vite une trouvaille, n'auraient-ils pas au moins réclamé leur argent? nous dit un des habitants de Guelma, qui nous accompagnait à la gare et auquel j'avais raconté mon entretien avec le vieillard. C'était un esprit fort et un homme distingué; je ne suis cependant pas bien sûr qu'il fût absolument convaincu qu'il n'y a point de trésors, car il était fort au courant de toutes les recherches qui se sont faites dans la province de Constantine. Il nous parla d'un homme qui avait bouleversé tous les environs de Bougie pour trouver le trésor de Barberousse, et d'un Italien aveugle qui s'était fait conduire dans un endroit aux environs de la Calle et avait dépensé une soixantaine de mille francs à faire fouiller vainement le sol. En Algérie plus qu'ailleurs, la fable de la Fontaine est vraie : la terre y contient des trésors, mais ce sont les moissons que le travail du laboureur lui arrache, et non les cachettes fabuleuses qu'ont pu y laisser les générations passées.

Aux environs de Guelma, la vallée de la Seybouse s'est considérablement élargie, et a cet air de nudité propre aux régions à céréales quand l'automne est arrivé. Puis elle se rétrécit de nouveau. Bientôt ce n'est plus qu'une gorge fort pittoresque, le lit de la rivière se ravine profondément, la montagne montre son squelette, le site cette fois est franchement sauvage. Tout d'un coup des palmiers apparaissent au fond du ravin, oasis bien imprévue dans ces montagnes. Mais nous sommes sur un terrain tout brûlant du feu intérieur, où l'arbre du désert retrouve la température qui lui convient. Un jet d'eau chaude jaillit littéralement de dessous la voie, et se précipite en fumant sur une pente abrupte où ses dépôts calcaires lui ont fait comme un lit de marbre. Cette large traînée blanche tranche étrangement sur le gazon vert. Nous arrivons à Hammam-Meskhoutine, le bain des Maudits, dont les sources bouillantes sont une des grandes merveilles de l'Algérie.

La station du chemin de fer est à quelques minutes des sources. Bien que la pluie tombât par cataractes, personne n'hésita, tant on avait entendu vanter ce lieu. Figurez-vous un pli de terrain très-tourmenté, d'un côté de beaux oliviers qui puisent une sève extraordinaire dans un sol toujours chauffé, de l'autre un rocher de quinze mètres de haut, qui, pareil à un cratère de volcan, exhale sans cesse des tourbillons de fumée. Son arête se découpe sur le ciel avec la netteté d'une ligne droite, et il semble qu'il en tombe une énorme cascade blanche comme l'écume. Vous vous approchez, et vous découvrez que cette cascade est solidifiée; elle est faite de concrétions calcaires dont les dépôts ont gardé exactement la forme du bouillonnement des eaux qui les charriaient. Avec son ciel gris rayé par la pluie, les montagnes chauves des environs, les tourbillons de fumée dont le vent nous aveuglait, sa cascade sans voix et sans mouvement, son rocher brûlant, l'absence de vie que l'excès de la température maintient alentour, ce paysage grandiose me fit songer aux commencements du monde, alors que la vie n'y était pas encore apparue. Il me sembla que, selon que je regardais devant ou derrière moi, je voyais deux âges différents du globe. Derrière moi j'avais la période actuelle où une nature féconde nourrit une admirable création; devant moi j'avais la période plutonienne, où la terre, dont les forces souterraines façonnaient le relief, ne pouvait encore rien produire. Tel m'apparut Hammam-Meskhoutine, un jour de grande pluie.

On monte sur le rocher, dont les parois brûlent le pied, et on trouve, sur le plateau qui le couronne, trois sources encadrées de blanches concrétions. La plus chaude marque 95 degrés. Les gens qui y viennent en excursion et déjeunent auprès s'amusent à y faire cuire leurs œufs. On prétend qu'au-dessous de la nappe bouillante existe une nappe froide où vivent des poissons qui s'engagent quelquefois trop haut et arrivent à demi cuits à la surface. Des crabes moins sensibles arriveraient à l'état vivant. Le fait est que nous en avons trouvé deux qui couraient sur le plateau, et, à moins qu'un mauvais plaisant n'ait trouvé amusant de mystifier vingt-cinq députés et quelques journalistes, il faut que l'observation soit exacte. D'où seraient-ils sortis? Il y a d'autres sources aussi chaudes aux environs du rocher, mais les trois dont je viens de parler sont les plus curieuses. Ces eaux, qui donnent plus de 100,000 litres à l'heure, commencent à être utilisées. On y a installé un établissement militaire et un établissement civil. Nous n'y avons trouvé personne, il est probable que la saison était déjà finie. Quand on le voudra, on en fera une des stations les plus agréables du monde, grâce à l'échauffement du sol qui permettra d'introduire la végétation tropicale dans une région de climat très-tempéré.

Les Arabes vivent encore en pleins mythes. Leur ignorance ne leur fournissant pas l'explication des choses, ils la cherchent dans le surnaturel avec une intarissable imagination. De là l'étonnante quantité de légendes dont ils ont semé l'Algérie. Chaque source, chaque fontaine, chaque ruisseau, chaque rocher, chaque montagne, chaque grotte, chaque ruine, chaque édifice même a la sienne, où l'on voit apparaître le Dieu créateur ou quelques saints. Le génie grec n'a jamais été plus fertile que le leur. Celui qui se donnerait la peine de choisir parmi elles pourrait faire un volume qui intéresserait tout le monde, et le lecteur qui ne cherche qu'une récréation, et le philosophe qui compare les manifestations de l'esprit humain. Un petit fait, qui m'est personnel, montre quelles surprises on pourrait attendre d'une étude de ce genre. M'étant fait traduire un conte qu'un indigène venait de dire dans un café maure au milieu des rires des assistants, il se trouva qu'il est de tous points semblable à un récit qui figure dans la préface du tiers livre de *Pantagruel*. Rabelais, qui savait l'arabe, l'avait-il trouvé dans quelque auteur qu'il n'a pas cité? Ou bien faut-il voir dans cette coïncidence une preuve de plus de cette vérité, que l'on commence à entrevoir, que l'humanité a un fonds commun d'anecdotes plus ou moins paraboliques, que les générations se transmettent de l'une à l'autre depuis le commencement des temps?

Hammam-Meskhoutine, le bain des Maudits, a nécessairement sa légende. Un riche Arabe avait une sœur d'une grande beauté, il en devint éperdument amoureux et résolut de l'épouser. Ses amis lui remontrèrent le sacrilège d'une pareille alliance, il les éloigna de sa présence; des imams vinrent pour le détourner de son projet au nom du Koran, il leur fit couper le cou. Le mariage se fit, et le soir il y eut de grandes réjouissances; mais, à minuit, au moment où les deux époux se retiraient sous leur tente, la terre s'entr'ouvrit et vomit des flammes. Les deux pécheurs furent engloutis vivants, et tous ceux qui avaient assisté à la fête furent changés en roches. C'est pour cela, disent les Arabes, que le rocher est resté brûlant, que l'eau bout, et que l'on voit autour des sources des cônes de pierre qui ont l'air de tourelles ruinées. Ces cônes, se sont les invités ; mais la nuit ils secouent leurs enveloppes de pierre et la fête recommence. Malheur à celui que la curiosité attirerait, il serait entraîné dans la sarabande, et à l'aube il serait pétrifié comme les autres. Je conçois parfaitement cette crainte superstitieuse qui, sitôt que la nuit arrive, éloigne les indigènes du lieu maudit. La fumée, tournoyant sur le rocher au milieu d'un silence de mort, doit simuler aisément un cortège de fantômes, pour peu que la lune la traverse de ses blancs rayons.

Au-delà d'Hammam-Meskhoutine, les montagnes se dénudent de plus en plus ; leur dos, où de maigres buissons s'espacent, rappelle assez la toison d'un mouton galeux. De toutes parts le rocher stérile perce la mince couche de terre qui le couvre. Mais bientôt toute végétation arborescente disparaît, un humus épais revêt partout la charpente du paysage ; aux lignes heurtées de la pierre succèdent les lignes ondulées et sans fin de la terre dont les agents atmosphériques amollissent les contours depuis des milliers d'années. Une nouvelle région à blé commence, immense celle-là, se continuant en tous sens sur des centaines de kilomètres. Nous quittons décidément la partie du Tell où, en dépit d'une réputation imméritée, les bois abondent et couvrent toutes les pentes d'un manteau qui reste éternellement vert; voici maintenant l'*ager frugum fertilis, bonus pecori, arbori infecundus* de Salluste, la terre fertile en grain, propice au bétail, inféconde en arbres. L'haleine du printemps y fait frissonner la surface d'une mer illimitée de moissons; mais, sitôt que les récoltes sont enlevées, un mortel ennui s'y installe. Heureusement que le laboureur a autre chose à faire qu'à rêver à la beauté du lieu qu'il habite!

Dépouillez de toute verdure les mamelons du sud de Paris, et vous aurez une idée de la désolation du paysage qui nous obsède sur une longueur de soixante-dix kilomètres, de Bordj-Sabat jusqu'au Kroubs. Pas un arbre, pas un buisson, pas une touffe d'herbe, ni sur les sommets, ni dans les fonds. Pas d'autre couleur que la couleur neutre de la terre, poussière quand le soleil la grille, boue quand il pleut. L'Oued-Zenati, qui s'est creusé un fossé profond à travers ce sol friable, n'a pas un arbuste sur ses bords, à peine quelques roseaux. Que peuvent bien brouter les moutons que l'on voit paître?

Ce fut pourtant là, suivant l'expression consacrée, un des greniers de Rome. Ce sera un jour un des greniers de la France. Malheureusement on en a concédé la plus grande partie à la Société algérienne qui a créé trois villages peu prospères : Aïn-Regada, Aïn-Abid, Bou-Nouara. Elle se contente trop souvent de faire tout simplement cultiver par des indigènes. Ces grandes concessions sont un des maux de l'Algérie. Elles ont accaparé quelques-unes des meilleures terres, sans profit pour la colonisation, puisqu'elles les rendent aux indigènes. Aussi est-il question de présenter une loi d'expropriation qui permettra de revenir sur ce qui a été fait.

CONSTANTINE

Une ville sur un piédestal. — La ville européenne. — Les Constantinoises sont jolies. — Le quartier marchand indigène. — La ville arabe. — Le palais de El-Hadj-Ahmed. — Un tyran africain. — Types algériens : les Maures, les Arabes, les Kabyles, les Mozabites, les Nègres, les Juifs. — La porte Valée et le génie militaire. — Le marché aux grains. — Environs de Constantine.

Cet âpre pays numide, si sauvage, si nu, si triste, et qui fit jadis une race si forte, a pour capitale une ville dont le farouche escarpement convient singulièrement à sa rude physionomie.

Le Rummel a découpé dans la montagne un bloc de roche autour duquel il a creusé un ravin de sept à huit cents pieds de profondeur. C'est sur ce gigantesque piédestal que Constantine est juchée comme un nid d'aigle. Elle n'est reliée au territoire qui l'environne que par un isthme étroit. Mais la nature, comme si elle s'était plu à la rendre absolument inaccessible, a dressé sur cet isthme le mont Koudiat-Aty. C'est comme un nœud qui serre la ville à la gorge et l'emprisonne sur son rocher. Une compagnie anglaise avait proposé, il y a quelques années, de raser cette barrière, à condition qu'on lui concéderait la propriété de l'emplacement dégagé ; le projet ne fut pas agréé. Aujourd'hui, pour que Constantine s'agrandît, il lui faudrait ou escalader la montagne, ou sauter son ravin, deux choses également impossibles. La situation qui fait sa force arrête aussi son essor ; l'espace lui est inflexiblement mesuré.

Et il n'est pas grand, cet espace ! Le rocher mesure, dans la plus grande diagonale, un kilomètre, et dans la moindre sept cents mètres. A peine a-t-on fait quelques pas dans les rues qu'on est arrêté par un parapet ; on se penche et on voit l'abîme. C'est cependant sur ce plateau si resserré que les indigènes avaient construit une ville qui comptait plus de 40,000 âmes. La moindre place y était utilisée ; les murs s'avançaient sur les bords du ravin, au point de paraître la continuation des parois du granit ; les rues se rétrécissaient en ruelles, les ruelles en couloirs ; les maisons s'accrochaient les unes aux autres pour se serrer davantage ; souvent on supprimait l'air et la lumière pour avoir un logement de plus, le premier étage d'une maison fusionnait avec le premier étage d'en face et la rue se changeait en un passage voûté. Quand les premiers Français virent ce prodigieux entassement de constructions, il leur sembla impossible d'y toucher. On eut un moment l'idée de respecter la ville arabe et de construire auprès une ville européenne sur les hauteurs de Mansourah. Constantine, qui étouffe dans l'enceinte qu'elle ne peut élargir, a souvent regretté qu'on ne l'ait pas fait.

6.

Une partie du plateau est à peu près plane; les Européens s'en sont emparés, y ont aligné des rues et construit de hautes maisons.; mais l'espace où trois indigènes sont à l'aise suffit à peine à deux Européens, et, à mesure que le nombre de ceux-ci augmente, le chiffre total de la population diminue. Je n'ai pas remarqué que le caractère de nos colons se ressentît là de l'aspect sévère du paysage qu'ils ont sans cesse sous les yeux. J'ai retrouvé, parmi eux, la cordialité et la bonne humeur qui ont accueilli la caravane dans toute l'excursion. Peut-être même m'ont-ils semblé plus bruyants que ceux d'autres villes. Cela tient, je crois, à ce qu'étant très-resserrés, ils sont toujours nombreux sur un même point et que l'on a perpétuellement dans l'oreille les mille bruits de la foule. Le soir, quand il y a musique sur la place du Gouvernement, il arrive parfois qu'il faut jouer des coudes pour continuer à circuler. Et c'est la grande place de la ville. Ah! l'espace est parcimonieusement mesuré aux promeneurs.

Les Constantinoises passent déjà pour jolies. Les réputations s'établissent vite en Algérie. Un jour que je me rendais au quartier juif avec un des hommes que j'ai été le plus heureux de rencontrer dans mon voyage, il me demanda tout d'un coup la permission de monter dans une maison en face de laquelle nous passions. Puis, je le vis paraître à une fenêtre du deuxième étage et m'appeler. Je montai. J'étais chez lui, et il me présenta à une des plus charmantes femmes que j'aie jamais vues. Je fus un peu ébloui : vingt ans, une forêt de cheveux blonds, un de ces profils de vierge idéale qu'on trouve dans les keepsakes anglais, un cou flexible d'une grande pureté de lignes et gracieusement penché, des bras irréprochables, une taille élancée, une grande aisance de manières; avec cela, excellente musicienne, montant à cheval comme une centauresse et tirant du pistolet comme Monte-Cristo : la femme des pays nouveaux, pouvant à la fois tenir un salon et faire le coup de feu contre les Arabes.

— Une Algérienne, née en Algérie, me dit mon ami.

— Eh bien, répondis-je sincèrement, je vous sais le plus grand gré de cette agréable surprise. Je n'aurais pu me vanter de connaître complètement l'Algérie si je n'avais su quelles beautés elle produit.

Depuis, nous avons vu bien d'autres jolies femmes avant d'achever notre voyage. Certes, il serait ridicule de vouloir, dès aujourd'hui, dégager le type algérien des divers types qui sont en présence et mêlent leurs rangs dans notre colonie. Ce qu'il sera, qui pourra le dire avant cinquante ans? Mais, quels que soient les traits qui le distingueront, je crois pouvoir affirmer qu'il fera honneur à l'espèce humaine. Ce ciel pur, cette lumière limpide, ce beau pays, ne peuvent qu'être propices à la beauté. Déjà on la voit paraître dans les enfants et dans les jeunes gens nés et développés sur le sol algérien. Je ne sais pourquoi c'est une des remarques qui m'ont fait le plus vif plaisir. Sans que j'en puisse donner la raison, il me semble que l'avenir sourit à un pays qui a de pareilles femmes.

L'autre partie du plateau de Constantine, fortement inclinée, a l'air de dégringoler vers le Rummel; on l'a laissée aux indigènes, qui peuvent seuls s'accommoder de ces rues en escalier, dont se fatiguerait le pied des chèvres. On a toutefois percé au travers la rue Nationale, qui relie la porte d'El-Kantara à la porte Valée, les seules par lesquelles les voitures puissent pénétrer dans la ville. D'un côté de la rue est le quartier marchand, et de l'autre la ville arabe proprement dite. Pour s'initier aux menus détails de la vie indigène, rien ne vaut une visite au quartier marchand. Chaque profession a une ou plusieurs rues spéciales. Les cordonniers tiennent le plus de place. Ils sont, dit-on, au nombre de cinq cents, et fournissent toute la province de Constantine de ces lourdes babouches que l'on chausse soit les pieds nus, soit par-dessus la botte, et qui ressemblent beaucoup plus à des sabots qu'à la gracieuse petite chaussure à laquelle leur nom fait songer. Ces boutiques sont fort curieuses; on dirait de grands placards coupés horizontalement au milieu par quelques planches, ce qui fait deux étages qui ne sont souvent ni l'un ni l'autre assez élevés pour qu'on puisse s'y tenir debout. Deux ou trois ouvriers et quelquefois cinq ou six travaillent sans se gêner, accroupis dans ces petites niches. Un maillet pour battre le cuir et aplatir les coutures, un marteau pour enfoncer les clous, une ou deux alênes, un couteau qui tient lieu de tranchet, voilà tout leur outillage.

Les murs noircis et le bruit des marteaux annoncent de loin les forgerons; ils font surtout des étriers, des éperons et des socs de charrue; ces derniers ressemblent exactement à la semelle d'un soulier à pointe, et feraient sourire nos paysans habitués aux labours profonds; cette lame de fer plate ne saurait entrer dans le sol, ni retourner un sillon. On y ajoute un manche en bois fort léger qui se tient d'une seule main; de l'autre, l'Arabe fouette son cheval, qu'on voit parfois trotter, et cette charrue primitive, passant à la course, entame à peine l'écorce du champ et laisse entre chacune des petites rigoles qu'elle trace des bandes de terre qui ne sont pas même remuées.

Beaucoup d'industries sont spéciales à la civilisation indigène. La fabrication des tissus de laine est, de toutes, celle qui occupe le plus d'ouvriers. Ceux-ci tissent des burnous; ceux-là des haïks, d'autres des tellis, ces besaces rayées de couleurs diverses qu'on jette sur le dos des mulets et qui servent de selle quand ils sont vides et de sacs à transport quand on les remplit. Ici, on tresse des bordures de burnous à l'aide d'un petit métier fort ingénieux; là, on brode des selles, orgueil du cavalier arabe; dans une rue on fait des couffins d'alfa, dans une autre des tamis sur lesquels on sèche les grains du couscous. C'est, dit-on, dans ce monde ouvrier que l'on rencontre le plus d'hostilité sourde contre les Français. Avec nos procédés de fabrication perfectionnés, nous faisons une concurrence désastreuse à beaucoup de leurs métiers. Pour les indigènes, le bon marché passe avant le patriotisme, ils se servent chez nous. En Algérie, comme partout ailleurs, la machine ruine le travail à la main.

Plusieurs rues sont consacrées aux objets d'alimentation. Les bouchers ont tendu les leurs de toiles pour défendre leurs viandes contre le soleil ; ces enfilades de baraques noires et sales, où l'air lourd est chargé d'odeurs fades, où pendent des animaux écorchés, des lambeaux de chairs sanglants, où tourbillonnent sans cesse d'effroyables essaims de mouches, sont d'une horreur inoubliables. Aux abords se prépare une cuisine dont des sorcières ne voudraient pas ; des têtes de moutons écorchées et entières, montrant toutes leurs dents blanches dans le rire de la mort, cuisent entassées dans un fourneau de faïence ; un vieil Arabe, à longue barbe, enfile sur une petite brochette de bois des grillades où les morceaux de foie alternent avec les morceaux de graisse, et les fait rôtir sur des charbons ; un autre remue des choses sans nom au fond d'une grande marmite ; des tripes rissolent sur des brasiers ; une âcre odeur vous prend à la gorge ; il faut pour y tenir la résolution d'un curieux déterminé. D'autres endroits sont plus accessibles ; on trouve sur les bancs qui forment la devanture des boutiques des piments cuits, des gâteaux frits dans l'huile, du lait et des fruits généralement fort beaux. Souvent un rideau vous cache le fond, vous le soulevez et vous ne voyez qu'une chambre absolument vide. Le marchand n'en dérobait pas moins son intérieur aux regards étrangers. Pour trois ou quatre sous un indigène fait un repas copieux dans ce marché. Pour un sou il a un pain rond de fort bonne mine; une grillade de foie ne lui coûtera pas davantage, et pour un troisième sou il aura des piments cuits à l'eau et une grappe de raisin. Il ira boire une gorgée d'eau à la fontaine, et, dépensant un quatrième sou, il prendra une tasse d'excellent café dans un café maure. Après quoi, s'il fait beau et s'il n'a pas de domicile, il cherchera un endroit favorable, se roulera dans son burnous et s'endormira repu et content, en rêvant qu'il a trouvé le « Sésame ouvre-toi » qui le fera entrer dans la caverne d'Ali-Baba.

A Alger, la douceur du climat, la mollesse des mœurs, les habitudes d'une capitale, un cosmopolitisme très-ancien, ont donné à la ville arabe je ne sais quel air trop joli qui sent l'opéra comique. A Constantine, elle a gardé un plus grand caractère. Autant le calme est saisissant une fois qu'on est dans l'intérieur, autant est grand le fourmillement des gens aux approches des rues qui y conduisent. Il faut avoir vu ces petites chambres aux dalles inégales, aux murs blanchis à la chaux, aux fenêtres en meurtrières, où il serait quelquefois aussi impossible de se tenir debout que de se coucher de tout son long, et où trois ou quatre personnes vivent, pour se faire une idée de la population que peut contenir un quartier arabe. Au besoin, l'aspect d'un café maure suffirait pour montrer combien il faut peu de place à un indigène. La porte par laquelle la lumière entre obliquement est presque toujours si basse, qu'il faut se baisser pour y passer; la pièce n'a souvent que quatre ou cinq mètres de long sur trois de large, les murs sont soigneusement blanchis, quelquefois un artiste naïf y peint à la détrempe des animaux d'un dessin chimérique et des plantes dont M. de Candolle n'aurait pas deviné l'espèce. Dans un coin, des tasses brillent sur une tablette et le cafedji s'y tient auprès du réchaud. Tout le long des murs, court un banc de maçonnerie; dans les cafés qui se piquent de luxe il est couvert de nattes ainsi que le sol. Sept, huit, dix indigènes trouvent le moyen de s'installer dans cet étroit réduit, assis, accroupis ou plus volontiers couchés. Rarement ils discutent, rarement il causent avec animation. L'un d'eux parle, les autres écoutent en fumant lentement leur chibouque, ou semblent sommeiller les yeux à demi clos. Pour nous, Européens, qui faisons de l'activité l'un des premiers mérites de l'homme, il nous vient malgré nous une impression de mépris à voir, à l'heure où nous travaillons, ces grands corps allongés, immobiles dans leurs vêtements blancs. Si l'un de nous se hasardait parmi eux, je ne lui donnerais pas cinq minutes pour commettre une inconvenance par la vivacité de ses mouvements. Ou il pocherait un œil d'un coup de coude, ou il allongerait un coup de pied à son voisin. Les indigènes graves, posés, sobres de gestes, restent des journées entassés les uns par-dessus les autres sans se gêner.

Je n'ai pas laissé passer un seul jour sans aller me promener dans la ville arabe. Je ne pouvais m'en rassasier. Première impression de nouveauté et la plus saisissante : une ville sans voitures. Où est le tumulte de nos cités, cette rumeur faite de mille bruits que la nuit apaise à peine pendant quelques heures? Ici, le propriétaire s'étend devant sa maison, assuré du repos; les murs ont la blancheur du suaire; les rues ont le silence de la tombe; l'absence de fenêtres, les portes toujours closes accentuent cet air de mort. Dans les endroits où il n'y a ni boutiques ni cafés pour donner quelque animation, on pourrait se croire dans une ville abandonnée. Rien ne décèle la vie. Et quelle étrangeté d'aspects! Comment décrire ce plan plus confus que celui du labyrinthe; ces rues qui narguent toute géométrie; ces descentes pareilles à un lit de torrent; ces escaliers qui ont l'air de plonger dans un abîme; ces couloirs si étroits, que le frottement des burnous en usent les murs; ces étages en surplomb; ces pignons qui semblent vouloir vous barrer le passage; ces façades aveugles où il n'y a pas d'autre baie que la porte inhospitalière, bardée de fer et qui ouvre d'un air défiant un œil grillé sur ceux qui passent; ces boutiques dont la saleté est mal dissimulée par les vives couleurs des poires rouges, des tomates, des aubergines, des oignons et des pastèques; ces tables couvertes de figues de Barbarie dont les tons jaunâtres, violacés ou rouges, font songer aux couleurs livides d'un œil poché depuis trois jours; ces marchands couchés devant leur boutique comme pour inspirer aux clients l'idée de passer leur chemin; cette population solennelle; ces poses recueillies; ces groupes accroupis dans les coins; ces regards où se trahit la secrète antipathie? Les femmes ne sont point aussi rares qu'on le croirait. Elles sont empaquetées dans un haïk bleu quadrillé de minces raies blanches. C'est le costume le plus affreux que j'aie vu en Algérie. Parfois une nichée de bambins en chemise s'envole d'une porte basse en poussant des cris gutturaux, ou bien un cavalier grave et fier, bien droit sur sa selle, débouche brusquement d'une rue latérale, et il vous semble que le vent du désert sort des plis de son burnous. Sur les derniers gradins du roc dont le Rummel ronge le pied se sont établis des tanneurs. Avec les peaux qui sèchent au soleil, les cuves de chaux où les peaux perdent le poil, les cuves de tan d'où elles ressortent à l'état de cuir, la teinte sanguinolente que le tan donne à toute la tannerie, les planches rongées de leurs enclos, les corbeaux et les vautours qui tournoient sur le flanc du rocher et le gouffre ouvert à quelques pas comme un trou noir sans fond, leurs installations ont une belle horreur pittoresque qui nous séduisait vivement. Ils nous laissaient entrer sans rien dire et nous regardaient, gênés. Je sentais qu'ils devaient soupirer de satisfaction quand nous nous en allions.

Constantine a peu de monuments dignes de son originalité, ou plutôt elle n'en a qu'un. Ses mosquées sont curieuses pour un touriste qui débarque de France, mais on les oublie quand on a vu Alger et surtout Tlemcen. Le palais du dernier bey de Constantine, devenu le palais de la subdivision, est seul vraiment intéressant. Un des interprètes les plus actifs de l'armée d'Afrique, M. Feraud, lui a consacré une monographie qui est aussi facile à lire qu'un roman, tant l'histoire de sa construction est singulière, tant le personnage qui l'a fait construire est étrange. Qu'il est dommage que le genre truculent ne soit plus à la mode dans la littérature! Jamais héros du romantisme échevelé n'a été plus féroce et plus noir que El-Hadj-Ahmed. C'est un de ces monstres abominables comme le despotisme sans frein en a produit quelques-uns sous l'ardent soleil d'Afrique. La moindre contrariété le mettait en fureur, il tirait son poignard et frappait. Alors la vue du sang le rendait fou; sa face de tigre devenait si effrayante que tout le monde s'écartait terrifié. Il ne reconnaissait pas d'autres règles que son désir. Quand on lui signalait une belle fille, il la faisait enlever, appartînt-elle aux plus grandes familles de la province. Il en réunit ainsi trois cent quatre-vingt cinq, en y comprenant les négresses qui faisaient le service du harem. Un jour, ayant remarqué une enfant de dix ans qui puisait de l'eau à une fontaine, il l'emmena; puis comme la petite, inquiète et intimidée, pleurait, il se fâcha et la poignarda pour la faire taire. Une de ses favorites ayant cueilli en sa présence une orange dans son jardin, il lui fit clouer la main contre l'arbre. Un homme auquel il voulait marier sa fille s'étant permis d'aimer une autre femme, il fit jeter cette malheureuse dans le ravin du Rummel. Une de ses femmes s'étant amusée à singer ses manières, il la surprit, et lui fit coudre la bouche pour avoir osé fumer dans sa pipe. Deux négresses ayant été accusées de souhaiter sa mort, il les découpa en morceaux de sa propre main. Il aimait le sang, et il ne se passait guère de jour où il ne fit procéder à une exécution. Cette bête fauve avait ses heures de jovialité. Pour s'assurer de la fidélité de ses femmes, il inventa des serrures à sonnerie. Il faisait monter ses ministres, ou quelque vieux général à barbe blanche, dans la voiture d'enfant de sa fille, que traînaient quatre chiens, et riait de leurs contorsions. Un jour, il se donna la fête d'une chasse aux lions dans ses jardins. Il en fit amener deux, lâcha sur eux des dogues qui furent mis en pièces et, bien abrité au premier étage, il les abattit à coups de fusil. La France fut pleine de bienveillance pour cet être aimable, elle lui fit une pension à Alger, et, quand une de ses femmes fuyait l'enfer de son harem, nos agents la lui ramenaient, probablement en vertu de la loi qui porte qu'il n'y a point d'esclaves sur le territoire français.

Ahmed, ayant fait à la Mecque le pèlerinage après lequel il eut droit au surnom de El-Hadj, revint émerveillé des palais qu'il avait vus en Égypte, et résolut d'en avoir un semblable. C'était vers l'année 1825. Quand cet homme terrible avait un désir, toutes les forces qu'un despotisme sans limite lui mettait dans la main étaient employées à le satisfaire. Il ruina sa province pour avoir un palais. Il commença par se faire céder, de gré ou de force, l'emplacement nécessaire. Une vieille femme tenait à sa demeure et ne voulait pas s'en aller. Le monstrueux farceur en fit murer les portes et les fenêtres. On passait des vivres par un trou à la malheureuse. Au bout d'un mois de claustration, elle s'avoua vaincue et partit. Ahmed s'empara de la sorte de vingt-huit maisons, de quatre boutiques et d'un atelier. Il fit venir les plus célèbres ouvriers indigènes qui se mirent immédiatement à l'ouvrage. Un marchand génois lui envoya d'Italie des colonnes de marbre, et se fit donner en échange du blé que les indigènes durent fournir. Ces colonnes arrivées à Bône, il n'y avait pas de routes pour les amener à Constantine. Alors la population fut réquisitionnée pour le transport. On passait des perches sous une colonne, et vingt ou trente porteurs la chargeaient sur leurs épaules. Les poutres et les planches furent apportées de la même façon de la Kabylie et de l'Aurès. Puis, les matériaux ainsi amassés se trouvant insuffisants, Ahmed eut une idée auprès de laquelle pâlissent les exactions les plus fameuses de Verrès : il mit tout simplement la province au pillage. Sculptures, serrureries, menuiseries, marbres, colonnes, faïences, montants de porte, portes de cèdre, chambranles de fenêtre, il fit tout saisir. Des nuées de démolisseurs s'abattaient sur les édifices les plus remarquables, et des caravanes en apportaient les débris aux architectes du palais. Quand la maison est finie, dit le proverbe arabe, la mort arrive. Cette fois, ce fut l'ennemi. A peine son palais était-il achevé, qu'Ahmed en fut chassé par les Français.

Cet effort colossal, où les ressources de tout un peuple furent mises en jeu pour satisfaire la fantaisie d'un homme, a produit un édifice vaste sans être grandiose, et original sans être beau. On y sent partout l'insuffisance des artistes qui l'ont élevé, et le procédé barbare qui en a réuni les matériaux. La façade qui donne sur la place du Gouvernement a plus l'air d'un derrière que d'un devant de monument, mais on sait que dans leurs habitations les musulmans sacrifient généralement cette partie au besoin de s'isoler complètement chez eux. Au dedans, on ne remarque aucun plan d'ensemble. Un édifice arabe se compose invariablement d'une cour intérieure entourée de galeries. Pour faire plus grand, les ouvriers d'Ahmed n'ont trouvé rien de mieux que d'accoler quatre cours les unes aux autres. A part les dimensions, elles se ressemblent toutes : des murs recouverts en bas jusqu'à hauteur d'homme de faïences disparates et enluminés en haut de peintures naïves qu'un écolier de huit ans refuserait d'avouer ; des colonnades aux colonnes torses en marbre blanc, aux arcades ogivales qui se répètent au premier étage ; dans l'enceinte de la cour, un jardin exubérant avec une fontaine de marbre au milieu. Je vois que tous les écrivains qui ont parlé du palais vantent l'élégance de ces colonnades. Je ne suis pas de cet avis : les arcades ne sont pas toujours de la même largeur ; les colonnes, qui ont été ramassées un peu partout, ne sont pas toujours aussi hautes les unes que les autres ; il en résulte une désharmonie affligeante pour l'œil, qui tire en architecture quelques-unes de ses plus vives jouissances de la symétrie des proportions. Au lieu de l'impression d'un art élégant, j'ai eu celle d'un art lourd et grossier. J'ajouterai que le palais m'a paru mal entretenu ; les peintures s'écaillent, les murs et les marbres ont de ces verdeurs que produit l'humidité, la végétation est trop abondante et fait songer aux ruines que les bois envahissent : je n'aime pas non plus qu'on laisse des plantes grimpantes s'enrouler autour des colonnes; le marbre est déshonoré de cette familiarité. Il faut laisser cela aux monuments abandonnés.

Après les courses dans la ville arabe, ce qui me plaisait le plus à Constantine, c'était de m'asseoir sur la terrasse d'un café qui est au coin de la rue Nationale et de la place Valée. Je regardais passer la foule grouillante des indigènes et je me faisais désigner les divers types par de vieux colons. Toutes les races de l'Algérie vous défilent sous les yeux en quelques minutes.

Voici des Maures dans le costume classique des marchands de dattes, le turban, la veste ouverte, le gilet brodé, le pantalon à la turque, le bas qui moule le mollet, et des babouches qui font les pas silencieux. J'ai vainement cherché dans tous les voyageurs, dans tous les ethnographes, dans tous les anthropologistes, une définition satisfaisante de ce mot de Maures. Le professeur Hartmann, qui vient de publier un lourd volume sur les races africaines, est aussi insuffisant que ses prédécesseurs. D'abord, j'estime qu'il y a Maures et Maures, et qu'il ne faut pas prendre pour des frères les Maures du Sahara occidental et les Maures des villes barbaresques. Tandis que ceux-là, nomades et pauvres diables toujours affamés, sont maigres comme une jambe d'autruche et sont d'insignes voleurs, ceux-ci ont une propension marquée à l'embonpoint, et c'est, je crois, l'un des traits les plus certains auxquels on les reconnaît. Ils ont beaucoup de bonhomie sur le visage, et j'ai toujours entendu les colons se louer de leur honnêteté. Ils sont de mœurs très-sédentaires, tiennent une boutique ou un atelier. Appréciant la sécurité que nous leur assurons et le bien-être que notre commerce leur procure, ils représentent l'élément indigène qui nous est le plus sympathique et qui fraie le plus volontiers avec nous. J'ai vu de franches amitiés basées sur la mutuelle estime entre un voisin maure et un voisin français. Mais, enfin, que sont les Maures ? De qui descendent-ils ? D'où viennent-ils ? Questions bien obscures. On suppose que, à un fond primitivement berbère, sont venus ajouter successivement les débris de toutes les races qui ont passé en Afrique, Romains, Goths, Vandales, Byzantins, Turcs. Ajoutez-y les renégats de toutes nations qui ont toujours été assez nombreux dans le nord de l'Afrique. Le mélange de tant de sangs divers aurait produit la race maure. La vie des villes, l'absence d'exercices, une nourriture plus choisie et plus abondante, une culture plus avancée, leur auraient donné cette ampleur de forme qui les caractérise au physique, et cette douceur de manières qui les distingue au moral. J'avoue que cela est vague. N'importe, on constate vite qu'un Maure est un autre homme qu'un Berbère ou un Arabe.

Combien y a-t-il de Maures en Algérie ? Impossible de répondre. Et à ce propos je me plaindrai vivement de la façon dont les recensements sont faits dans la colonie (1). Nos statistiques officielles ne

---

(1) Quelques députés vont enfin demander la création d'un bureau de statistique algérienne.

distinguent point de races en Algérie, elles les englobent toutes sous la rubrique banale « indigènes », et, quand elles vous ont dit qu'il y en a deux millions et demi, elles vous ont appris tout ce qu'elles savent. Franchement, ce n'est pas assez. Je sais bien qu'il est impossible pour le moment de recenser exactement les indigènes, mais une approximation sur l'effectif de chacune des races auxquels ils appartiennent rendrait de grands services. L'administration elle-même, qui a pris longtemps tous les indigènes pour des Arabes et à qui cette énormité en a fait commettre bien d'autres, gagnerait à être renseignée.

Voici des Arabes avec la gandourah de toile ou de coton, le haïk de fin tissu serré autour de la tête d'une corde en poils de chameau, le burnous de laine blanche dont on laisse à la ville retomber le capuchon, les pieds nus le plus souvent, quelquefois emprisonnés dans des bottes de cuir à couleurs voyantes. Quelques riches, subissant l'influence de notre civilisation, ont un immense mouchoir à carreau rouge noué par un bout au-devant du burnous. Parfois les cavaliers qui viennent de loin ont un chapeau de paille aux bords incommensurables, agrémenté de dessins de laine garance.

La race est bien mélangée; il en est peu qui répugne moins aux alliances étrangères. Un musulman vaut un autre musulman, quelles que soient son origine et la couleur de sa peau. Quant aux femmes infidèles, elles remplissent les harems comme esclaves. Pendant huit siècles, les marchands ont amené librement du Soudan des caravanes de négresses qui ont laissé de fortes traces dans les générations actuelles. Un masque élargi, un gros nez, des pommettes saillantes, un profil prognathe, des lèvres épaisses, ne sont point rares et décèlent le métis. Mais souvent aussi on aperçoit le pur type sémite, un des plus intéressants que je connaisse. Il séduit et repousse à la fois. Il séduit nos goûts artistiques par sa beauté et repousse notre sympathie par je ne sais quel air de ruse qui inspire la défiance. Toute la personne est maigre et allongée, le visage ovale, le nez aquilin, les narines ouvertes par le souffle de la passion, les yeux d'une profondeur qui saisit et d'un orbite très-grand, l'intervalle qui les sépare fort rétréci, ce qui est, je crois, la principale cause de l'expression de ruse dont je viens de parler. Les lèvres sont minces; la bouche est parfois démesurée et montre des dents qui effraient; une barbe noire, longtemps assez rare et terminant le menton en pointe, l'encadre virilement. La physionomie donne l'idée d'une intelligence très-subtile et très-attentive; elle aide singulièrement à comprendre ce peuple grammairien et ergoteur qui a poussé plus loin qu'aucun autre l'art de couper un cheveu en quatre. Souvent elle atteint une extrême intensité d'expression; cet œil cave et sombre, cette mine émaciée vous révèlent l'enthousiaste qui finira peut-être un jour en fanatique; ce regard faux, cette bouche cruelle, ce maigre corps de bandit, drapé dans des guenilles, vous font souhaiter de n'en pas rencontrer le propriétaire au tournant d'une route du désert. Il arrive aussi que l'expression tourne à la douceur, et, je hasarde le mot, elle devient sublime. Quand la caravane allait d'Oran à Tlemcen, elle fut accompagnée pendant un moment par un goum dont le jeune chef était d'une beauté idéale. Il y avait dans toute sa personne un air de foi ardente, de bonté, de désintéressement, de grandeur, d'intelligence supérieure qui me ravissait. Il me semblait deviner en lui toutes les qualités qui font une grande âme, tous les dons qui font un grand homme et quelque chose de plus encore. On aurait dit un inspiré, mieux que cela, un dieu. Je me reportai à dix-huit siècles en arrière au milieu des oliviers de la Judée et je crus voir le Christ..

Fourbes ou fanatiques, voleurs ou prophètes, tous ont, du reste, une chose qui portera toujours notre imagination à se laisser duper en les appréciant : c'est la noblesse biblique de l'attitude et des gestes. Ils ont les membres longs, ce qui donne de l'ampleur à leurs mouvements ; et la vie au grand air, les exercices constants, la conviction que le musulman est le premier des hommes, les habituent à une aisance de manières dont nos vieilles sociétés ont oublié jusqu'au souvenir. Si jamais nos artistes perdaient la notion de la mâle élégance, celle qui résulte d'un corps harmonique et vigoureux, ils pourraient la retrouver en regardant le dernier des goujats arabes.

Les Kabyles portent également la gandourah et le burnous, mais il est rare qu'ils aient un haïk. Ils se coiffent d'une calotte de cuir dont la couleur rouge disparaît trop souvent sous la crasse. Ils sont plus trapus et plus lourds que les Arabes. Ils n'ont pas leur noblesse native; en revanche, ils ont, en général, une figure plus honnête. On est frappé de voir combien d'entre eux ont cette tête massive si commune parmi les bustes romains. Un Arabe se reconnaît assez aisément sous notre costume, mais je pense que, si les Kabyles adoptaient les vêtements de nos paysans, il serait fort difficile de les distinguer d'avec eux. Au pénitentiaire de Lambessa, les détenus ont tous le même costume, qui ressemble un peu à celui de nos marins. Beaucoup d'entre nous furent étonnés d'apprendre, en sortant, que la grande majorité était composée de Berbères. Je reviendrai dans un chapitre spécial sur ce peuple intéressant que j'ai vu chez lui. Au moment de la récolte, ils descendent en grand nombre de la montagne et viennent se louer comme moissonneurs. Ils gagnent ainsi de quoi remonter un peu leur pauvre garde-robe et acheter quelques outils. Quand la caravane arriva, le temps des travaux était passé et les travailleurs étaient rentrés dans leur pays.

Voici des Mozabites. Ils tiennent dans la rue Nationale de nombreuses boutiques où l'on trouve de la mercerie et des étoffes de toutes sortes. Dans le reste de la ville, d'autres vendent de l'épicerie, des légumes et du charbon. Par toute l'Algérie, ils font les mêmes commerces, sobres, rangés, patients, silencieux, fermés à tout ce qui n'est pas mozabite. Leur costume ne se signale par rien de bien caractéristique : c'est le costume arabe, sauf qu'ils affectionnent les gandourah de laine rayées de couleurs sombres. Ils sont petits et trapus. Ils ont le teint olivâtre assez clair, une tendance à l'embonpoint, et je ne sais quoi d'alangui qu'ils doivent sans doute à leur existence passée en grande partie à l'ombre, un œil noir velouté d'une douceur rusée et d'une vive intelligence, le nez fort, un type voisin du type juif mais plus élargi, car eux aussi sont Berbères.

Ils viennent d'un groupe d'oasis du sud de la province d'Alger, qui est un des coins les plus curieux assurément de toute notre colonie. En vertu d'une convention qui date de 1853, le M'zab forme un véritable État indépendant enclavé dans nos possessions. Quand il nous a payé un tribut qui s'élève à cinquante mille francs environ, il ne nous doit plus rien et se gouverne comme il l'entend. Le mystère qui l'enveloppait jusqu'ici va être dissipé, grâce aux travaux d'un jeune savant, M. Masqueray, auquel les études algériennes doivent déjà beaucoup. Après un voyage pénible, des fatigues sans nombre, des dangers sur lesquels il passe modestement, M. Masqueray a obtenu des Mozabites communication de leurs livres. Il en a déjà publié un, la *Chronique d'Abou-Zakaria*, les autres vont suivre, et, histoire et doctrines, nous connaîtrons tout du M'zab. Elles intéressent non-seulement ce petit peuple perdu dans un pli du désert, mais l'histoire générale de l'islamisme et une époque de l'histoire d'Afrique sur laquelle Ibn-Kaldoun, notre grande source, est presque muet. Nous avons là un faible débris de la grande secte ibâdite ; de l'Irak elle s'est étendue autrefois dans l'Oman et jusqu'à Zanzibar qui lui sont restés fidèles, et elle a couvert un moment les États barbaresques de ses adhérents. Les Berbères, tout frémissants encore de la conquête arabe, avaient accepté le schisme comme un moyen de libération et, sous couleur de religion, continuèrent la guerre contre les envahisseurs. Mais ils furent définitivement écrasés. Quelques milliers d'Ibadites se sont perpétués au Djebel-Nefousa dans la Tripolitaine, à l'île Djerba dans la Tunisie et au M'zab. Ce dernier pays en contient à peu près 30,000, et on estime qu'il y en a à peu près 15,000 répandus en Algérie. Les divers groupes d'Ibadites ont des relations suivies entre eux ; nos Mozabites vont en pèlerinage dans l'Oman, et, il y a quelques années, des Zanzibarites se présentèrent au général Chanzy et lui demandèrent l'autorisation de visiter leurs frères du M'zab, ce qui causa une certaine surprise, car on ignorait encore alors la communauté de croyance qui les unit.

Les Mozabites ne s'en tiennent pas à la lettre du Koran. Pour eux il n'y a de croyants que ceux qui se conforment surtout à l'esprit de la loi. Ce puritanisme leur a conservé des mœurs excellentes. Ils ont un grand respect de la parole donnée. Ils sont d'une probité proverbiale. Ils ont soin de leurs pauvres, et il n'y a point de mendiants parmi eux. Ils considèrent la fortune mal acquise comme un cas rédhibitoire du mariage, et ils ne sont pas loin d'admettre qu'une faute grave est un crime pire que l'hérésie. Leur dévotion a naturellement donné une grande puissance à leurs prêtres, qui ont accaparé toute l'autorité. Afin d'empêcher qu'elle ne leur échappe, ils ont établi des institutions singulièrement rigoureuses. Pour que les influences extérieures n'amènent pas un relâchement de la ferveur religieuse, il est défendu aux Mozabites d'épouser une femme étrangère, et, pour qu'il leur soit impossible de se fixer définitivement à l'étranger, il leur est interdit d'emmener leurs femmes hors du M'zab. La confession existe chez eux. En cas de faute grave, le coupable est exclu de la communanté, et, pour y rentrer, il doit se soumettre à une expiation publique. Quand ils ont émigré, les Mozabites ne sont pas plus libres. Ceux qui commercent dans les villes algériennes sont placés sous la surveillance incessante de quelques inspecteurs ecclésiastiques. La corporation répond de chacun de ses membres; en cas de mauvaises affaires, elle paie les dettes. Aussi n'en voit-on presque jamais devant nos tribunaux. Si l'un d'eux boit du vin, s'il fume ou s'il prise, s'il a des rapports avec une femme, il est dénoncé et exclu. Quelquefois les châtiments ne sont pas seulement moraux. L'année dernière un Mozabite de Sétif, au mépris de ses croyances, épousa une femme arabe. Quelques jours après, il disparut subitement. La pauvre femme, après de vaines recherches, s'adressa aux autorités françaises. La police ouvrit une enquête, et on découvrit son mari chez l'un des principaux Mozabites de la ville. Il était enfermé dans une cave où on le soumettait à toutes les tortures de la bastonnade et de la faim pour l'obliger à renoncer à l'union qu'il avait contractée. Ce farouche fanatisme s'usera au contact de notre civilisation. Déjà M. Masqueray signale au M'zab l'existence d'un parti laïque dont l'influence tend à contre-balancer l'influence du parti religieux.

Voici des nègres, un large sourire sur leurs grosses lèvres. Je ne connais pas de meilleures figures que celles de la plupart des nègres qu'on rencontre en Algérie. Une bonne humeur perpétuelle, une sorte de bonté enfantine les épanouissent. Il semble qu'il entre si peu de calculs égoïstes dans ces bonnes têtes crépues! Généralement leur costume n'indique pas une situation extraordinairement prospère; il se compose d'une simple gandourah. Mais ils la choisissent d'une couleur bien éclatante. Nous avons rencontré aux portes de Batna un superbe cantonnier noir qui, vêtu d'une chemise écarlate, arrondie sur sa robuste poitrine, et coiffé d'un turban de la même nuance, me fit songer à certain roi mage de Rubens. Ces nègres étaient pour la plupart esclaves et ont été libérés par la loi de 1848. En dépit de cette loi, il paraît certain que le Soudan, aujourd'hui encore, nous envoie des colons, et que l'esclavage n'a pas complètement disparu de l'Algérie. Oui, l'esclavage se perpétue en plein territoire français. M. Soleillet a constaté qu'il arrivait toujours des nègres du Soudan dans le M'zab, et M. Largeau en a vu également amener de Ghadamès dans le Souf. A Biskra même, des galopins de quatorze à quinze ans venaient nous demander:

— Monsieur, voulez-vous acheter une négresse?
— Combien?
— Cinq cents francs.

Aucun de nous n'a vérifié s'il s'agissait d'une simple plaisanterie arabe, et je n'ai pas pu obtenir des Européens de renseignements précis à ce sujet. Peut-être est-ce vrai, me disait-on.

Sur les 35,000 habitants de Constantine, les diverses races dont je viens de parler sont représentées par 17,500 individus. C'est la plus forte agglomération indigène existant actuellement en Algérie. Les Israélites sont également fort nombreux, puisqu'on en compte près de 5,000. Les juives de Constantine ont une réputation de beauté contre laquelle je n'oserais pas m'inscrire en faux, mais il me serait également difficile de la dire méritée. J'ai vu des yeux admirables, mais la démarche est lourde et la taille est épaisse. C'est du reste un défaut commun à toutes les femmes indigènes. J'étais parti pour l'Algérie la tête pleine de tirades sur la beauté mauresque, j'en suis revenu avec bien des désillusions. Je l'avoue, au risque d'être conspué par les gens qui aspirent à l'Orient comme au pays de toutes les merveilles, et j'ai trouvé la plupart des Algériens de mon avis : ces femmes, d'une existence très-retirée, absurde, sans culture, n'ont ni la beauté vigoureuse que l'on rêve chez un peuple dont la moitié est nomade, ni les grâces spirituelles de la femme civilisée.

Les jeunes filles juives ont sur la tête une calotte dorée d'où pendent des sequins qui cliquettent autour du front. Leurs longs cheveux noirs sont emmêlés de tresses d'or. Elles portent une courte veste sans manches, chamarrée d'or, ouverte et arrondie sur le devant pour laisser voir un corsage qui a souvent lui-même l'air d'une cuirasse de métal précieux. Autour des bras flotte une légère gaze blanche qui en laisse bien voir les contours. La robe est généralement faite de forte soie ou de velours. Partout où il est possible d'accrocher un bijou, on en voit briller un. Tant d'or, tant d'ornements font bien songer à une châsse, et la femme semble un peu fagotée dans cet accoutrement; cependant l'effet en est original et agréable, et je regretterais que nos modes le gâtassent. Les femmes mariées sont mises beaucoup plus sévèrement. Elles se coupent les cheveux et se plaquent sur la tête un mouchoir noir qui indique assez qu'elles ont renoncé à plaire. C'est fort laid. Les vieux juifs s'habillent comme les Maures, mais dans des nuances beaucoup plus sombres. Les nouvelles générations portent nos costumes et y ont en général assez bonne mine.

Les juifs étaient autrefois les souffre-douleurs des Arabes, et ils sont encore aujourd'hui un sujet d'inépuisables railleries pour les conteurs des cafés maures. Les histoires de ces conteurs sont, en général, d'un salé qui les rend intraduisibles. En voici cependant deux, dans le nombre, qui peuvent s'entendre. Elles montreront avec quelle verve caustique les improvisateurs arabes savent mettre en scène les travers humains.

Une femme juive était près d'accoucher, et elle était si malade que son mari se décida à envoyer chercher un médecin de sa nation. Le médecin examina le cas, hocha la tête et déclara qu'il n'osait s'en charger.

Le juif aurait voulu laisser opérer la nature; mais sa femme souffrait tant qu'il envoya chercher un médecin français. Le médecin mit ses lunettes et, après avoir examiné la malade, il avoua qu'il se sentait incapable de l'accoucher.

Le talent du conteur consiste à multiplier les incidents de ce genre pour faire durer son conte et surexciter l'attention des auditeurs. Enfin, après avoir frappé à toutes les portes, consulté tous les médecins, rebouteurs et sorciers du pays, le juif s'adresse à un fameux marabout dont on lui a vanté la sagesse. Le marabout examine la femme à son tour.

— C'est grave, lui dit-il. Cependant je m'en charge, à une condition, c'est que vous allez me jurer que vous avez été toujours fidèle à votre mari.

— Je le jure, dit la femme.

— Alors, je réponds du succès.

Le marabout prit deux pièces de cinq francs, s'approcha du ventre de la mère et les frappa l'une contre l'autre. L'enfant s'élança aussitôt dehors en criant : A moi! C'est à moi!

— Lui sorti, me dit mon traducteur naïf, lui sorti parce que lui bon juif.

L'autre histoire a trait à l'absence de courage que l'on reproche aux juifs algériens, défaut qui tient, je crois, à un long abaissement, et non au génie même de la race qui compte tant de pages glorieuses dans son passé, et qui fournit à notre propre armée des officiers fort distingués. Charles-Quint assiégeait Alger et la ville était dans une situation si précaire que les juifs demandèrent à combattre. On leur donna des armes et ils partirent un matin. Mais midi n'était pas encore arrivé qu'on les voyait revenir :

— Eh quoi ! leur demanda le gardien de la porte, les Espagnols sont-ils déjà en fuite?

— Non, dit le chef, nous n'avons pas pu les joindre. Nous avons rencontré une troupe de gamins qui nous jetaient des pierres et nous n'avons pas su comment passer.

Aujourd'hui les juifs s'amusent eux-mêmes de ces plaisanteries. Ils sont émancipés, ils sont Français, et ils peuvent rendre mépris pour mépris à leurs anciens oppresseurs. Je dirai, à ce propos, que les colons que j'ai consultés ne m'ont pas paru très-satisfaits du décret Crémieux qui les a naturalisés en bloc en 1870. Non pas que la mesure soit trouvée mauvaise en principe, mais elle a été fort prématurée. Avant d'en faire des Français, il aurait fallu les préparer à cet honneur. J'ai de la peine à reconnaître mon concitoyen dans un vieillard crasseux, vêtu en Turc d'opéra comique, qui ne sait rien de ma langue et qui marche humblement courbé comme s'il avait encore sur le dos la marque du bâton turc. Il arrive que cette masse d'électeurs parfaitement ignorants est tout entière dans la main de deux ou trois personnages influents qui en disposent comme ils veulent. Quelques semaines avant l'arrivée de la caravane dans un quartier qui comprend sept cents électeurs juifs environ contre deux cents Français, on avait élu conseiller général un homme qui avait, six mois auparavant, été rayé des listes du jury pour une ancienne condamnation. Ce résultat humiliait les Constantinois éclairés. Mais le mal est fait, ils s'en remettent pour le guérir, à l'avenir, aux rares facultés d'assimilation de la race juive et à la sage décision qui oblige tous les jeunes soldats israélites à passer un an en France, ce qui leur permet de faire un peu connaissance avec leur nouvelle patrie.

Pour visiter les environs de Constantine, on sort par la porte Valée. Cette porte a son histoire, une histoire qui n'a rien de glorieux, mais qui se rapporte à un ordre de faits dont souffrent fort inutilement les colons. Aux débuts de la conquête, l'armée représentait seule la France sur le sol algérien, il n'y avait pas encore de population civile. Elle s'installa à son aise, occupa les édifices qu'elle trouva vacants, et s'empara sans contestation de tous les terrains qu'elle jugea nécessaires à ses divers services. A cette époque, cela ne pouvait gêner que les indigènes, mais on ne leur demandait pas leur avis. Aujourd'hui la population civile existe, elle devient chaque année plus nombreuse, et elle a aussi besoin de locaux et de terrains. Les nécessités militaires sont moindres, et les nécessités coloniales sont beaucoup plus grandes qu'autrefois; cependant l'élément militaire ne veut rien céder à l'élément colonial. C'est le propre de toutes les administrations de se créer des intérêts spéciaux qui leur font trop souvent perdre de vue l'intérêt général qu'elles ont mission de satisfaire. Dans des villes où l'espace manque aux habitants, on voit de vastes emplacements dévolus à des services militaires qui pourraient être parfois supprimés, ou tout au moins qui pourraient presque toujours être transportés sans en souffrir en d'autres endroits moins encombrés. La force de conservation que toute institution porte en soi pousse l'administration militaire à vouloir que les choses continuent à être ce qu'elles ont été ; elle ne veut rien céder, et, dans l'obstination de son système, elle en arrive à s'opposer aux améliorations les plus urgentes. C'est là une des causes principales, la principale peut-être, du conflit regrettable qui existe en Algérie entre l'armée et les colons. Le conflit est fait en grande partie de mille petits conflits locaux, où les passions sont d'autant plus ardentes que les intérêts personnels sont plus directement engagés.

Ainsi, pour en revenir à la porte Valée, cette porte ne rend aucun service, on ne saurait prétendre qu'elle est indispensable à la défense de la ville, puisque la véritable ligne de fortifications est au mont Koudiat-Aty. En revanche, elle obstrue la principale entrée de Constantine ; posée de biais entre la place et le square du même nom, les voitures sont obligées d'y faire un crochet qui cause sans cesse des accidents. Il semble, n'est-ce pas ? qu'il suffirait d'avoir pesé les raisons de la conserver qui sont nulles, et les raisons de la détruire qui sont impérieuses, pour que la démolition en fût aussitôt ordonnée. Tout le monde pense ainsi, mais il y a quelqu'un de plus fort que tout le monde, c'est le mauvais vouloir d'une administration. L'empereur Napoléon III, le vice-amiral Gueydon, le général Chanzy, plusieurs ministres de la guerre, ont déclaré successivement que cette porte était absurde, et ont promis de la supprimer. Et cependant elle est toujours debout. Le génie militaire a eu raison de l'empereur, de tous les gouverneurs de l'Algérie et de tous les ministres de la guerre. Avouez que des tracasseries de ce genre peuvent irriter à la longue les gens les plus paisibles.

Quand on a passé le square où la statue du maréchal Valée se dresse au milieu de beaux massifs de végétation, on aperçoit un immense bâtiment en fer et en verre. C'est le marché aux grains, le plus considérable de l'Algérie et l'un des plus considérables du monde. Les indigènes y viennent de très-loin avec des mulets et des ânes chargés de tellis gonflés. On les voit répandre leur blé sur le sol; l'acheteur européen passe, plonge la main dans le tas et soupèse le grain, généralement plus petit que celui de nos blés ordinaires. Certaines années, il s'y est traité pour vingt millions d'affaires en blé seulement. Mais depuis quelque temps il y a une décadence marquée. Ce marché, qui a rapporté jusqu'à 400,000 fr. de revenu annuel à la ville, n'en donne plus que 180,000 actuellement. Diverses faillites, des spéculations aventureuses ont éprouvé la place. Le chemin de fer du Kroubs à Bone en a détourné le commerce de l'est de la province, la construction de la ligne de Sétif à Bougie en détournera le commerce de l'ouest.

Cependant on m'a paru envisager l'avenir avec confiance. Ce qu'une voie ferrée enlèvera à Constantine, une autre pourra le lui rendre. Pourvu qu'on prolonge jusqu'à Batna la ligne qui l'unit déjà à Philippeville, Constantine sera satisfaite. Si elle perd les blés de Sétif, elle trouvera une ample compensation dans les blés, les mines et les forêts de l'Aurès.

Les environs de la ville étaient autrefois absolument nus, d'une nudité comparable à celle d'une plage de la mer. Aujourd'hui encore toutes les montagnes qu'on aperçoit sont sans arbres et ont un aspect de sauvage désolation. Le Mansourah fait seul exception. Pour rappeler aux Constantinois qu'il y a des bois en ce monde, le service forestier a planté à grands frais quatre-vingt-quatre hectares de pins d'Alep sur les pentes de cette hauteur. C'est une création de luxe où l'on a un peu forcé la nature. Chaque hectare est revenu à 800 fr. environ, et on m'a raconté en plaisantant qu'on avait arrosé les jeunes plants avec les soins qu'on aurait pris pour des fleurs rares. Enfin l'entreprise a réussi, et j'avoue que, quand mes yeux étaient fatigués de l'aridité générale du paysage, ils se reposaient avec délices sur les pins du Mansourah. Dieu! que le vert est une couleur plaisante et gaie! De même, on a créé dans les ravins du Bou-Merzoug et du Rummel des oasis de verdure qu'on ne soupçonne pas quand on sonde l'horizon du haut des parapets de Constantine, et dont on jouit d'autant plus vivement quand on les découvre. Près du Bou-Merzoug, on va voir les ruines d'un aqueduc romain. Il en reste quelques arches gigantesques. Elles sont placées sur le flanc d'un coteau qui s'infléchit si brusquement, et elles découpent sur l'azur un profil si monstrueux qu'on reste effrayé des proportions colossales que devait avoir l'aqueduc quand il franchissait le ruisseau pour aller s'appuyer sur l'autre rive.

Mais l'excursion que je recommande est celle de Sidi-M'cid. On sort par la porte Valée, et l'on côtoie pendant vingt minutes le rocher sur lequel est bâti Constantine. Aucune image ne saurait rendre l'impression que cause la vue de ces immenses parois de granit coupées à pic et le long desquelles planent des vautours. La masse est d'un seul jet, sans suture, compacte. On dirait l'extrémité d'un des piliers du monde souterrain qui aurait crevé la croûte terrestre. On dépasse les moulins Lavie et on arrive aux fameuses gorges du Rummel. Le torrent circule à travers le fossé de huit cents pieds de profondeur qu'il s'est creusé dans le roc, passe sous quatre ponts naturels dont aucun travail humain n'égalera jamais les hauts arceaux, et, s'échappant enfin de la montagne dans les entrailles de laquelle il gronde, se précipite par plusieurs cascades au fond d'un cirque profond comme un gouffre et tapissé d'une exubérante végétation. Notre guide nous fit lever la tête pour nous signaler sur l'arête du rocher le point d'où les bourreaux de El-Hadj-Ahmed précipitaient celles de ses femmes qui avaient eu le malheur de lui déplaire. On liait les pauvres victimes dans un sac, on mettait le sac sur une planche, on plaçait un des bouts de la planche au bord de l'abîme, et les exécuteurs levaient doucement l'autre bout jusqu'à ce que le sac glissât et disparût dans le vide. Une effroyable catastrophe se produisit au même endroit lors de l'assaut qui nous rendit maîtres de la ville. Les habitants effrayés essayèrent de s'enfuir en descendant par des cordes, mais les cordes se rompirent et les grappes humaines qu'elles supportaient vinrent s'aplatir sur la pierre à quelques pas du Rummel.

On passe le torrent, on longe une autre montagne, et en quelques minutes on atteint un autre cirque où s'étale une végétation non moins exubérante que dans le premier. Autrefois il n'y avait là que quelques broussailles, le génie de l'homme y a créé une sorte de paradis où croissent pêle-mêle dans un fouillis charmant les essences les plus variées. Deux grandes piscines alimentées d'eau par des sources chaudes y offrent en toute saison des bains d'une température de 20 à 22 degrés. Sous des arbres qui n'avaient pas encore perdu une feuille, et qu'un souffle tiède faisait frissonner, au commencement de ce mois d'octobre déjà si froid à Paris, j'ai fait en cet endroit un déjeûner charmant avec quelques amis. Je sentais d'autant mieux la grasse vie de ce coin paisible que j'ai je ne sais quelle secrète horreur pour les spectacles comme celui que le Rummel venait de nous montrer. Ces tourments démesurés de la nature m'écrasent, aplatissent ma pensée. Cela décourage comme l'impression des ruines.

PHILIPPEVILLE

La culture des primeurs. — Les marbres du Filfila.

Pendant son séjour à Constantine la caravane est allée visiter Philippeville. Le chemin de fer, tracé presque sur tout le parcours en pays montagneux, est par lui-même une curiosité. Il court le long des rochers, enjambe des ravins, plonge dans des tunnels. Coûteuse merveille! le kilomètre en est revenu, dit-on, à 700,000 francs. Une jeune colonie, encore dans la pauvreté obligée des débuts, ne saurait se payer beaucoup de pareils travaux. Aussi aujourd'hui construit-on les voies ferrées à bien meilleur marché.

La réception a été particulièrement chaude. Toute la population attendait les députés à la gare, et, le soir, lorsque, musique en tête, elle lui a fait cortège à travers la grande rue à arcades illuminée, le spectacle n'était pas sans beauté. Philippeville, comme tant d'autres villes algériennes, a commencé par être un camp. Mais, de toutes celles qui ont été fondées de cette façon, c'est elle qui a le plus rapidement prospéré. Bien que ne datant que de quarante ans, elle compte aujourd'hui 14,000 habitants, dont 5,000 Français, 6,500 étrangers, Italiens pour la plupart, et 2,500 indigènes. Elle doit ce développement à la sollicitude de Constantine, intéressée à posséder un débouché plus direct que Bône. Elle n'avait autrefois qu'un mauvais débarcadère mal abrité du large, et les marchandises devaient aller à Stora. Aujourd'hui, grâce à d'immenses travaux qui ont coûté une quinzaine de millions, elle a un port, mis chaque semaine en relation directe avec Marseille par deux services de paquebots. Deux services, voilà qui fait frémir Bône, sa rivale, qui n'en a point. Au paysage près, beaucoup plus charmant à Bône, les deux villes se ressemblent : un plan régulier, des rues larges, des maisons neuves et bien construites, la ville moderne en un mot. Comme Bône, Philippeville réclame un tribunal de commerce. Elle demande en outre la construction d'un barrage qui distribuerait les eaux du Zeramna aux parties de la vallée qu'on ne peut irriguer aujourd'hui.

Les environs de Philippeville sont très-fertiles et très-bien cultivés. La culture maraîchère y prend une grande extension. Grâce à la douceur de la température, la pomme de terre y pousse l'hiver. On la plante en automne, et dès le mois de février on a des tubercules comestibles. Pour la même raison, on a des petits pois, des haricots verts, des artichauts à peu près pendant toute l'année. On m'a dit qu'un hectare en cultures maraîchères suffit à faire vivre une famille et peut rapporter net jusqu'à 2,000 fr. par an. Qui ne voit quel avenir est réservé au commerce des primeurs dans de si heureuses conditions ? Il ne fait que naître encore en Algérie, et la valeur des légumes verts exportés n'y dépasse guère annuellement une moyenne de 250,000 francs. Mais, le jour où l'importance de la colonie sera telle qu'il y aura des services quotidiens entre ses principaux ports et la France, ce commerce centuplera. La commodité des transports abaissera les prix et les mettra à la portée des bourses moyennes, la rapidité et la régularité des envois introduiront l'usage permanent des légumes frais. La cuisine française et la cuisine européenne elle-même en seront améliorées, car les expéditions pourront se faire dans la plupart des grandes villes de l'Europe. L'Algérie deviendra indispensable aux gourmands.

Cet heureux port de Philippeville, aux avantages d'être le débouché de Constantine et le centre d'une région agricole florissante, joint celui d'être à proximité des riches carrières de marbre du Filfila. Jusqu'à présent la France a été tributaire de l'étranger pour les marbres et notamment pour le marbre blanc, le marbre de la statuaire. Les recherches faites dans les Pyrénées n'ont pas donné les résultats attendus, et l'État est toujours obligé de demander à Carrare la plus grande partie de celui qu'il fournit à nos sculpteurs. L'Algérie l'affranchira de cette sujétion. A huit kilomètres de Philippeville, on a retrouvé un gisement que les Romains avaient commencé à exploiter. La montagne du Filfila, qui a sept cents mètres de hauteur, est pour ainsi dire faite de marbres de diverses couleurs. Rien que la couche de marbre blanc, que l'on voit à découvert et que l'on n'a littéralement qu'à débiter, est évaluée à dix-huit millions de mètres cubes. « Il est d'une rare beauté, dit M. A. Dumont, de l'Institut. Le grain en est large, la teinte d'un blanc doux et agréable à la vue. Sa consistance permettrait d'essayer les détails les plus délicats, et sa transparence ajouterait un grand charme au travail de la sculpture. En un mot, il réunit toutes les qualités les plus appréciées par les statuaires. » On peut obtenir des blocs des dimensions les plus considérables ; une rivière située à proximité des carrières semble placée là exprès pour faire fonctionner la scierie ; enfin, la mer baigne le pied du Filfila, de sorte que les chalands venus du port de Philippeville peuvent charger sur le lieu même de l'exploitation.

On nous a annoncé à Philippeville que les bureaux des Beaux-Arts venaient de faire une première commande. Nul doute qu'après cet essai, ils ne délaissent Carrare pour demander tout ce qui leur est nécessaire à une entreprise nationale. Près de ce marbre blanc, il y en a d'autres : du jaune de Sienne antique, du bleu turquin, du pourpre numidique qu'on ne trouve que là. Le goût en architecture est aujourd'hui porté vers la polychromie. Les carrières du Filfila auront un rôle brillant dans cette nouvelle mode qui sera, je crois, durable, car elle est un produit de l'ardente curiosité qui pousse l'esprit de notre siècle aux recherches et aux raffinements de tous genres.

DE CONSTANTINE A BISKRA

Toujours le plateau nu. — Batna. — Les ruines de Lambèse. — Le pénitencier. — Traversée de l'Aurès. — L'Algérie légendaire et la véritable Algérie. — Les caravanes en marche. — La gorge et l'oasis d'El-Kantara. — L'oasis d'El-Outaïa. — Le col de Sfa. — Vue du désert.

Qu'on ne me vante aucun voyage ! Il n'en est pas de plus beau ni de plus intéressant que celui de Constantine à Biskra. La traversée des monts Aurès ; la gorge d'El-Kantara, une porte entre deux mondes ; le sol de Sfa d'où le Sahara vous apparaît tout d'un coup semblable à la mer ; Biskra, la plus jolie des oasis : quatre merveilles ! Ah ! Parisiens, qui croyez spirituel de limiter votre monde entre le boulevard Montmartre et les stations de bains de la Normandie, de quelles émotions vous vous privez !

L'administration militaire avait mis à la disposition de la caravane quatre fourgons d'ambulance. Tristes engins ! Les banquettes faisaient songer à la classique comparaison des noyaux de pêche. Les ressorts... Au fait y avait-il des ressorts ? Que de fois un cahot qui nous jetait les uns sur les autres interrompait la conversation ! Quand on déroulait les tentures de cuir, on n'y voyait plus rien; quand on les enroulait, la blanche poussière des routes algériennes vous faisait en quelques instants un masque de pierrot. Tantôt une mule ne voulait pas marcher; tantôt un soldat ne savait pas conduire. Si un harnais se rompait, on n'en avait pas de rechange; si la nuit nous surprenait, on n'avait pas de lanterne. Les étapes s'allongeaient d'un tas de petits accidents irritants. Je me demande avec effroi : Si tout le train de notre armée est organisé de la même façon, que doit-ce être avec les services forcés d'une campagne? Et c'est ainsi que la moitié du voyage parlementaire s'est faite, ce voyage qu'on a appelé une partie de plaisir. Merci ! Bien souvent j'ai regardé d'un œil d'envie les superbes diligences qui nous croisaient. Au moment où la diligence est en train de disparaître, la diligence algérienne réalise l'idéal du genre. Je la recommande vivement à tous les voyageurs qui auront la chance de ne pas avoir de fourgons d'ambulance à leur disposition. On y est bien assis, les parois sont moelleusement capitonnées, on peut ou dormir ou regarder le pays. C'est une immense boîte à trois compartiments, véritable arche de Noé dans l'intérieur de laquelle vingt voyageurs tiennent à l'aise et sur laquelle on empile les indigènes sans les compter. C'est prodigieux ce qu'il peut tenir d'Arabes sous une capote d'impériale ! Six ou huit chevaux, toujours au trot et vifs comme s'ils avaient du sang arabe dans les veines, entraînent cette lourde machine à raison de dix ou douze kilomètres à l'heure.

La caravane va en chemin de fer jusqu'à El-Guerra, où elle monte dans les fourgons. Le beau voyage de Biskra a une préface du genre le plus ennuyeux. De Constantine à Batna, on est en plein dans cette Algérie que Musset aurait pu ajouter au catalogue des choses absolument nues. Ces hauts plateaux, disent les géologues, sont d'anciens fonds de lacs. Une plaine bordée de collines basses, voilà tout le paysage. Tantôt les collines sont si dénudées qu'il semble qu'on n'y trouverait pas de quoi faire un cure-dent; tantôt elles sont tachetées de touffes d'alfa et de plantes épineuses que broutent des bandes de chameaux. La plaine est généralement cultivée; mais, tandis que nos champs sont coupés de haies et de fossés, égayés d'arbres et de buissons, ici les cultures ont le vague, la tristesse de la propriété indivise, où personne n'a intérêt à marquer une limite. Aussi n'y reste-t-il pas un brin de verdure quand l'époque des moissons est passée.

Comme Guelma, Batna est une ville toute française; on y créa un camp en 1844 pour surveiller l'Aurès et la route du Sahara, et peu à peu une population civile assez nombreuse s'installa auprès des soldats. Lors du recensement de 1876, elle comptait 4130 âmes, dont 1423 Français, 331 Israélites, 1874 indigènes et 512 Européens étrangers. Aujourd'hui encore la garnison est une question d'une importance capitale pour la ville. Si elle est peu nombreuse, les petits commerçants qui vivent des dépenses qu'elle fait périclitent. Si elle est composée de soldats indigènes dont les dépenses sont à peu près nulles, il en est de même. En ce moment Batna se considère comme en disgrâce, parce qu'il est question d'y mettre des spahis à la place des chasseurs. Plus d'une ville en est encore là en Algérie, et inscrit au nombre de ses principaux revenus l'argent que la garnison lui apporte. Ce coin de la colonie est du reste fort éprouvé. Pendant trois années de suite, les récoltes ont manqué à cause de la sécheresse. Dans un toast porté à la députation, le maire a exposé combien la construction du chemin de fer qui doit relier Batna à Constantine modifierait cette situation précaire. Il existe dans l'Aurès de vastes forêts de chênes verts et de cèdres, que M. Girerd est allé visiter; la voie ferrée permettrait de les exploiter; elle permettrait également d'exploiter des gisements miniers qui paraissent fort riches. Une compagnie anglaise a déjà obtenu la concession d'une mine de cinabre, et une autre compagnie s'occupe d'obtenir le privilège des mines qu'elle pourrait découvrir dans une grande exploration minéralogique qu'elle prépare. On est certain qu'il existe dans l'Aurès d'importants gisements de minerais d'argent, de cuivre et de fer. Les éléments de fortune ne manquent donc pas. Batna deviendrait un grand centre forestier et minier, et pourrait demander à l'industrie la prospérité que l'agriculture lui refuse. Tout dépend de la construction du chemin de fer, qui est décidée, mais qui ne se commence pas vite. En attendant, le pays tend à se dépeupler et les colons émigrent vers des endroits où les récoltes sont moins problématiques. Il est temps d'aviser.

En un quart d'heure on visite la ville; une enceinte rectangulaire, deux grandes rues qui se croisent, des maisons qui n'ont généralement qu'un rez-de-chaussée. Les environs ressemblent à une plaine de France. Les seuls arbres qu'on y voie sont des saules, des frênes, des peupliers, des ormes; c'est que, bien que le désert soit très-proche, la latitude est corrigée par l'altitude qui est de 1,021 mètres au-dessus de la mer. Batna doit à cette situation un climat excessif. En hiver il y tombe parfois un mètre de neige, en été le thermomètre s'élève jusqu'à 42 degrés au-dessus de zéro.

La députation est allée visiter les ruines de Lambèse à dix kilomètres de Batna. On dit ici Lambèse, et non Lambessa, comme l'a écrit Victor Hugo. En effet, les Romains disaient Lambœsis. La route longe un chaînon de l'Aurès à travers des champs où quelques fermes isolées se sont établies. On m'en a montré une dont le propriétaire a été assassiné une nuit par les Arabes, et une autre où un coup de feu a été tiré par la fenêtre sans tuer personne. Ici les indigènes ne se contentent pas de voler, ils assassinent. Aussi, dans son toast, le maire de Batna a-t-il demandé aux députés d'appuyer auprès de la Chambre le principe de la responsabilité collective. Je reviendrai dans un chapitre spécial sur cette grave question, une de celles dont on a le plus fréquemment entretenu la caravane dans la province de Constantine.

Les ruines de Lambèse s'annoncent de loin par une masse d'un beau ton roussâtre qui est ce qu'on a appelé le Prætorium sans trop savoir de quel monument il s'agissait. Les *Guides* que j'avais consultés avant d'y aller semblent avoir puisé leurs renseignements dans Peyssonnel, lequel, comme je l'ai déjà dit, voyageait au siècle dernier et y avait vu les restes de quarante portes ou arcs de triomphe. A les en croire, on aurait le spectacle d'une grande ville qui viendrait d'être abandonnée par ses habitants. A moins que lesdits habitants ne fussent des troglodytes, il faut reconnaître que les *Guides* ont abusé de notre candeur. Lambèse n'est aujourd'hui qu'une plaine dont le sol, composé, il est vrai, de toutes sortes de débris, est parfaitement uni. De cette plaine émergent le Prætorium et les restes de trois portes qui sont comme autant de jalons qui permettent à l'imagination de se représenter le vaste espace que couvrait la ville romaine. Avec un tombeau et les soubassements d'un établissement de bains, c'est en quoi consistent ces ruines fameuses. J'avoue avoir été fortement déçu.

Le Prætorium a la grandeur banale d'une architecture qui cherchait avant tout la force et a rarement trouvé l'élégance et la grâce; excepté un morceau de frise de bon style et une statue mutilée dont les draperies sont d'un travail assez délicat, pas une des sculptures trouvées dans les fouilles et réunies dans son enceinte ne serait admise dans un de nos Salons. On sent bien qu'on était loin ici des grandes écoles et des beaux modèles, et je suis incapable d'admirer, comme je l'ai vu faire à tant de personnes, une pierre sans beauté, uniquement parce qu'elle a été taillée il y a deux mille ans. Ce qui m'a le plus séduit, ce sont deux mosaïques dont les vives couleurs ont conservé la fraîcheur qu'elles avaient quand elles sont sorties des mains de l'ouvrier. Les *Guides,* qui ne doutent décidément de rien, prétendent que l'une d'elles représente les quatre saisons. C'est les cinq saisons qu'il faudrait dire, car il y a bien cinq médaillons de femmes. Il est vrai qu'il y en a deux qui sont en train de disparaître. Il paraît que les Anglais, — où ne rencontre-t-on pas d'Anglais sur le globe? — il paraît que les Anglais ne manquent jamais d'emporter quelques-uns des petits cubes de la mosaïque à titre de souvenir, et, si l'on n'y veille pas, bientôt il n'en restera plus rien.

En somme, ni la beauté artistique, ni la mélancolie propre aux ruines n'ont rien à voir dans l'impression qu'on rapporte de cette visite. Les réflexions qu'elle suggère sont toutes politiques. Eh quoi! une ville de cent mille âmes a existé autrefois aux portes du désert, dans cette plaine brûlée aujourd'hui par le soleil. Ce fait ne dit-il pas quelle récompense est promise à nos efforts en Algérie? C'est un pays ruiné, mais qui se reconstituera aisément, sinon rapidement. Il nous faudra refaire ce que l'Arabe a défait ou laissé défaire. Il est fort probable que l'Algérie n'a jamais eu beaucoup plus d'eau qu'aujourd'hui, et les descriptions de Salluste et de Strabon me paraissent répondre encore fort exactement à son aspect actuel. Seulement, autrefois, pas une goutte de cette eau ne se perdait. Par des canaux, par des barrages, par des aqueducs, les Romains la distribuaient aux champs altérés et le sol était fécondé par ces travaux dont on retrouve de tous côtés des restes si considérables. Les uns ont été détruits par les guerres civiles qui ont précédé l'invasion musulmane, les autres par les Arabes, et ceux qui avaient subsisté, abandonnés par l'incurie des nouveaux maîtres du territoire, ont peu à peu disparu. C'est ainsi que des vallées qui avaient été fertilisées sont redevenues improductives et que la moitié de l'Algérie a été frappée de stérilité. Il nous faut relever ces ruines. Il y a de l'eau à peu près partout, mais elle se perd. Presque dans toutes les localités que la caravane a traversées j'ai entendu la même demande : « Messieurs, il nous faudrait un canal pour amener telle rivière ; messieurs, il nous faudrait un barrage à tel endroit. » Les Romains avaient mis cinq siècles à aménager ce beau pays. Je suis convaincu qu'avant cinquante ans nous l'aurons restauré.

Au pied de l'Aurès est bâti le petit village de Lambèse, que masque à demi la longue façade du pénitencier. Onze cent cinquante condamnés sont actuellement enfermés dans cet établissement ; la plupart sont indigènes. Ils sont relativement bien nourris et bien logés, et, pour un Arabe qui ne craint pas trop le travail, la vie qu'on y mène est loin de représenter un châtiment. Le directeur a raconté à quelques députés qu'il avait surpris une lettre dans laquelle un détenu écrivait à un camarade : « Nous sommes très-bien ici, tu devrais te faire condamner pour y venir. » Les colons se plaignent beaucoup de ce qu'on loue aux fermiers des environs les prisonniers à des prix dérisoires qui avilissent la main-d'œuvre dans la région. Ils demandent qu'au lieu d'en faire pour eux des concurrents avec lesquels la lutte est impossible à soutenir, on en fasse des auxiliaires de la colonisation en les employant soit aux durs travaux de défrichement, qui rendent les débuts si pénibles dans certaines parties de l'Algérie, soit aux travaux d'irrigation qui sont réclamés de toutes parts.

Il y a 233 kilomètres de Constantine à Biskra, et Batna est à peu près à mi-chemin. Après y avoir passé un jour, la caravane se remet en route, le 5 octobre, à trois heures du matin. Toujours même paysage : une plaine qui s'allonge entre deux chaînes de montagnes. Mais maintenant les montagnes sont hautes et boisées. Nous entrons dans le massif de l'Aurès.

Nous sommes tout somnolents encore à la suite d'une nuit écourtée. La nature elle-même est encore à demi assoupie, le regard incertain flotte sur des contours vagues; le spectacle a je ne sais quoi d'un rêve. On n'entend aucun bruit. Nos mules blanches trottent comme des fantômes dans la poussière de la route; les feux des campements arabes piquent d'étoiles le flanc des hauteurs; la fumée, confondue avec les vapeurs du matin, traîne en nappe d'azur dans les plis de terrain; des chameaux broutent les touffes sèches de l'alfa; dans la lumière tremblotante, avec leur ventre qui porte tout entier sur les jambes de devant et leur train de derrière aminci et perdu dans la broussaille. avec leur cou démesuré et leur petite tête, ils ressemblent de loin, à s'y tromper, à des autruches qui picorent. Cependant la triomphante aurore nous réveille. Par hasard, nous avons un beau lever de soleil. Ma foi! je le dis bonnement, l'implacable ciel bleu de l'Afrique m'a paru terriblement monotone. et je préfère les féeries toujours changeantes de nos nuages. Généralement le soleil se lève dans un coin de ciel couleur de cuivre et se couche dans la même teinte sans avoir rencontré, de toute la journée, la moindre tache dans l'uniforme azur. La lumière, il est vrai, est d'une indicible beauté ; elle enivre. Cette fois, entre une montagne violette et un immense nuage noir dont les reliefs se colorent de lueurs semblables aux reflets d'un colossal incendie, une fournaise s'allume. Des rayons de flamme en jaillissent et vont frapper les montagnes de l'autre côté de l'horizon. En quelques minutes, il fait grand jour.

La route traverse Aïn-Touta. La plaine s'est resserrée en vallée. Des barrages qui épanchent l'eau dans des prairies vertes, des champs de maïs annoncent des colons européens. Après un pays sauvage et pelé, cette vue fait plaisir. Bientôt nous apercevons les maisons dont les tuiles rouges et les murs blancs ne sont pas encore ternis; elles n'ont, en effet, que cinq ou six ans. A voir les jeunes arbres trop faibles encore pour se passer d'un tuteur. le cœur se serre : on n'aura de l'ombre que dans dix ou quinze ans, car le précieux eucalyptus ne pousse malheureusement pas à une altitude aussi élevée. Quelle triste histoire que celle de ce village tout neuf encore! De braves gens en vestes de velours, coiffés du large chapeau de feutre qu'ont adopté nos colons, sont venus la raconter à la députation d'une voix émue. Il y avait à la création du village trente feux, il n'y en a plus qu'une quinzaine aujourd'hui; dans le nombre se trouvaient douze familles d'Alsaciens-Lorrains, il n'en est resté que cinq. La première année la fièvre fut implacable, personne n'en fut exempt. On avait donné à chaque ménage vingt-quatre hectares, mais il se trouva qu'il n'y en avait que huit de bons; les autres, n'étant pas irrigables, ne pouvaient rien produire. La propriété des eaux n'avait pas été réglée, et aujourd'hui encore on est obligé de la disputer aux Arabes. Comme à Batna, la sécheresse a fait manquer la récolte trois années de suite, et toutes les économies qu'on avait apportées y ont passé. Aujourd'hui les colons qui restent ont loué ou acheté les propriétés de ceux qui sont partis, ce qui leur a permis de s'agrandir; la fièvre a à peu près disparu, mais le village est loin encore d'être prospère.

— Nous sommes abandonnés, nous dit tristement un des colons; on nous a jetés dans ce désert et on ne s'occupe plus de nous. Nous ne sommes pas protégés. L'année dernière, un Alsacien-Lorrain, père de neuf enfants, a été tué dans sa maison. Nous sommes volés tous les jours, et nous avons renoncé à nous plaindre. Dernièrement, j'avais blessé un Arabe qui avait pénétré dans mon jardin;

il m'a fallu perdre deux jours pour aller à Constantine, et pendant ce temps ma femme et mes enfants étaient malades de peur. Nous avons bien des spahis, mais ce sont des indigènes, ils s'entendraient plutôt avec leurs compatriotes; il nous faudrait une demi-compagnie d'infanterie.

Faites la part de l'exagération dans ce discours d'un homme aigri, mais il est un fait qui confirme trop éloquemment les souffrances de cette petite colonie. Au sortir du village, on aperçoit le cimetière sur la pente d'une colline. J'y ai compté quinze croix. Quinze morts sur trente familles et en quatre ou cinq ans! Certes, et fort heureusement, tous les centres de population n'ont pas des commencements aussi terribles; mais, en général, que d'énergie il faut aux hommes intrépides qui vont défricher les terres neuves! Ils ont tout contre eux : la nature qu'ils arrachent à ses habitudes de stérilité, le sol qui exhale les maladies sous le soc qui l'entr'ouvre, les anciens propriétaires sourdement hostiles aux nouveaux occupants. Quand on s'occupe des vrais colons algériens, des colons colonisants, de ceux qui cultivent, qui fécondent cette belle terre d'Afrique de leurs sueurs et quelquefois de leurs dépouilles, n'en parlons jamais qu'avec une profonde sympathie. Si l'on contestait encore nos droits sur l'Algérie, nous n'aurions qu'à montrer ce qu'ils ont fait. Qu'était cette terre avant eux? Une lande stérile. Rien. Ils l'ont recréée après Dieu.

L'Oued-el-Kantara, dont les eaux fertilisent Aïn-Touta, s'enfonce ensuite dans une tranchée profonde. Les parois de terre végétale de ce grand fossé, curieusement ravinées par les averses d'hiver, reproduisent en petit la physionomie des grandes gorges de montagne. Il y a là de prodigieux escarpements de deux mètres de haut, de sombres cavernes où l'on ne cacherait pas le bras, des colonnes trapues qui mesurent quelques pouces, des amas simulant des rochers et qui surplombent d'un air terriblement menaçant à quelques pieds au-dessus du ruisseau. Cela dure pendant plusieurs kilomètres et cette miniature est du farouche le plus plaisant.

Sur leur chemin nos trois fourgons font ranger de nombreuses caravanes. C'est le moment de la grande émigration des nomades vers le Sud. Les pluies d'hiver vont faire reverdir le drinn et l'alfa dans le Sahara, et les troupeaux y pourront paître. Les gens riches sont à cheval, les pauvres vont à pied, les deux mains accrochées aux extrémités d'un bâton passé derrière le cou, ce qui leur donne l'air d'être en croix. Les cavaliers, en gens bien élevés, saluent en portant la main au front; les piétons nous regardent curieusement et rient entre eux des réflexions que nous leur inspirons. Quelques-uns ont des fusils à deux coups. Presque tous portent un couteau ou un pistolet pendu à un pli du burnous.

Les chameaux sont lourdement chargés : les tentes, les piquets, les rares ustensiles, les tapis et les guenilles qui meublent la tente d'un Saharien, le bois dont on fera le feu à la prochaine halte, les sacs de blé qu'on échangera contre des dattes, toute la fortune mobilière de la tribu en marche est entassée sur leur dos. Sur quelques-uns, se dressent d'immenses palanquins fermés, dont l'étoffe rouge rayée de blanc tire l'œil de très-loin. Les riches cachent là-dedans leurs plus jolies femmes pendant leurs longues pérégrinations, et parfois nous apercevons un œil noir à travers la fente qu'entr'ouvre une main curieuse. Sur d'autres, sont accroupis les enfants, par deux ou par trois. Ils ont le corps engagé dans une sorte de sac; leurs petites têtes noires soigneusement rasées, sauf la mèche par laquelle l'ange emporte les croyants au paradis, ressemblent à des pastèques regardées du côté où tient la queue; elles restent sans coiffure sous un soleil qui nous aurait foudroyés en cinq minutes. Comme à Constantine, je remarque leur gentillesse, bien que beaucoup d'entre eux aient je ne sais quel air de fierté cruelle. Leur teint, que le hâle commence à entamer, a de véritables tons d'or; leurs lèvres sont aussi rouges qu'un piment mûr et leurs yeux noirs pétillent d'intelligence. La basse-cour elle-même est installée sur des chameaux; les malheureuses poules sont liées par une patte et comme le roulis de la bête les fait glisser, il leur faut voleter sans cesse pour reprendre l'équilibre et elles battent des ailes en gloussant douloureusement. Des chiens, au poil d'un blanc sale, aux oreilles droites, à la mine sauvage; des lévriers sloughis, dont les mouvements ont la souplesse féline du tigre; les troupeaux de moutons et de chèvres; les ânes, les chevaux, les chameaux, les hommes, tout cela chemine pêle-mêle sur la route. Parfois, derrière une caravane, une pauvre femme qui se hâte péniblement en traînant ses babouches, cassée en deux, les vêtements serrés au-dessous du ventre, la gorge nue, les joues rougies par la sueur, les yeux agrandis par le kohl, les cheveux renflés sur les tempes par des bourrelets d'alfa, porte sur son dos un enfant qui se cramponne comme un petit singe dans les plis de sa robe et détourne avec étonnement la tête au bruit de nos voitures.

Avec son profil fuyant, ses petites oreilles dressées comme des houppes de poils, son nez camard, ses longues babines qu'il semble vouloir pincer avec malice, ses grandes dents, son dandinement perpétuel, le chameau a l'air d'une bêtise si prodigieuse qu'on ne s'y accoutume point; ses gros yeux sont toujours en proie à l'ahurissement; à chaque instant il dresse la tête comme pour demander de quoi il s'agit. Et il a l'humeur quinteuse et grognonne des imbéciles prétentieux. Quand l'ordonnance qui veillait sur notre convoi allait en avant pour faire ranger les caravanes, nous entendions les chameaux crier avec colère parce qu'on les dérangeait. Ce cri rappelle le son qu'on obtient lorsqu'on souffle avec vigueur dans un tuyau de terre cuite. J'en demande pardon aux cent quatre-vingt mille chameaux de l'Algérie, mais ils m'ont paru des animaux peu aimables. La pétulance des ânes et des chèvres fait agréablement contraste. La tristesse terrible du désert ne semble avoir aucune prise sur eux. Les ânes sont gros comme le poing; surmenés, battus, parfois couverts de plaies, ils gardent une philosophique bonne humeur et trottent vaillamment sous des charges plus volumineuses qu'eux. Des Arabes ne craignent pas de les monter et leurs longues jambes traînent par terre. Ces cavaliers nous paraissaient grotesques, mais l'Arabe ne semble pas avoir le sens du comique très-développé et reste toujours grave. Les chèvres sautillent comme si elles n'avaient pas le désert à parcourir; l'espèce en est petite également, à longs poils, avec les oreilles pendantes, les cornes écrasées sur le front et retombant en volute en arrière. Charmantes bêtes, les uns et les autres! Instinctivement, la main caresse leur poil noir qui a un luisant de taupe malgré les privations, car le ciel d'Afrique lustre la robe de tous les animaux.

Nous avons ainsi entrevu la vie nomade, et, en regardant ces gens, qui, levés au point du jour, allaient marcher jusqu'à la nuit sous un soleil de feu, je songeais à l'injustice du reproche de paresse qu'on leur adresse si volontiers. Paresseux! Mais le portefaix qui peine quinze heures par jour ne voudrait pas échanger sa vie contre la leur. Un pays horrible, cadavre d'où la vie s'est enfuie; des marches qu'il faut sans cesse allonger pour trouver de l'eau; une nourriture monotone et insuffisante; la faim et la soif toujours en perspective; beaucoup de fatigues pour aboutir à beaucoup de privations; une existence qu'il faut disputer à chaque instant à une nature hostile, voilà ce qu'ils affrontent. Quand on a aperçu le désert, on admire qu'il y ait eu des hommes d'un corps et d'un cœur assez résistants pour s'y aventurer, quand ils avaient des plaines vertes et de riantes collines derrière eux.

Je couche sur la terre dure, chantait déjà, il y a plus de quinze siècles, le Bédouin Chanfara, je couche sur la terre dure, le dos tenu à distance par des vertèbres sèches et saillantes ;

Et j'ai pour oreiller un bras maigre, dont les articulations se dressent comme les osselets lancés par la main d'un joueur.

Si tu me vois, comme le reptile des sables, exposé au soleil brûlant, pieds nus, à peine voilé d'un haillon ;

Sache que je suis l'homme de la patience, que j'en revêts le manteau sur un cœur d'hyène et de loup, et que la fermeté me tient lieu de sandale.

Évidemment le nomade entend le bonheur autrement que nous, et je crois qu'il lui faut plus d'efforts pour être heureux à sa façon qu'il ne nous en faut pour l'être à la nôtre ; de sorte que ce n'est pas lui qui est le moins actif. Pour nous, la première condition du bonheur est le bien-être, la vie assurée et facile ; le nomade méprise ces choses comme des liens. Nous redoutons les aventures, lui les recherche. La vie errante contente à la fois son amour de l'indépendance et son imagination.

Abd-el-Kader a essayé de définir cela dans une de ses poésies :

Deux choses sont belles en ce monde :
Les beaux vers et les belles tentes...
Nos mehara (chameaux de course) le disputent en vitesse aux biches sauvages ;

Et nos chevaux, est-il une gloire pareille?

Nous avons vendu notre droit de cité : nous n'avons point à regretter notre marché.

Nous avons gagné l'honneur : l'habitant des villes ne le connaît point.

Rois nous sommes; nul ne peut nous être comparé.

Est-ce vivre que de subir l'humiliation?

Nous ne souffrons point l'affront de l'injuste; nous le laissons, lui et sa terre.

Le véritable honneur est dans la vie nomade.

Si le contact du voisin nous gêne,

Nous nous éloignons de lui : ni lui, ni nous, n'avons à nous plaindre.

Que pourrais-tu reprocher au Bédouin?

Rien que son amour pour la gloire et sa libéralité qui ne connaît pas de mesure.

Après le relais des Tamarins, la route disparaît; il n'y a plus qu'une piste. Il est étonnant qu'avec ces pentes raides, ces oueds aux bords escarpés dans lesquels les voitures plongent en courant afin de profiter de la vitesse acquise pour remonter de l'autre côté, on ait pu organiser entre Batna et Biskra un service de diligence auquel il n'est jamais arrivé d'accident.

On entre dans les gorges et dans le Pays de la désolation. Les champs que l'on rencontre désormais sont des champs de pierre. Les montagnes, calcinées par le soleil, effritées par les vents, rongées par les pluies, sont affreusement dénudées. On pourrait faire là un cours de géologie où l'on aurait sous la main des spécimens de toutes les formes que peuvent affecter les terrains et les montagnes. On dirait un écorché du sol qui en révèle tous les dessous : mamelons aux moelleux contours ; monts coupés à pic et pareils à une muraille de granit où il semble qu'un oiseau ne trouverait pas à se poser ; pics désagrégés et ceints d'un glacis d'éboulements ; couches terrestres soulevées obliquement et figurant un tissu rayé ; rochers lavés par les pluies et fendillés symétriquement par le soleil, de façon à figurer un dallage régulier. La nature de la pierre et les jeux de la lumière ajoutent une grande variété de couleurs à cette grande variété de formes. Certaines montagnes sont d'un rose délicat avec des ombres d'un bleu intense, ce qui donne un ensemble violet très-surprenant. D'autres semblent teintes de vermillon presque pur, d'autres sont blanches, d'autres vert pâle. Mais je n'ose insister sur ces singuliers effets, de peur d'avoir trop l'air d'un homme qui revient de loin. C'est ici la terre promise des impressionnistes. Et pas trace de vie dans ce vaste espace ; le néant sous une forme palpable, la gravité de la mort, la solennité silencieuse d'un paysage lunaire.

De temps en temps nous retrouvons l'Oued-el-Kantara dont le mince filet d'eau fait verdir quelques lauriers-roses ; mais leurs touffes rabougries ne dépassent pas la hauteur de la berge, comme si les souffles brûlants du désert les avaient rasés au niveau du sol. Des buissons d'aubépine qui jalonnent la route attirent notre attention par la quantité de guenilles qui sont accrochées à leurs épines ; ils sont littéralement couverts de lambeaux d'étoffes de toutes couleurs. Les uns m'ont dit que ces buissons couvraient le tombeau d'un marabout, et que les guenilles étaient des *ex-voto*, témoins de la piété des croyants; les autres m'ont assuré que ces chiffons étaient tout simplement des signes que les caravanes laissaient pour indiquer leur passage à celles qui venaient après elles. Peut-être les deux explications sont-elles également vraies et les tombeaux des marabouts du désert servent-ils de poteaux indicateurs.

Ces tristes solitudes ont fait mauvaise impression sur quelques personnes de la caravane. Je les voyais oublier les fertiles régions du Tell que nous venions de quitter et se demander : Est-ce donc là l'Algérie? Mais non! Et nous touchions du doigt une erreur trop répandue dans le public. Les géographies enseignent que l'Algérie comprend 66 millions d'hectares, soit 12 millions de plus que la France. Naturellement, l'esprit est porté à déduire de l'étendue du pays le chiffre de la population qu'il peut nourrir. Si la France a trente-six millions d'habitants, pourquoi l'Algérie n'en aurait-elle pas quarante-cinq ou cinquante? Rien ne paraît plus simple, et cependant rien n'est plus spécieux. En faisant ce calcul, on manque au principe le plus élémentaire de l'arithmétique, qui veut qu'on ne compare entre elles que des quantités de même nature. En parlant de l'étendue de l'Algérie, il conviendrait de faire observer que l'on comprend dans l'évaluation un territoire énorme qui n'est en quelque sorte qu'un appendice politique ajouté à la colonie, sans aucune valeur pour la colonisation. Les régions du Tell et des Hauts-Plateaux, les seules qui soient cultivables, n'entrent, en effet, dans le total, la première que pour 15 millions d'hectares, la seconde que pour 10. Encore celle-ci contient-elle de larges espaces sans eau et, par conséquent, sans avenir. Quant au Sahara, auquel il faut adjuger les 41 millions d'hectares restants, nous ne l'avons occupé que pour assurer notre possession du Tell en contenant les nomades ; mais il suffit d'être allé à Biskra pour se convaincre que les oasis, c'est-à-dire les rares endroits où le sol donne des récoltes, sont à l'ensemble du désert ce que la trace laissée par le bout d'une canne est à la place de la Concorde. Nous pourrions aller toutes les années plus loin dans le Sahara, additionner des millions d'hectares à des millions d'hectares, nous n'y posséderions toujours que le néant, puisque le pays ne peut rien produire. Une fois engagés dans l'Aurès, nous étions sortis de l'Algérie colonisable.

Les cartes trompent avec leurs coloriages grossiers, on ne saurait trop le répéter au public. Nous ne pouvons apprécier les résultats obtenus dans notre colonie qu'autant que nous nous faisons une idée exacte des proportions du cadre dans lequel s'exercent nos efforts. Nous sommes si disposés à nous dénigrer quand il s'agit de colonisation, qu'on ne saurait trop écarter tous les sujets de désillusion qui pourraient donner à cette déplorable manie l'occasion de s'exercer. Sachons donc bien que notre colonie n'est pas un monde comme l'Australie ou comme les États-Unis, et qu'il n'en faut pas attendre ce qu'elle ne saurait donner. Une vingtaine de millions d'hectares en façade sur la mer, c'est-à-dire une terre qui pourrait nourrir dix à douze millions d'habitants, voilà la véritable Algérie. Les immenses espaces qui s'étendent derrière sont du pur mirage.

Les montagnes projettent des éperons qui étranglent la vallée que nous suivons. La route en contourne sept ou huit. Le dernier dépassé, on se trouve tout à coup en présence d'une haute chaîne rougeâtre dressée comme un mur gigantesque qui se continue à droite et à gauche jusqu'aux bornes de l'horizon. Ce serait un obstacle infranchissable, si une immense brèche ne l'avait fendue du haut en bas. Un air plus chaud vous avertit que vous êtes en présence du *Foum es Sahara*, la bouche du désert, que les Français appellent la gorge d'El-Kantara. L'Oued s'étale en travers de la route ; des ânes y boivent à longs traits, des femmes remplissent des outres en peau de chèvre ; nos mules se précipitent dans l'eau, heureuses de se rafraîchir les pieds.

Un peu de bonne terre s'est ramassée au pied de la montagne et une végétation opulente y prospère. Au sortir d'un pays brûlé, ce coin de verdure, à travers lequel murmure une eau claire, fait l'effet d'un bain de fraîcheur. Quatre maisons françaises s'y cachent sous les saules pleureurs, les cognassiers, les orangers, les abricotiers et les cédratiers. L'une d'elles est l'auberge de la mère Bertrand, fameuse dans toute l'Algérie. Mme Bertrand est installée depuis une quinzaine d'années dans cet endroit perdu. Sous prétexte que le pays n'était pas sûr, l'autorité militaire tenta, à diverses reprises, de la faire déguerpir; mais la brave femme tint bon et, comme on l'a dit spirituellement, elle vainquit l'armée française. Elle a aujourd'hui des voisins; son auberge est florissante, et nous y avons fait, à des prix très-modérés, un excellent et copieux déjeûner. Les habitants de Biskra devraient lui voter des remerciements, car sans elle le voyage de Batna à l'oasis serait fort pénible. Près de la porte, je remarque une affiche annonçant une vente de quatre-vingt mille palmiers dans le Sahara. Quel monde différent du nôtre! Parmi les choses qui seront mises à l'encan, je vois : $\frac{24}{114}$ de palmier, un quart d'heure d'eau. Cela veut dire qu'il y a un palmier sur les produits duquel l'acheteur aura le droit de réclamer $\frac{24}{114}$ et qu'il y a un ruisseau dont il aura le droit de détourner l'eau pendant un quart d'heure. Ici l'eau est tout : elle se vend, s'achète, se transmet par héritage comme chez nous la terre : sans elle la terre n'est qu'un sable stérile.

A peine a-t-on fait quelques pas hors du bosquet d'arbres dont l'auberge est entourée, qu'on s'arrête cloué à terre par la surprise, en apercevant la gorge. On dirait que deux vagues de 700 pieds de haut ont été pétrifiées au moment où elles allaient se jeter l'une sur l'autre; les agents atmosphériques, en rongeant les parties tendres de la pierre, ont encore accentué le caractère sauvage de cet élan vertigineux; elles se menacent à travers l'étroit intervalle qui est resté vide entre elles. L'Oued s'étale paisiblement entre ces colosses irrités au fond de la brèche qu'un pont de pierre raye de sa ligne blanche. Et dans le lointain, sur le coin de ciel que découpe ce couloir effrayant, qu'aperçoit-on? Une belle forêt de palmiers. C'est un coup de théâtre. On se croirait, par un truc de féerie, transporté d'un monde dans un autre. Autour de vous la flore méditerranéenne, devant vous la flore du désert. Point de transition! Vous faites cinq cents pas et vous constatez un changement de température de 6 degrés. Désormais le chameau remplacera toutes les autres bêtes, le palmier remplacera tous les autres arbres. Au lieu de vastes plaines cultivées, vous n'aurez plus que de rares oasis. Vous êtes dans le Sahara.

La députation a visité l'oasis d'El-Kantara. C'est une coulée de quinze mille palmiers qu'on dirait sortie de la gorge avec le ruisseau qui lui apporte la vie. Les habitants, au nombre de deux mille, sont de mœurs douces; depuis qu'ils ont accepté la domination française, ils ne se sont jamais révoltés; or leur fidélité est d'un grand prix, à cause de l'importance du défilé, qu'ils pourraient fermer à leur gré. Ils se sont montrés fort obligeants pour nous et nous ont fait voir, avec beaucoup de complaisance, tout ce qui pouvait nous intéresser. Ils cultivent, sous leurs palmiers, des courges, de l'orge, des légumes, des cédratiers, des citronniers et une grande quantité d'abricotiers. On m'a dit que l'abricot joue, dans la cuisine saharienne, un rôle aussi important que la tomate dans la cuisine italienne. L'oasis est partagée en jardins tout rayés de canaux qui distribuent l'eau. Des murs de briques sèches les entourent, et les passages qui y sont percés ne ressemblent pas mal aux trous que les bêtes font sous les haies. On devine que ces gens ne sont sujets ni à l'ankylose ni à l'obésité, et ce n'est pas sans inquiétude que je vis quelques gros personnages de la caravane s'engager dans des ouvertures aussi peu confortables. Cependant, tout s'est bien passé. Ces ouvertures sont closes de portes en bois que l'on ouvre avec des clefs d'une simplicité qui nous a beaucoup réjouis. C'est un simple bâton à une extrémité duquel sont plantés trois ou quatre clous. On le passe dans un trou pratiqué dans la porte et, par une manœuvre dont chaque propriétaire a le secret, on pince avec les clous un verrou intérieur que l'on fait alors fonctionner à volonté.

Les indigènes nous ont permis de visiter leurs maisons. Ce sont des cubes de briques sèches qui ne sont crépis ni en dedans ni en dehors. Il n'y a pas d'autre ouverture que la porte basse, de sorte que l'intérieur terreux et mal éclairé fait songer plus à une tanière qu'à une habitation humaine. Des nattes, quelques pots, un coffre où l'on serre les vêtements et les objets précieux, voilà tout le mobilier. Cela donne l'idée d'une vie bien pauvre et bien dure. Les femmes sont jolies et se laissent voir sans difficulté. Les enfants sont toujours charmants, mais, pour la première fois, je remarque le peu de soins qu'on leur donne. Des essaims de mouches leur couvrent le coin des yeux et de la bouche, et ils paraissent avoir renoncé à s'en défendre, car ils n'essayent pas même de les chasser un moment d'un revers de main. Cette vue est pénible pour un Européen.

Nous arrivions au moment où les dattes commencent à mûrir; de loin leurs régimes marquent d'une belle tache rousse le sombre éventail des palmiers, de près elles brillent comme des fruits d'or dans la verdure. Deux indigènes montèrent sur des palmiers pour nous en cueillir; avant de les avoir vus, je ne soupçonnais pas qu'on pût grimper autrement qu'on ne le fait dans nos campagnes, c'est-à-dire en enlaçant l'arbre des jambes et des bras. Eux grimpent à la façon des singes, en appuyant l'intérieur du pied contre l'arbre et en s'accrochant des mains aux aspérités de l'écorce, ce qui est facile sur le tronc écaillé du palmier. La saison des dattes, qui dure près de trois mois, est une saison de bombance; la chasse est alors très-fructueuse : les porcs-épics, les lièvres, les gazelles raffolent de ces fruits, et on en prend beaucoup en tendant des pièges aux entrées de l'oasis par lesquelles ils tentent de pénétrer pour manger celles qui sont tombées par terre.

L'étape qui vient après El-Kantara est terrible. Le pays est plus désolé encore qu'avant, si c'est possible. En certains endroits, le sel de magnésie couvre le sol d'efflorescences blanches que le soleil pulvérise de ses lourds rayons. En d'autres, des écroulements de rochers, sur lesquels planaient des vautours, me faisaient songer à la ruine d'un monde.

L'Oued, que l'on traverse plusieurs fois, a un lit large comme celui de la Seine, pour une quantité d'eau qui tiendrait à l'aise dans celui de la Bièvre. Les cailloux blanchis, qui l'encombrent, ont des tristesses d'ossements éparpillés. Après un orage, la pluie tombée, n'étant retenue par aucune végétation, gonfle instantanément ce mince filet d'eau qui, pour quelques heures, se change en un grand torrent furieux. La diligence est alors obligée d'attendre sur le bord que le flot soit passé; on nous a raconté que quelquefois elle stationnait toute une nuit, mais cela est fort rare.

L'oasis d'El-Outaïa repose un peu de cette aridité. Elle est située à l'entrée d'une plaine immense et unie comme un lac qui serait sans pareille au monde pour la fertilité, si on pouvait l'arroser. Entourée d'un cirque de montagnes où se trouvent les plus hauts sommets de l'Aurès, elle s'est enrichie de tout l'humus dont ces montagnes ont été dépouillées. On a essayé d'y creuser un puits artésien; à 150 mètres de profondeur, la sonde ramenait toujours de la terre végétale. Le puits en question est resté inachevé, les ingénieurs ayant déclaré qu'il faudrait encore 150 mètres de forage pour trouver une nappe d'eau. On a reculé devant la dépense et la plaine d'El-Outaïa, réduite à l'eau de l'Oued-el-Kantara, est toujours en grande partie inculte. On se dispute les gouttes du précieux liquide. Un colon, qui a installé là une vaste et belle ferme où il fait de splendides récoltes de blé, s'est plaint très-vivement de ce que les spahis du bordj qui protège l'oasis lui enlevaient une partie de ce qui lui en revenait. Chaque goutte est un pouce de terre de plus fertilisé. La propriété se mesure ici à la quantité de l'eau et non à la quantité de la terre qui surabonde.

A gauche de la route, on nous fait remarquer une montagne veinée de sillons blanchâtres et bleuâtres comme un marbre aux teintes passées. On la dit composée presque uniquement de sel gemme. Nous en avons vu un bloc à Biskra ; le sel était fort blanc, mais mêlé de sable. Il faudrait, pour le purifier, une opération peu coûteuse. Quand le chemin de fer transsaharien sera fait, voilà une montagne d'où l'on tirera des millions en la débitant aux Soudaniens.

Un dernier chaînon de l'Aurès limite l'horizon. On le franchit par le col de Sfa. Quand on débouche au sommet, nouvelle surprise d'un autre genre et plus grandiose que celle d'El-Kantara. On a devant soi un espace immense, une plaine pareille à la mer. Au premier plan, on découvre un sol nu et tourmenté qui ressemble à un rivage fouillé par les eaux ou encore à d'immenses carrières fraîchement remuées ; les derniers contreforts de l'Aurès s'y profilent comme des promontoires ; au loin, l'horizon est limité comme celui de la mer par une ligne rigoureusement tracée, et les taches sombres des oasis des Zibans simulent exactement des îles. On se croirait à l'extrémité du continent et l'effet est si saisissant, qu'en 1844, nos soldats arrivant là pour la première fois, se mirent à crier : La mer ! la mer !

Le commandant supérieur de Biskra était venu à

la rencontre de la caravane jusqu'au col de Sfa. Je veux constater à ce propos que les députés n'ont eu qu'à se louer de nos officiers d'Afrique pendant leur voyage; je veux constater également que les députés n'ont négligé aucune occasion de rendre à l'armée la justice qui lui est due. Ah! s'il en pouvait résulter que le malentendu soit moins grand entre l'élément civil et l'élément militaire! J'ai souffert vivement de l'hostilité qui subsiste entre eux en certains endroits. Le mal vient de ce qu'un régime détesté, qui refusait toutes les libertés à l'Algérie, y a été représenté vingt ans par l'élément militaire. Déplorable résultat! le colon s'est habitué à voir dans le soldat presque un ennemi. Voilà une tradition maudite que je voudrais voir à tout jamais effacer! Colons, rappelez-vous que c'est aux soldats que vous devez cette terre; pour vous la donner, il leur a fallu la payer au prix de leur sang et de vingt campagnes; avant que vous y mettiez vos os pour la féconder, ils y ont mis les leurs pour la conquérir; soyez-leur reconnaissants. Soldats, n'oubliez pas que ce qui fait la grandeur de votre héroïsme, c'est votre désintéressement; c'est pour l'agrandissement de la patrie que vous avez combattu; chaque pas que fait la colonisation affermit votre œuvre, et, s'il restreint votre rôle, il accroît votre gloire. Aidez donc les colons sans arrière-pensées égoïstes. Y eut-il jamais moment plus pressant pour un retour à la fraternité que celui où le relèvement du pays réclame tous les concours? Quand donc l'armée et le peuple seront-ils réconciliés?

La caravane est entrée à Biskra à la nuit tombante, au milieu d'un cortège d'un genre nouveau : un orchestre nègre, composé de fifres et de grosses caisses, jouant avec un entrain enragé ; quatre drapeaux carrés, cinq ou six cents burnous blancs criant : You! you! sur un ton aigu à percer les oreilles ; un homme à cheval contenant gravement cette bande qui nous paraissait composée de fous, et cela entre les maisons basses à arcades et les gommiers du jardin d'essai dans la demi-obscurité du soir. Décidément, nous étions dans un pays qui ne ressemblait à rien de ce que nous avions encore vu.

BISKRA

Projet d'une station de plaisance dans le désert. — Le nouveau Biskra. — Les Européens. — Le quartier marchand. — Une boutique de curiosités. — Les indigènes parlent français. — M. Colombo. — Un gavroche biskrien. — Une soirée chez les Naïliennes. — Bâtonistes tunisiens. — Le vieux Biskra. — Les palmiers. — L'insurrection de l'Aurès. — La mer intérieure de M. Roudaire.

O Biskra ! qui pourrait t'oublier après t'avoir vue? Quand un chemin de fer te reliera à Philippeville, tu seras à trois jours de Paris et tu deviendras la grande station de plaisance où tous les riches oisifs de l'Europe, chassés de leurs pays par les rigueurs de l'hiver, iront chercher un climat plus doux. Ton charme sauvage séduira ces imaginations blasées ; ils déserteront et Nice, et l'Italie, et Alger, pour l'ombre de tes palmiers. L'hiver chez toi est à la fois un automne et un printemps : c'est alors que murissent tes dattes plus succulentes que le miel le plus fin, et que tes grenadiers et tes orangers se courbent sous le poids des fruits. Ton soleil est toujours chaud, ton air est toujours tiède, la vie ni la sève ne s'arrêtent jamais dans tes jardins, et l'eau de tes mille canaux y murmure sans cesse sous une verdure éternelle.

Ne croyez pas que je déclame. Introduire dans les hautes classes européennes l'habitude d'une saison dans le désert, tel est le rêve des Biskriens. Et ils le réaliseront. Si les beautés de l'oasis ne suffisent pas pour les décider, Biskra leur offrira un autre prétexte pour venir, car elle possède dans la source d'Hammam-Salhin des eaux thermales que l'on emploie avec le plus grand succès contre les douleurs rhumatismales. Des raisons stratégiques imposent la construction du chemin de fer, et déjà les touristes intrépides que n'effrayent pas deux journées de diligence arrivent en assez grand nombre. Le vaste hôtel, qui s'est carrément appelé hôtel du Sahara en voit passer cinq ou six cents chaque année. Ce sont surtout des Hollandais, des Anglais et des Allemands. Dernièrement un des fils du maréchal de Moltke s'y présenta et ne trouva pas de place. S'imaginant que l'hôtelier voulait simplement prendre à sa manière une revanche de Sedan en le laissant à la porte, il fit une scène effroyable, mais toutes les chambres étaient prises et force lui fut de s'en aller.

Il y a trois villes distinctes dans l'oasis, la ville nouvelle, le village nègre et le vieux Biskra. A deux heures de l'après-midi, le 6 octobre, le thermomètre marquait 31 degrés à l'ombre, Au fort de l'été, il monte jusqu'à 48 degrés. L'hiver, la moyenne est encore de 18 à 20. C'est dire que le climat s'impose à tous. Les Français, qui modifient peu à peu toutes les villes algériennes et les européanisent assez malheureusement, sont bien obligés de subir ici les exigences du désert. Les constructions qu'ils ont élevées dans la ville nouvelle sont inspirées directement de la manière de bâtir indigène : d'épaisses murailles en briques sèches impénétrables à la chaleur, des maisons qui n'ont que le rez-de-chaussée et semblent s'accroupir sur le sol pour échapper aux rayons du soleil, des arcades qui empêchent la lumière d'arriver directement jusqu'aux fenêtres. Nous n'avons innové qu'en matière de confortable extérieur ; le commandant Crouzet, qui a fort remanié, nettoyé et embelli le nouveau Biskra, y a multiplié la verdure et les fontaines. De tous côtés on voit des jardins publics dont l'essence dominante est le gommier, le principal arbre du Sahara après le palmier. Son feuillage, pareil à celui de nos acacias mais beaucoup plus délicat, donne une ombre d'une fraîcheur délicieuse.

Les habitants européens sont au nombre de 200 environ, presque tous Français. On ne saurait dire que ce sont des colons. Quand j'ai demandé si quelqu'un d'entre eux, faisant comme MM. Fau et Fourreau dans l'Oued-Rhir, avait acheté de la terre et s'était livré à la culture du palmier, on m'a regardé avec surprise comme si je parlais une langue inconnue. Les uns s'occupent du commerce des dattes et de l'approvisionnement des oasis en denrées européennes; les autres sont de ces petits commerçants qu'une garnison attire nécessairement autour d'elle. Aussi y a-t-il rivalité entre Batna et

Biskra sur cette question de la garnison qui a une importance plus grande encore pour la seconde que pour la première. Batna prétend que l'été on devrait ramener en deçà de l'Aurès toutes les troupes françaises et ne laisser dans le désert que des troupes indigènes qui supportent mieux les chaleurs excessives. Biskra soutient au contraire qu'il serait sage d'augmenter le chiffre de sa garnison et de le porter à 2,000 hommes afin de contenir à la fois les montagnards de l'Aurès et les nomades du Sahara.

Le reste de la ville nouvelle se compose de marchands indigènes et d'Ouled-Naïl. Les boutiques sont généralement de petits réduits carrés où les marchandises sont empilées soit dans des rayons appliqués contre le mur, soit plus souvent dans des coffres qui servent en même temps de siège. On y trouve de beaux tapis qui viennent de l'oasis voisine de Lichana, des burnous, des haïks, des étoffes de Tunis, des babouches généralement apportées de Constantine, de grands chapeaux d'alfa ou de fibre de palmier, des coussins de cuirs, des djebiras en filali élégamment brodées d'or et d'argent et deux fois grandes comme une des anciennes sabretaches de hussard, de petites glaces encadrées de cuir que les coquettes Sahariennes peuvent se procurer pour deux sous, des couteaux de fer grossièrement emmanchés de cuivre ou de bois, des bourses de laine ou de cuir brodées de soie, des chasse-mouche en forme de hache qui sont d'un usage général; ils sont en fibre de palmier et agrémentés de dessins faits avec de la laine de diverses couleurs; les plus gracieux viennent de Sidi-Okba. Ne vous imaginez pas cependant quelques-uns de ces bazars de Constantinople où s'entassent les merveilles d'un art très-ancien et très-raffiné. Nous confinons ici à la barbarie, tous ces objets ont peu de valeur et, sauf les tapis et les djebiras, ils sont plutôt bizarres que jolis. Un Français tient une boutique de curiosités sahariennes. On dirait un antre de sorcière, tant il y a réuni de choses fantastiques. Voulez-vous un lézard des palmiers? Il vous montre un saurien long d'une palme, à la peau granuleuse et sale, aux pattes fortement onglées, aux mouvements automatiques, un peu moins séduisant encore qu'un crapaud. Non? Vous n'en voulez pas? Tenez, voici un poignard du Soudan dont le manche et le fourreau sont couverts de cauris. Cela ne fait pas votre affaire? Que penseriez-vous de cette guitare nègre dont le ventre est fait d'une écaille de tortue, le manche d'un simple bâton et dont l'unique corde est tout bonnement une corde de chanvre? Cela ne vous dit pas? J'ai là des cornes de gazelle. Non? Alors voulez-vous un scorpion vivant? Et il exhibe un bocal où s'agitent quelques-uns de ces ignobles insectes qu'on dirait remplis d'eau sale. J'ai passé là un bon moment en compagnie d'un mulâtre qui me servait de guide. Cet estimable personnage était borgne et louchait de l'œil qui lui restait. Il avait été condamné à huit mois de prison pour escroquerie quelques jours auparavant, et il proposait en arabe à notre compatriote de nous vendre les objets deux fois leur valeur et de partager le surplus avec lui. Du reste, on nous l'avait donné comme un homme de confiance.

J'ai acheté une djebira à deux heures du matin. Sous ce ciel admirable, les marchands après s'être ployés dans leurs burnous se couchent dans le sable sur le seuil de leur porte, ou bien sur leur terrasse. De sorte que vous n'avez qu'à les pousser du pied ou à appeler : Ali, Messaoud ou tout autre nom, pour les faire lever à n'importe quelle heure de la nuit. Je n'ai vu personne avoir le sommeil aussi complaisant. On allume une bougie, si on en trouve une, et le marché se débat. Ces marchands sont habitués aujourd'hui aux visiteurs européens, et il a suffi de quelques hommes de confiance comme le borgne pour leur apprendre à demander le triple de ce qu'un objet vaut.

La caravane a été agréablement surprise en découvrant que tous les indigènes de la ville nouvelle, — et ils sont bien de douze à quinze cents, — parlent peu ou prou le français et sans accent, comme j'ai déjà eu l'occasion d'en faire l'observation. Les enfants parlent même en général fort bien. Beaucoup d'entre eux savent lire et quelques-uns se vantent d'écrire. Comme nous avions promis un sou à tous ceux qui pourraient tracer leurs noms sur le mur, une nuée de gamins revendiquèrent leur part à la distribution et se mirent à calligraphier, avec une sûreté de main que M. Prudhomme aurait louée, toutes les appellations musulmanes imaginables : Sraour, Djaballah, Saad, Yezid, Mohamed, Daoud, etc., etc., il fallut arrêter les frais. Les murs de l'hôtel n'y auraient pas suffi.

Cet étonnant résultat est l'œuvre personnelle d'un excellent homme, M. Colombo, qui, après être venu dans le pays comme soldat en 1844, s'y est fixé comme instituteur et s'est donné la peine d'apprendre l'arabe pour enseigner aux indigènes. Il a toujours, outre les enfants français, une cinquantaine d'enfants musulmans dans son école. Ben-Briss, l'ancien et fameux agha d'Ouargla et de Touggourt, est son élève, ainsi que les interprètes de Jemmapes et de Bône. Il a formé en outre deux instituteurs indigènes : Abd-el-Hag, qui vient d'ouvrir une école semblable à la sienne à Touggourt, et Mustapha-Hussein, qu'il garde auprès de lui comme sous-maître. Par ce que cet homme dévoué (1) a fait par sa seule initiative, on voit ce qu'on pourrait attendre d'un enseignement sérieusement organisé par le gouvernement. On parle souvent de l'assimilation des indigènes. Hélas! nous n'avons rien fait encore pour la préparer.

Certes, les leçons de M. Colombo n'ont pas moralisé ses élèves. Ceux que nous avons vus nous ont paru d'aimables petits bandits qui n'avaient probablement aucun vice à envier à leurs compatriotes moins instruits. L'un d'eux, une espèce de gavroche de dix ans, aussi spirituel qu'un gavroche parisien, nous a amusé toute une journée par une série de mensonges qu'il enfilait avec une verve incroyable.

— Comment t'appelles-tu?

(1) A la suite du passage de la caravane, M. Colombo a été décoré. Récompense bien méritée!

— Mahomed-Ben-Zaoui.
— Que fait ton père?
— Je n'en ai point.
— Et ta mère?
— Elle est morte.
— Comment vis-tu donc?
— Comme je peux. Je porte des paquets, je gagne un sou ou deux et j'achète des dattes. Si j'étais assez riche, j'achèterais une boîte à cirer.
— Et où couches-tu?
— Au café Maure. J'aide à nettoyer et on me laisse une place.
— C'est là que sont tes affaires?
— Quelles affaires? Je n'ai que ma chemise et ma chechia. Elle est bien sale, hein, ma gandourah? Si j'avais de l'argent, j'en achèterais une autre.
— Qu'est-ce que tu veux être?
— Je veux aller en France.
— Pourquoi faire, mon Dieu?
— Je cirerai des bottes. Et puis je serai soldat.
— Veux tu que nous t'emmenions?
— Je veux bien. Ah! je voudrais bien. Emmenez-moi. Mais vous m'acheterez une autre chemise?

Du reste, infatigable et d'une humeur charmante, Il nous accompagna partout, très-fier d'avoir l'air de conduire quelques chefs français; car nous étions tous des chefs à Biskra. Quand nous allâmes voir la vieille ville, il courut derrière la voiture. Enfin, séduits par sa gentillesse, nous nous cotisâmes pour lui acheter une gandourah de vingt-sept sous. Dès lors il ne reparut plus et nous apprîmes qu'il n'y avait pas un mot de vrai dans ce qu'il nous avait raconté. Qu'est-ce que cela prouve ? Ce n'est pas à la première génération que nous modifierons le génie d'un peuple. Il n'en est pas moins vrai que nous ne le modifierons qu'à condition d'avoir prise sur lui, et que nous n'aurons prise sur lui qu'autant que nous lui aurons appris le français. Rêver l'assimilation des indigènes en les laissant tout entiers à leur langue, c'est-à-dire à leurs idées, c'est, comme dit le proverbe arabe, vouloir prendre le vent dans un filet.

Deux rues passablement longues du quartier marchand ont été abandonnées aux Naïliennes. Le jour, elles ressemblent à toutes les rues ; mais le soir, elles prennent un aspect singulier. Des lanternes allumées sont accrochées aux étroites fenêtres pour indiquer que le passant peut entrer. Des femmes, parées de tous leurs atours, attendent sur le seuil avec des attitudes de statue. Des clartés s'échappent des portes des cafés maures, et plaquent des nappes de lumière carrées sur le mur d'en face. On entend l'obsédante musique arabe des salles de danse. Des groupes où se succèdent, sans se mêler, les noirs vêtements des Européens, la veste rouge des spahis et le blanc burnous des indigènes, se promènent en causant bruyamment, tantôt inondés de lumière aux endroits éclairés, tantôt noyés dans une demi-obscurité aux endroits sombres. On s'appelle, on rit, des femmes chantent une chanson étrange pour attirer l'attention, de petits biskris courent faire une commission, et des agents de police, vêtus d'un uniforme pareil à celui des sergents de ville parisiens, circulent pour veiller à ce que tout se passe avec ordre et, au besoin, indiquent avec bienveillance à l'étranger l'adresse qu'il ne peut découvrir.

Les Naïliennes appartiennent à une tribu qui parcourt le désert entre Bou-Sada et le M'zab, et qui fait exception à la jalousie traditionnelle des musulmans à l'endroit de la vertu des femmes. Les jeunes filles vont courir les villes du désert pour se ramasser une dot; puis elles reviennent se marier au milieu des leurs, où la plus déshonorée est la mieux reçue. Leurs principales stations sont Biskra dans la province de Constantine, et Djelfa dans la province d'Alger. Cependant, d'après ce qu'on m'a dit à Biskra, les femmes qu'on dénigre sous le nom général de Naïliennes sont loin d'appartenir toutes à la tribu des Ouled-Naïl. Beaucoup de veuves, beaucoup de femmes divorcées adoptent ce genre de vie pour rester indépendantes. La femme de harem, souvent très-brutalement traitée, subit tous les caprices du maître; la Naïlienne, au contraire, peut imposer les siens à ceux qu'elle séduit. Le contraste leur fait aimer leur situation, qui du reste ne paraît pas être aussi méprisable aux yeux des indigènes qu'aux nôtres. On nous en a montré une fort jeune et fort jolie, qui avait refusé de devenir l'épouse d'un Ben-Ganah pour garder sa liberté. Chaque année, il en vient du Souf un certain nombre, dont les migrations sont réglées par les saisons comme celles des oiseaux; elles arrivent avec l'été, et s'en retournent chez elles aux approches de l'hiver.

Quand un personnage de quelque importance

vient à Biskra, que ce soit un homme ou une femme, on ne manque jamais d'organiser en son honneur une soirée de Naïliennes. Vous voyez que nous sommes loin d'Europe, la curiosité l'emporte sur la pruderie. On en a donc offert une à la caravane parlementaire chez le plus important des kaouadjis (cafetiers). Figurez-vous une salle carrée assez grande, mais basse et blanchie à la chaux. Sous les pieds, la terre battue; sur la tête, un plancher de roseaux simplement posés sur des solives; au milieu, pour soutenir la maîtresse poutre, un pilier entouré d'un banc de terre circulaire sur lequel s'étaient entassés des indigènes. Au fond, une galerie suspendue, sur la balustrade de laquelle d'autres indigènes étaient gravement accoudés; vis-à-vis, c'est-à-dire vers l'entrée, d'autres indigènes encore se haussant sur la pointe de leurs babouches pour mieux voir. Au milieu de cette cohue de burnous blancs, une place avait été réservée sur le côté droit aux redingotes noires. En face d'elles, deux gradins de terre s'appuyaient contre le mur de gauche. Sur le premier étaient assises une dizaine de danseuses. Sur le plus élevé se tenaient trois musiciens : un nègre, avec la rhita, sorte de fifre, qui donne un son aigre pareil à celui par lequel se signalent nos marchands de robinets; un Arabe battant le sendouk, qui est une espèce de malle carrée remplissant l'emploi de nos grosses caisses, et un deuxième Arabe avec un bendir. Ce dernier instrument est une peau d'âne tendue sur un cercle, il ressemble exactement à un tamis, et l'homme qui en joue ressemble également à un boulanger qui tamise de la farine. Il se le repasse d'une main à l'autre, et de celle qui est libre, il frappe la peau soit avec trois doigts, soit avec le poing. Cela fait beaucoup de bruit, et c'est tout ce qu'il faut.

Le kaouadji prend une femme par la main et l'amène dans un espace laissé libre autour du banc circulaire. Le nègre enfle ses joues, fait saillir ses yeux blancs hors de sa tête et lance la phrase mélodique qu'il répétera incessamment. On ne sait quand il reprend haleine, tant le son perçant qu'il tire de son instrument est continu. Parfois on dirait qu'il s'enroue; alors il se balance comme un possédé, frappant le mur alternativement de chaque épaule. La rhita siffle donc comme un reptile irrité, le bendir ronfle avec fureur, le sendouk gronde comme de lointaines salves d'artillerie. Cette musique monotone, dans laquelle cinq notes reviennent implacablement avec une sorte de rage, vous irrite étrangement les nerfs. En quelques minutes, on est pris de je ne sais quelle vague frénésie, on se sent d'humeur à frapper son voisin ou à danser la bamboula pour échapper aux crispations.

Cependant ce rhythme sauvage et surexcitant paraît sans effet sur la danseuse. Elle procède avec beaucoup de lenteur, elle se détire les membres dans des poses indolentes, elle semble insouciante, elle se refuse, elle tient à sa langueur; ce n'est que peu à peu qu'elle se laisse gagner par l'attrait du plaisir, elle se défend comme une femme qui va succomber, puis les gestes se précipitent, puis ils deviennent saccadés, enfin des spasmes la secouent et elle s'abandonne à demi pâmée. Mais toute l'expression est dans les mouvements du corps, pas un muscle n'a bougé sur le visage, qui a gardé constamment un sourire résigné. Personne ne m'a paru prendre un plaisir bien vif aux divers exercices auxquels se sont livrées les danseuses qui se sont succédé ; exercices qui ont tous répété sans grande variante celui dont je viens d'essayer de donner une idée.

Et d'abord elles ont le plus déplorable des costumes : des nattes de cheveux qui leur élargissent démesurément la tête ; une épaisse mentonnière qui leur couvre les joues et le menton ; un voile qui achève de cacher ce qu'on pourrait deviner encore du cou ; sept ou huit robes, soie, velours, laine, les unes par-dessus les autres, ce qui fait disparaître toutes les grâces de la taille : à proprement parler ce sont des paquets d'étoffes. Et par là-dessus, harnachées comme des mules de princes, avec des boucles d'oreilles larges comme des bracelets et retenues par une chaîne qui passe par-dessus la tête, des colliers, des chaînes, des ceintures qui s'élargissent jusqu'à devenir des cuirasses, des mains de Fathma, des boîtes à parfums, des ornements de toutes sortes, accrochés un peu partout. Ces objets sont généralement en argent et font un cliquetis d'attelage au galop. Le succès d'une femme se mesure à leur quantité. Aussi mettent-elles toute leur fortune à en augmenter le nombre.

Ensuite, la prétendue danse des Naïliennes n'est qu'une pantomime, et une pantomime qui ne peut convenir qu'à un peuple chez lequel les femmes ne prennent point part à la vie publique. Le moindre raffinement de mœurs l'eût supprimée. Le nom qu'on lui donne, la danse du ventre, dit assez ce qu'elle figure : c'est la parodie grossière de l'amour brutal exécutée avec le visage impassible des femmes musulmanes qui mettent leur gloire à ignorer le plaisir. Cela est froidement indécent. Ce mot sent peut-être un peu le prud'homme, appliqué aux choses de Biskra. C'est celui que tout le monde avait sur les lèvres. Voilà un point sur lequel la littérature de voyage m'avait fort abusé.

Un autre soir, des bâtonnistes tunisiens donnèrent une représentation à la caravane parlementaire devant l'hôtel du Sahara. Une vingtaine de porteurs de lanternes se disposèrent dans la rue, de manière à maintenir vide un espace carré où se placèrent les acteurs. Une foule énorme se pressa autour d'eux, avide de voir ; les gamins s'accroupirent aux premiers rangs dans des poses de grenouilles guettant une mouche : étrange fond de tableau que ce grouillement de jambes nues, de gandourahs, de burnous et de têtes graves allumées par la curiosité, que les lueurs des lanternes détachaient sur le noir manteau de la nuit. Le plus agile desdits Tunisiens était encore un nègre ; il simulait une attaque au sabre contre un camarade qui, un genou à terre, se défendait avec un bâton. C'était merveilleux de voir les bonds de l'assaillant, la souplesse de son jarret, ses feintes, ses audaces, les tournoiements du sabre qui s'abattait parfois brusquement comme un éclair, et le calme patient de l'assailli, la précision avec laquelle son bâton arrivait à la parade. La soirée se termina de la manière la plus imprévue. Les gamins Biskris, mis en goût par la représentation, voulurent nous en donner une de leur façon et se mirent à faire tous les tours de nos acrobates de foire. Figurez-vous une légion de singes en gaieté : sauts périlleux, saut de carpes, roues en avant et roues en arrière, marches sur les mains, piles humaines, ils improvisaient tout avec un entrain de possédés. Les spectateurs en rirent aux larmes. J'ai entrevu là une dernière fois Mohamed-ben-Zaoui, le petit bonhomme à la gandourah. Il en avait noué les bouts entre ses cuisses, et, arqué sur le dos, le ventre en l'air, sautillant obliquement sur les pieds et les mains, il imitait la démarche du crabe.

Le vieux Biskra est à vingt minutes environ du nouveau. Pour s'y rendre, on passe par le village nègre, amas d'une cinquantaine de huttes en terre habitées par les familles des esclaves qu'a libérés la loi de 1848. Beaucoup de villes algériennes ont ainsi une annexe nègre provenant de la même cause, Batna et Oran notamment. Un aspect de triste misère et une odeur insupportable en éloignent les visiteurs. Près de là est le lieu où s'arrêtent les caravanes. Une quarantaine de chameaux y étaient couchés quand j'y ai passé. Les Arabes les entravent en leur repliant une jambe de devant et en en attachant solidement le bas contre le haut, de sorte que l'animal ne marche plus que péniblement sur trois pieds. Quand il se couche, le chameau ramène ses quatre membres sous son corps, et de loin ses robustes genoux ressemblent aux tiges noueuses de quelque énorme liane. Il étend de tout son long son long cou sur le sable, dans lequel il aplatit la tête. Il a ainsi un air d'accablement qui fait peine à voir. On dirait une bête près de mourir.

On visite ensuite la propriété fameuse de M. Landon, où ce millionnaire, autour d'une charmante habitation et de kiosques dans le goût mauresque, s'est donné le royal plaisir de réunir, à l'ombre des palmiers, des spécimens des plantes les plus remarquables de la flore tropicale. Le jardin est dessiné comme un parc anglais, ce qui, avec cette variété étonnante d'arbres et d'arbustes, donne des effets féeriques.

A l'entrée du vieux Biskra s'étalent les ruines de la Kasbah. Les briques crues effritées par le soleil se décomposent et retournent à la terre d'où on les avait tirées. Bientôt il n'en restera plus qu'un mamelon en tout semblable à la colline sur laquelle elle se dresse. Des pans de murs les plus élevés, on a une magnifique vue de l'oasis. Au nord se dresse la chaîne de l'Amar-Khradou, « la montagne à la joue rose ». « Elle touche à la voûte céleste et cache dans un voile de nuages sa tête couronnée d'étoiles, a dit Ibn-Khaldoun. Ses flancs servent de retraite aux orages, ses oreilles entendent les discours qui se prononcent dans le ciel, son faîte domine l'Océan, son dos sert d'appui au désert et dans son giron reposent les autres montagnes du désert. » A l'est, l'oasis de Sidi-Okba se dessine par une ligne noire sur le jaune tapis du désert; au sud s'étend une forêt de cent cinquante mille palmiers. Baudelaire en a admirablement défini l'effet d'un mot, en disant que c'est une végétation architecturale. Un palmier est, en effet, rigoureusement pareil à son voisin. Sa svelte colonne, ses palmes irradiées dans toutes les directions comme une explosion de verdure, sont découpées sur un dessin invariable. Par-delà cette forêt, la solitude infinie entraîne la pensée jusque vers cette région mystérieuse que le Transsaharien ouvrira un jour à l'activité française.

Je n'avais rien vu encore d'une originalité aussi spéciale que le vieux Biskra. Les maisons de briques sèches éparpillent un peu au hasard sous les hauts palmiers leurs cubes marqués de trous comme un dé à jouer. Des murs élevés jusqu'à hauteur d'homme entourent les jardins. Ces maisons, ces murs et le sol d'où ils sont sortis, ont absolument la même teinte, quelque chose de fauve comme une peau de lion, ce qui fait ressortir avec vigueur les feuillages d'un vert cru qui se montrent par-dessus les enceintes. Des ruisseaux d'une couleur marneuse, et dont ni un caillou ni un brin d'herbe ne marque les bords, courent dans les principales rues, et on voit aux carrefours s'enchevêtrer des rigoles en bois de palmier qui distribuent leurs eaux entre les divers propriétaires. Pour des yeux habitués aux plans inclinés de nos toits, aux aspects variés de nos villes, il y a dans cette sobriété de couleurs, dans cette uniformité de construction, dans les lignes horizontales des terrasses qui se mêlent comme les hachures d'une eau-forte, dans les mille indications qui révèlent une culture et une vie inconnues, un pittoresque d'une nouveauté qni émeut vivement. Quand nous avons traversé le village, le soleil de l'après-midi inondait de lumière un côté des rues, tandis que l'autre restait noyé dans une ombre opaque. Les indigènes, sortis pour nous voir passer, s'appuyaient contre le mur épargné par le soleil ; des femmes se tenaient debout sur les terrasses, vêtues de ces étoffes teintes de garance et d'indigo, qui sont une fête pour le regard. Quelqu'un épris comme moi de ce grand virtuose qui s'appelait Fortuny aurait eu beau jeu pour répondre là à ceux qui lui reprochent le fini étonnant avec lequel il rendait les détails. Les détails? Mais cette accablante lumière du désert n'en dérobe pas un seul, elle les met tous en relief. Il semblait qu'on aurait pu compter les palmettes des dattiers, les feuilles des figuiers et jusqu'aux grains de sable des parties éclairées des rues.

Il y a à peu près 5,000 âmes dans le vieux Biskra, ce qui donne pour l'ensemble de l'oasis un total de 7,000 habitants. Elle n'est plus que l'ombre de ce qu'elle fut jadis, alors que les poètes l'avaient surnommée la perle du désert. Un seul fait donnera une idee de sa grandeur passée : la peste de 1683 y fit périr 71,000 personnes. Les pauvres héritiers de cette splendeur vivent aujourd'hui à peu près uniquement de leurs jardins. Ils cultivent sous leurs palmiers des navets, des carottes, des oignons, des piments, des courges, des pastèques, du coton, du tabac, du henné et de la luzerne. Ils possèdent 5,000 oliviers, de nombreux figuiers, des abricotiers, des grenadiers, des vignes, des jujubiers et quelques orangers. Ils font un peu de blé qui donne des résultats dignes de la terre promise. D'après le docteur Seriziat, on y voit des chaumes de la grosseur du doigt et de deux mètres et demi de haut.

Mais la grande culture de Biskra est le palmier, et le fond de la nourriture des Biskriens est la datte. On compte soixante variétés de ces fruits dans l'oasis. La variété Deglet-nour est la meilleure du désert, on dit qu'elle réussit encore mieux dans le Souf qu'à Biskra. Les dattes que l'on vend à Paris sont des dattes de qualités inférieures, que l'on est quelquefois obligé de plonger dans un sirop pour les rendre sucrées, ce qui fait qu'elles poissent les doigts quand on les mange. Elles ne donnent qu'une bien faible idée du fruit exquis qu'on nous a présenté à Biskra : c'est proprement du miel, et on ne peut en prendre qu'en petites quantités quand on n'y est pas accoutumé. Je suis surpris de ce qu'il n'occupe pas encore une plus grande place dans notre alimentation ordinaire. Il est bien supérieur à la figue sèche et soutiendrait sans désavantage la comparaison avec nos desserts les plus estimés. Le docteur Seriziat, qui a donné une monographie si complète de l'oasis, assure bien, il est vrai, que toutes les dattes qu'on y récolte, et même celles du Souf, sont accaparées par deux maisons de Lyon; alors je me demande ce qu'elles deviennent, car on n'en voit guère. J'espère que la construction du chemin de fer entre Constantine et Biskra profitera aux ressources de la table française sur ce point. Le palmier donne encore du vin de palme qu'on obtient en faisant couler la sève par des incisions pratiquées au sommet de l'arbre. J'ai voulu en boire. On m'a apporté un liquide blanchâtre, trouble, d'une apparence peu appétissante. Comme goût on en aura une idée en mettant un filet de vinaigre dans de l'eau de savon.

Tout le monde connaît le proverbe arabe qui formule les principes de la culture du palmier : « Les pieds dans l'eau et la tête dans le feu. » Le feu, le soleil s'en charge et fournit libéralement aux dattes les 5,100 degrés de chaleur, sans lesquels, d'après M. Ch. Martins, elles ne sauraient mûrir. Quant à l'eau, c'est l'indigène qui s'efforce de la lui procurer. Il fait un creux autour du tronc et chaque jour y détourne pendant un certain temps la rigole qu'il possède. Quand il n'a point la quantité d'eau qui lui est nécessaire, le palmier ne meurt point, mais il ne produit plus de fruits. On dit qu'il y en a à N'gouça, près de Ouargla, vingt mille qui sont dans ce cas. Des coutumes qui ont force de lois fixent les droits et les devoirs des propriétaires. Ainsi la terre accordée à chaque palmier se détermine en décrivant autour de lui un cercle de onze pieds de rayon. Au delà, il y a lieu à procès. L'ombre d'un palmier se projetant sur un jardin voisin peut également donner lieu à un procès. Un palmier rapporte en moyenne une dizaine de francs. Il n'est en rapport qu'au bout de sept ou huit ans. Les premières années il a l'air d'un buisson, les palmes semblent sortir directement de la souche ; mais à mesure qu'elles tombent par le bas, le tronc se dégage, et chaque année il monte de quelques pouces jusqu'au point de devenir une mince et élégante colonnette écaillée de cent pieds de haut. On m'a dit qu'un arbre ne durait guère plus d'un siècle.

Il est deux questions sur lesquelles je me suis efforcé de recueillir de mon mieux l'opinion des colons pendant que nous traversions la province de Constantine et particulièrement pendant que nous étions à Biskra : je veux parler de l'insurrection de l'Aurès et de la mer intérieure. Je commence par dire, à propos de l'insurrection, qu'il est bien difficile de se renseigner exactement sur une question qui, comme celle-là, touche aux principes mêmes de l'administration algérienne. En toute affaire de ce genre, il se forme immédiatement dans la colonie deux opinions : ce qu'on pourrait appeler l'opinion civile et l'opinion militaire. Chacun, selon qu'il se rallie à l'une ou à l'autre, choisit les faits, accepte ceux qui lui conviennent, repousse ceux qui lui déplaisent, et finit par se faire de parti pris une idée très-fausse de la réalité. Un homme impartial est rare en Algérie. On aurait tort, je crois, de s'en émouvoir autrement, des passions juvéniles étant bien naturelles dans un pays neuf; mais cela ne rend pas les enquêtes aisées.

On se rappelle les évènements. Le 30 mai 1879, une bande composée de gens des Ouled-Daoud, des Beni-bou-Sliman et de l'Amar-Khradou, s'insurgea à El-Hammam, chez les Ouled-Daoud, et, s'attaquant particulièrement aux chefs des tribus de l'Aurès, massacra celui des Beni-bou-Sliman, Si-Moustafa

Bachtarzi, à T'Kout, celui des Ouled-Daoud, Bou-Diaf, au campement d'El-Anasser, et le fils de celui des Ouled-Abdi, Si-el-Hacen, au bordj de Taga, où un soldat français, six spahis et quinze serviteurs du caïd périrent également. Dans la nuit du 8 au 9 juin, elle attaqua le poste français de Rebaa et fut repoussée. Le gouvernement craignit un mouvement général, il assembla près de douze mille hommes qui marchèrent en trois colonnes vers le théâtre de la révolte. Après une rencontre insignifiante, les insurgés se soumirent, sauf cent cinquante ou deux cents hommes qui essayèrent de fuir et périrent de soif dans le désert.

Cette insurrection avait présenté des caractères singuliers. Les indigènes avaient frappé leurs chefs, et ils avaient ménagé les Européens qui se trouvaient sur leur territoire au moment de l'explosion. L'opinion civile décida aussitôt que le mouvement était dû aux exactions des grands chefs dont elle désire l'abolition. L'opinion militaire prétendit au contraire qu'il avait pour cause les prédications d'un fanatique nommé Mohamed-Amzian dit Mohamed-ben-Abderrhaman. Il faut avouer que la première avait les apparences pour elle bien plus que la seconde, et certains récits où l'on montrait le prétendu prophète faisant des miracles avec une marmite furent accueillis avec une incrédulité moqueuse dans la colonie. Deux enquêtes furent faites, l'une par une commission où dominait l'élément civil, l'autre par le général Forgemol, c'est-à-dire par un militaire. Est-il besoin de dire qu'elles aboutirent à des conclusions diamétralement opposées? Le premier rapport rejette tous les torts sur les caïds. On y lit :

> Tous les chemins de la montagne sont gardés par les gens des caïds, nous disaient-ils (les témoins indigènes appelés à déposer), et, si nous nous plaignons, nous serons sûrement maltraités. L'un d'eux, que nous avons vu trembler de tous ses membres, allait bien autrement loin dans ses sinistres prévisions : « J'ai peur, balbutiait-il, d'être jeté au silo. »
> Il a fallu, pour mettre fin à cette panique, que l'autorité militaire fît surveiller par des spahis la rentrée chez eux des déposants.
> En dépit de ces obstacles, du mutisme, des réticences, on peut même ajouter des contradictions des témoins, la vérité s'est fait jour. C'est même, si nous ne nous trompons, le premier témoin entendu, qui, après avoir si longtemps opposé la réserve et le silence à toutes nos questions, finit par laisser, malgré lui, échapper ce cri : « Où donc trouverait-on un caïd qui n'opprimât pas ses administrés? » Et, à partir de ce moment s'est déroulé sous nos yeux un tableau bien fait pour surprendre et dont on trouverait à peine le pendant au moyen âge, aux plus florissantes heures du régime féodal. Abus de toutes sortes, tailles, corvées, amendes, rien n'y manque. Et, malheur aux récalcitrants, aux retardataires; la bastonnade, la prison, quelquefois pire. Quand le chef, ou même simplement l'un de ses serviteurs, vient planter sa tente dans la tribu, tous les jours c'est liesse pour ses parents, ses amis et ses gens. Chacun pourvoit à sa table, fournit la *diffa* à son tour. Il faut que rien ne manque. Pour quelques œufs qui faisaient défaut, un déposant a subi vingt jours de prison. Et, si nous avions poussé plus loin nos investigations, il n'est pas bien certain que nous n'aurions pas découvert que cette diffa, en nature déjà si lourde, le contribuable la paie une deuxième fois en argent. Car, depuis la fin de nos séances publiques, nous avons relevé dans un document officiel ce fait, qu'en fin d'année les diffas, soi-disant avancées par le caïd, sont réparties en forme d'impôt ordinaire sur toute la tribu... Ce qui est hors de doute, dès à présent, c'est que, quel que soit l'accident déterminant, quelque parti qu'on ait cherché à tirer ultérieurement du fanatisme religieux,

la cause primordiale, principale du mouvement, ce sont les exactions des caïds ; que c'est contre eux seuls qu'il a été originairement dirigé ; que l'on n'entrevoit au début aucune intention agressive contre les Européens et leurs établissements, et que c'est au moment seulement où les colonnes françaises se portent en avant que les insurgés commencent à se préoccuper de nous et songent à nous attaquer.

Pour le second rapport, au contraire, c'est le fanatisme religieux qui a tout fait. Il constate qu'aucune accusation de concussion et d'abus d'autorité n'a été portée contre les caïds et ajoute :

Ce n'est donc pas dans le mécontentement résultant de faits administratifs et d'abus commis par les chefs indigènes qu'il faut chercher les causes du soulèvement ; *il ne peut être considéré que comme une conséquence du fanatisme musulman* et du désir qu'ont ces populations montagnardes de se soustraire à la domination du vainqueur, surtout parce que ce vainqueur est chrétien.

Tous les témoins entendus par les officiers de police judiciaire chargés d'établir le dossier qui servira à traduire les principaux coupables devant les tribunaux compétents ne laissent, dans leurs dispositions dont il m'était rendu compte journellement pendant la colonne, aucun doute sur cette importante question. Tous disent que Mohamed-ben-Abderrahman n'a jamais prêché que la guerre sainte et que son but constant a été de faire croire à la mission qu'il avait de débarrasser son pays de la domination des chrétiens.

Et ce qu'il y a de plus extraordinaire, c'est que le général Forgemol a signé les deux rapports. Après cela, devinez la vérité, si vous pouvez. Pour moi, j'étais fort perplexe, et j'avoue que les avis que j'ai recueillis tant à Biskra que dans le reste de la province de Constantine n'étaient pas faits pour me fixer. Là, la question se complique de passions locales qui sont loin de contribuer à élucider les choses. On a absolument voulu englober parmi les fauteurs de l'insurrection les Ben-Ganah, grande famille de Biskra qui depuis deux siècles a fourni des chefs à diverses tribus de l'Aurès et du Sahara. Elle est aujourd'hui fort impopulaire auprès des colons, et, à la première nouvelle du soulèvement, on n'a pas manqué de supposer qu'elle y devait participer d'une façon quelconque. Il m'a semblé qu'il entrait beaucoup de parti pris dans les accusations dont elle a été l'objet.

— Mais, demandais-je, pourquoi les Ben-Ganah, qui occupaient diverses positions fort enviées, se seraient-ils exposés à les perdre en se mêlant à une insurrection dont ils prévoyaient certainement l'insuccès ?

— Oh! ils ne s'y sont pas mêlés directement, me répondait-on, mais par leurs agents ils ont poussé les Chaouïas (1) à se révolter. Ils convoitaient les caïdats de l'Aurès, et, pour les avoir, ils commençaient par faire massacrer les caïds qui les occupaient.

Je crois que les indigènes en général poussent moins loin que nous le respect de la vie humaine, et qu'un ambitieux arabe est parfaitement capable de se débarrasser par des moyens violents d'un homme qui le gêne ; mais enfin je n'ai entendu citer aucun fait prouvant qu'on peut articuler contre les Ben-Ganah autre chose que des présomptions.

Depuis, j'ai eu la bonne fortune de rencontrer

(1) Berbères de l'Aurès.

M. Masqueray, le jeune savant dont j'ai déjà parlé, et cette obscure affaire de l'Aurès s'est enfin débrouillée pour moi. Il n'est probablement personne en Algérie qui connaisse le pays aussi bien que lui. Il y a passé deux ans, parlant la langue des indigènes, vivant sous leurs tentes, soigné par eux dans une maladie, pénétrant dans le fond de leur âme aussi bien que dans les détails intimes de leur existence (1). Il était encore parmi eux peu de temps avant l'insurrection, et j'estime que son témoignage vaut toutes les enquêtes. Les enquêtes n'entendent que des discours apprêtés; l'homme qui partage deux ans la vie d'un peuple le voit sentir et penser sous ses yeux, et connaît les secrets mobiles de ses actions.

Eh bien, des renseignements que je tiens de de M. Masqueray, je conclus que c'est nous, notre ignorance, nos fautes qui sommes la cause première de l'insurrection. Nous avons fait aux populations de l'Aurès une situation telle, que ce qui est surprenant, ce n'est pas qu'elles se soient révoltées, mais c'est qu'elles aient montré tant de patience. Quand nous sommes arrivés en Afrique, nous ignorions complètement à quelles populations, à quelles races, à quelles langues, à quelles institutions nous avions affaire. Pour mettre un peu d'ordre au milieu de la confusion qui suivit la conquête, nous avons impro-

---

(1) M. Masqueray s'occupait de recherches archéologiques. Voir les brochures : *Note concernant les Ouled-Daoud, Ruines anciennes de Khenchela à Besseriani*, et divers travaux dans le *Bulletin de la Société géographique*.

visé d'urgence un régime administratif : un rouage provient de l'inspiration personnelle d'un gouverneur, un autre a été emprunté aux systèmes des conquérants qui nous avaient précédés. Tel quel, nous lui devons la pacification du pays. Le tort a été d'en rester à cette improvisation. Bonne comme moyen provisoire, nous eussions dû nous appliquer à en corriger les imperfections. C'est ce que nous n'avons pas fait. Nous avions commis au début une erreur énorme, en traitant l'Algérie comme un pays uni, d'une seule race et d'une seule langue. Et, cette erreur étant reconnue aujourd'hui, l'administration continue à s'en arranger.

Il y avait en présence deux races principales : la race berbère et la race arabe, l'une conquise et l'autre conquérante. L'une avait réalisé ce grand progrès d'avoir constitué sa société en dehors de toute idée religieuse, de posséder des institutions civiles. Par ces institutions et par sa langue qu'elle avait gardées sur un grand nombre de points, elle résistait encore à la conquête arabe. De plus, elle était la majorité, la grande majorité. L'autre formait une société dont la base était le Coran. Langue, mœurs, institutions, idées, tout lui venait de ce livre : toucher à l'une d'elle, c'était toucher à ses croyances. Pour transformer la première et nous l'assimiler, nous n'avions à vaincre que la répugnance que l'homme éprouve à changer d'usages. Pour transformer la seconde, il fallait surmonter l'obstacle autrement redoutable de la foi religieuse. La défense des institutions civiles n'inspire que des patriotes; la défense des institutions religieuses fait des martyrs. On sait quels sont les plus obstinés : l'homme qui ne défend que les biens d'ici-bas peut composer, céder ; celui qui croit avoir à défendre son salut éternel est indomptable.

Le plus vulgaire bon sens indiquait que nous devions favoriser les Berbères, leur langue, leurs institutions, et nous efforcer de les éloigner encore des Arabes pour les rapprocher de nous. Or nous avons fait exactement le contraire. Nous avons sacrifié la majorité à la minorité, les assimilables aux irréconciliables, l'élément civil à l'élément religieux. Nous avons imposé la conquête arabe aux indigènes qui l'avaient repoussée, nous nous sommes faits les agents de l'islamisme, nous avons agrandi de nos propres mains l'abîme qui nous sépare des indigènes. Le fait peut paraître incroyable, il n'en est malheureusement point d'aussi facile à démontrer. Quand les Français ont débarqué en Algérie, ils étaient persuadés qu'ils n'allaient rencontrer que des Arabes, et, pendant longtemps, les documents officiels ont désigné tous les indigènes indistinctement sous ce nom. Nous avons pris nos mesures en conséquence, nous avons décidé qu'on emploierait la langue arabe pour parler aux indigènes et qu'on invoquerait la loi musulmane pour les régir ; de sorte que, depuis cinquante ans, nous arabisons et nous islamisons des populations qui ne parlent pas l'arabe et qui ne reconnaissent pas la loi musulmane.

Voyez comment nous avons agi dans l'Aurès. Les

Berbères de ce pays s'étaient défaits de la loi musulmane ; nous la leur avons réimposée en 1866, en leur imposant des cadis. Ils parlaient le chaouïa, dialecte du berbère, et nous ne communiquons avec eux qu'au moyen de l'arabe, que nous les obligeons ainsi à apprendre. Ils avaient de petits saints locaux fort inoffensifs, nous leur avons fait la guerre et nous avons poussé les dévots vers les confréries des Khouans, ces foyers de fanatisme où s'alimente la haine du chrétien.

Notre ignorance fausse toutes nos mesures. Ne sachant pas l'histoire de l'Aurès, nous avons réuni des groupes autrefois hostiles pour former les Ouled-Abdi et et les Amâmra actuels, nous avons laissé subsister côte à côte des groupes divisés par de vieilles haines comme les Ouled-Daoud, les Ou-Djana et les Beni-bou-Sliman, et, pour commander ces tribus, nous avons pris des personnages indigènes de provenances extrêmement diverses. Le caïd des Ouled-Abdi est un ancien canonnier au service du bey de Constantine, le caïd Ben-Bachtarzi des Beni-bou-Sliman était petit-fils d'un tailleur, enfin le caïd des Ouled-Daoud, Bou-Diaf, était fils et petit-fils de personnages qui avaient été, au service des Turcs et au nôtre, les ennemis acharnés des populations que nous lui avions données à commander. Qui ne voit que des fonctionnaires de ce genre, détestés de leurs administrés pour des causes que notre ignorance nous empêche d'apprécier, ne peuvent se maintenir que par la menace de notre intervention, et qu'il est inutile de supposer qu'ils ont commis plus d'exactions que les autres pour expliquer une révolte contre eux ?

En contrariant ainsi les tendances des Berbères de l'Aurès, en leur imposant des chefs qu'ils ne peuvent aimer et qui ne peuvent nous faire aimer, notre domination leur a-t-elle du moins procuré quelque avantage matériel en compensation? Aucun. Les Ouled-Daoud disaient à M. Masqueray :

— Pourquoi ne nous gouvernez-vous pas vous-mêmes ? Nous ne nous plaignons pas de Bou-Diaf en tant que caïd, et d'ailleurs la paix présente vaut mieux que l'ancien temps; mais vous, vous êtes des *gens de justice*, des *cheurfa* (nobles). Si vous vouliez dire seulement que Mahomed est prophète, vous nous précéderiez dans le paradis. Or nous ne communiquons jamais avec vous. Que faites-vous de nos contributions et de nos amendes? Ne pouvez-vous donc pas nous donner des routes et des marchés, par exemple, un marché dans la plaine de Medina? »

Ni routes, ni marchés, ni écoles, nous n'avons rien fait pour eux, non plus que pour l'immense majorité des indigènes de l'Algérie. Pas un sou des contributions qu'ils paient depuis près de quarante ans n'est retourné à eux sous une forme quelconque. Ainsi abandonnés, la situation des indigènes de l'Aurès a fort empiré depuis notre établissement en Afrique. Les produits que leur sol ne leur donne pas et qu'ils sont obligés d'importer ont considérablement enchéri, tandis que leur production, paralysée par le manque de routes et de marchés, est restée stationnaire. Leur existence est devenue fort précaire, ils ont dû emprunter, et aujourd'hui l'usure les ronge. On s'est étonné que les Ouled-Daoud se soient révoltés au moment où leurs récoltes étaient encore sur pied. Et que leur importait si ces récoltes étaient saisies par les juifs! Mieux vaut encore recevoir un coup de fusil que de mourir lentement de misère.

On voit que les deux rapports officiels ne donnent qu'une faible idée des causes multiples qui ont déterminé l'échauffourée de l'Aurès en mai 1879. Qu'il faille accuser les exactions des chefs et le fanatisme religieux, c'est possible; mais accusons-nous aussi nous-mêmes. Je le déclare avec conviction et j'espère le démontrer plus loin dans un chapitre spécial, l'état d'ilotisme où nous tenons les indigènes de l'Algérie est une honte pour un pays qui s'est toujours glorifié de marcher à la tête de la civilisation.

Le projet de la mer intérieure peut être considéré comme abandonné, et il n'a jamais compté de nombreux partisans en Algérie, où en matière de travaux publics le nécessaire manque encore trop souvent aux colons pour qu'ils songent au superflu. L'idée en est assez ancienne, et Shaw, au commencement du siècle dernier, avait déjà émis l'avis que la dépression que l'on observe au sud de la régence de Tunis et de la province de Constantine n'était autre que l'ancienne baie Triton d'Hérodote.

Trois grands chotts occupent le fond de cette dépression: le chott Djerid, le chott Rharsa et le chott Melrhir. Il y en a encore quelques autres, mais beaucoup plus petits. La surface de ces chotts est une espèce de croûte sablonneuse couverte de sel blanc, assez dure en quelques endroits pour permettre aux caravanes de passer, et boueuse dans les autres. Les deux premiers sont situés dans la régence de Tunis et le troisième dans la province de Constantine où il commence à deux journées sud-est de Biskra. On m'a dit que de l'oasis on l'apercevait quelquefois comme un mince liséré bleuâtre. La dépression a une longueur totale de 350 kilomètres et occupe un espace d'environ 15,000 kilomètres carrés, c'est-à-dire que, sur une carte où l'on a de la peine à couvrir le Sahara avec la main, on peut la couvrir avec le bout du doigt. Quand donc on parle de mer du Sahara, il ne faut pas se laisser abuser par les mots, c'est une minime partie du Sahara qu'il est question de submerger; le projet n'a jamais eu la portée grandiose que j'ai vu bien des gens lui prêter; il garde un caractère tout local.

Dès 1849, M. Dubocq, ingénieur des mines, constata par des relevés barométriques que le niveau du chott Melrhir était à 20 mètres au-dessous de celui de la Méditerranée, et peu de temps après, M. Virlet d'Aoust soutint qu'il serait possible d'y ramener les eaux de la mer. Plus tard MM. Charles Martins et Duveyrier appuyèrent ces conclusions, que M. Pomel, alors conseiller général et depuis sénateur d'Oran, combattit en 1872 avec beaucoup de vigueur. Mais la question ne sortait point d'un cercle fort restreint de savants, lorsque, en 1874, M. le capitaine Roudaire la rendit populaire en la traitant dans un article de la *Revue des Deux-Mondes* intitulé : *Une mer intérieure en Algérie*. Une discussion fort animée fut aussitôt entamée, elle se poursuivit pendant trois ans et passionna un moment le public. M. Roudaire, à l'aide de fonds mis à sa disposition par le gouvernement, retourna deux fois en Afrique où il opéra le nivellement de la région des chotts dans toute sa longueur; la Société de géographie italienne et le gouvernement tunisien envoyèrent chacun de leur côté une expédition; M. de Lesseps même se rendit à Cabès. L'Académie des sciences discuta ces travaux dans des séances où MM. Cosson, Houyvet et Naudin se firent remarquer parmi les adversaires de la mer intérieure, et M. Pomel revint à la charge dans une brochure qui parut concluante à beaucoup de gens. Le projet de M. Roudaire est sorti du débat à peu près condamné.

Et d'abord est-il praticable? Si la région des chotts est bien l'emplacement de l'ancienne baie Triton, ce qui n'est pas absolument démontré, les causes qui ont fait disparaître ce lac ne tendront-elles pas à faire disparaître la nouvelle mer? « Il ne suffit pas de rétablir une mer intérieure en Algérie, disait M. Houyvet dans une communication à l'Académie des sciences, il faudrait la maintenir. Or, en supposant la mer établie au moyen d'un canal, cette mer perdrait tous les jours une énorme quantité d'eau par l'évaporation, sans qu'il lui arrivât une quantité d'eau douce équivalente. L'eau évaporée ne serait remplacée que par l'eau salée, amenée par le canal, et bientôt la mer intérieure serait arrivée à son maximum de saturation. L'évaporation continuant, il se ferait un dépôt de sel qui finirait par remplir la mer intérieure, de sorte que le projet soumis à l'Académie aurait pour résultat de créer une immense saline. » M. Roudaire a fait remarquer que la mer Rouge et la mer Méditerranée elle-même perdent par l'évaporation beaucoup plus d'eau qu'elles n'en reçoivent par leurs affluents, et qu'elles sont alimentées par l'Océan sans que leur degré de salure en soit augmentée sensiblement. « Chaque fois, dit l'ingénieur Fuchs, que deux masses liquides (mers, golfes, lacs) d'inégale salure, et par suite d'inégale densité, sont en communication par un canal, il s'établit un courant superficiel qui amène l'eau la moins chargée de sel dans le réservoir le plus salé, et un autre courant de fond qui agit en sens inverse et qui tend d'une manière constante à rétablir l'équilibre. » Des courants de ce genre ont été constatés à Gibraltar et dans le détroit de Bab-el-Mandeb. Cependant l'objection de M. Houyvet n'en reste pas moins fort sérieuse. En effet, ces courants ne peuvent s'établir qu'autant que la profondeur du canal de jonction est égale à la profondeur du bassin dans lequel l'évaporation a lieu. Pour obéir à cette nécessité le canal de jonction entre la mer intérieure et le golfe de Gabès devra avoir 25 mètres de profondeur au-dessous du niveau de la mer. Or, comme l'isthme de Gabès qu'il faudra percer a une hauteur moyenne de 35 mètres, la tranchée à creuser aura donc en tout 60 mètres de profondeur, travail énorme que les indications de M. Roudaire ne faisaient pas prévoir.

Sur combien de kilomètres devra se poursuivre ce déblai? Le nivellement géométrique de M. Roudaire a abouti à cette découverte, que les chotts Melrhir et Rharsa sont seuls plus bas que la Méditerranée, et que le chott Djerid, au contraire, est à une hauteur moyenne de 21 mètres 65 au-dessus du niveau de la mer, de sorte que le bassin saharien actuellement inondable commence non pas à 17 kilomètres comme on le supposait d'abord, mais bien 143 kilomètres de distance du golfe de Gabès. 143 kilomètres de canal pour amener la mer au lieu de 17, cela change singulièrement les choses. Il est vrai que M. Roudaire prétend que l'élévation du Djerid n'est qu'apparente et qu'un immense lac souterrain existe sous la croûte de sable et de sel qui forme le fond actuel du chott. Il cite différents faits à l'appui; il a vu, dit-il, la croûte du chott osciller sous un grand vent ce qui prouve qu'elle n'adhère pas au fond du bassin; quand on creuse un trou dans cette croûte, il se remplit immédiatement jusqu'au bord d'une eau limpide et plus salée que celle de la mer; enfin, les historiens arabes parlent de plusieurs caravanes qui ont disparu englouties dans les gouffres du chott à la suite d'une rupture de la croûte qui les portait. M. Pomel répond avec raison : La superficie du chott est de 5,000 kilomètres carrés; par quel miracle le sel et le sable, au lieu d'obéir aux lois de la pesanteur et de tomber au fond de votre prétendu lac, se maintiennent-ils à la surface? Où trouve-t-on dans la nature un exemple qui puisse aider à croire à une pareille anomalie? Ce qu'il y a au fond du Djerid, c'est de la boue, et, si vous mettiez ce chott en communication avec le chott Rharsa, celui-ci serait aussitôt rempli par la vase qui s'échapperait de l'autre.

Si la praticabilité de la mer intérieure est fort problématique, son utilité l'est encore davantage. M. Roudaire a montré beaucoup d'imagination dans l'énumération des résultats qu'elle produirait, mais les savants ont mis quelque obstination à ne pas se laisser convaincre. Le plus important serait « une amélioration profonde du climat de l'Algérie et de la Tunisie ». D'après M. Roudaire, il arriverait au nord de la mer intérieure ce qui est arrivé au nord des lacs Amers. Depuis que ceux-ci ont été remplis d'eau par l'ouverture du canal de Suez, des améliorations importantes se sont produites aux environs. Dans un pays où il ne pleuvait jamais il y a vingt ans, tombent maintenant chaque année des pluies considérables qui proviennent de l'évaporation des lacs. Il en serait de même en Algérie; l'évaporation moyenne qui se produirait sur la surface de la mer intérieure serait de 39 millions 150,000 mètres cubes par jour. Cette énorme masse d'eau, en essayant de remonter les pentes de l'Aurès, se refroidirait, se condenserait en nuages, et retomberait en pluies qui fertiliseraient le versant méridional de la chaîne et y transformeraient les torrents actuels en rivières permanentes. De Chegga à la frontière tunisienne, s'étend une plaine de 150 kilomètres de long sur 40 de large qui deviendrait une immense oasis où réussirait admirablement le coton. Et les bienfaits de la mer intérieure ne seraient pas limités seulement à cette région, ils s'étendraient à toute la province de Constantine. Le sirocco, qui dessèche aujourd'hui les moissons quand il souffle, se chargerait de vapeurs en passant au-dessus de la nouvelle mer ; de nuisible il deviendrait bienfaisant, et les hauts-plateaux qui manquent également d'eau seraient abondamment arrosés. Il n'y aurait plus de sécheresses et toute la province serait verdoyante.

Le tableau est séduisant, mais M. Roudaire oublie que les pluies sont le résultat de deux causes : l'évaporation qui fournit l'eau et les vents qui la distribuent. Il ne suffit pas qu'un pays soit à proximité d'une surface d'évaporation pour qu'il ait des pluies. Les îles du cap Vert sont vouées à la sécheresse au milieu de l'Océan, les rivages de la mer Rouge sont une des régions les plus désolées du monde, ceux mêmes du golfe de Gabès ne sont pas beaucoup mieux arrosés. A priori, il n'est donc nullement démontré que le voisinage de la mer intérieure donnera des pluies aux territoires algériens qui en manquent actuellement, et, après sérieux examen, les savants ont conclu que les vents qui dominent dans cette partie du Sahara portent vers le Sud, de sorte que les vapeurs, au lieu de se diriger vers l'Aurès, iraient se perdre dans la région des grandes Dunes.

Les savants ne croient point non plus que la mer intérieure puisse avoir une influence heureuse sur les conditions hygiéniques du pays. En effet, sous les climats chauds, la race blanche supporte assez bien la chaleur sèche, mais elle s'énerve et dépérit avec une chaleur humide. Déjà, dans les oasis de l'Oued-Rhir, qui sont soigneusement irriguées, les noirs seuls peuvent résister à l'été, tandis que les Arabes et les Berbères sont obligés de se réfugier dans des vallées tout aussi chaudes, mais plus sèches. Que serait-ce lorsque la mer intérieure existerait? Quant aux autres avantages que M. Roudaire prêtait à son projet, tels que l'ouverture d'une nouvelle voie commerciale pour les caravanes de l'intérieur de l'Afrique et les facilités données à la défense de l'Algérie, par ce fait que nos troupes pourraient débarquer au sud de Biskra, ils seront obtenus par des moyens moins extraordinaires. Le chemin de fer de Biskra transportera nos troupes dans le désert beaucoup plus rapidement que des navires obligés d'aller passer par le golfe de Gabès, et le chemin de fer transsaharien constituera pour le Soudan un moyen de transport qui fera négliger tous les autres.

La question de la mer du Sahara peut donc être considérée comme vidée. Idée hardie qui a frappé les imaginations, elle n'aura pas été absolument stérile. Elle a contribué à faire connaître le sud algérien, et il en restera les beaux travaux de nivellement que M. Roudaire a conduits avec une intelligence et une activité qui justifient pleinement les récompenses dont il a été l'objet.

DE CONSTANTINE A BOUGIE

Les Abd-en-Nour. — Sétif. — Le Châbet-el-Akhra. — La vallée de l'Oued-Aguerioun. — Bougie.

La caravane parlementaire revint de Biskra à Constantine par le chemin qu'elle avait suivi à l'aller. Elle quitta définitivement cette dernière ville le 9 octobre. La compagnie du chemin de fer de Constantine à Sétif avait mis un train spécial à sa disposition.

La voie traverse dans toute sa longueur la vaste plaine des Abd-en-Nour, dont on évalue la superficie à plus de 110,000 hectares. Le paysage est le même qu'entre Bordj-Sabat et Constantine, Constantine et Batna. Toujours même nudité. Pas un arbre, pas un buisson. Une plaine sans fin faiblement ondulée par endroits, où les nuages traînaient des ombres immenses. C'est au printemps, alors que le blé la couvre d'un manteau vert, qu'il faudrait la voir; mais en octobre qu'elle est triste et comme l'œil s'y ennuie! Un dicton indigène dit de ce morne pays : c'est une terre qui produit de l'or. Les céréales y donnent en effet de splendides récoltes, à condition toutefois qu'il tombe suffisamment d'eau. Or, les pluies ayant manqué depuis trois ans, les colons se plaignent dans les stations où nous nous arrêtons.

La grande tribu des Abd-en-Nour offre au philosophe le curieux exemple d'une population en train de passer de la vie nomade à la vie sédentaire, qui franchit ce que nous regardons comme la seconde des trois grandes étapes de la civilisation, et de pastorale devient agricole. Si attaché que soit le nomade à son genre d'existence, il finit donc par se laisser séduire au contact des sédentaires ; l'amour du bien-être et le désir des richesses ont aussi prise sur son cœur ; la prose d'une vie régulière, assurée, plantureuse, a raison de la poésie des aventures. Si divergentes que soient les façons dont ils y tendent, les hommes n'ont qu'un but : le bonheur, autrement dit la satisfaction de leurs besoins. Il faut croire que les besoins matériels l'emportent toujours tôt ou tard sur les autres, et, comme il n'y a qu'une façon de les contenter, tous les groupes de l'humanité finissent par suivre la même route dans leur marche progressive.

Au moment de la conquête française, les Abd-en-Nour vivaient encore sous la tente. Ils consacraient tous leurs soins à leurs troupeaux, parmi lesquels on voyait plusieurs milliers de chameaux, et ils n'ensemençaient de leurs terres que juste ce qui était indispensable pour les nécessités les plus urgentes. A mesure que nos négociants leur ont demandé du blé et leur ont offert en échange des marchandises qui les tentaient, ils ont semé davantage. Puis, pour mieux surveiller leurs cultures, ils se sont peu à peu fixés auprès d'elles et se sont bâtis des cabanes permanentes. La transformation s'est opérée assez rapidement. Ils ont vendu leurs chameaux pour les remplacer par des chevaux et des mules, et aujourd'hui on voit dans la plaine de nombreux villages de quarante à cinquante maisonnettes faites de pierres ou de briques séchées au soleil. La plupart d'entre elles sont accompagnées de petites tours rondes de deux à trois mètres de haut qui intriguent passablement les voyageurs. Ce sont des magasins d'oukid. L'oukid est de la bouse de vache que l'on met en mottes pour la faire sécher, et qui sert de combustible dans ce pays privé de bois. Ces villages arabes sont bien mal outillés; leurs propriétaires, qui, hier encore, parcouraient les vastes espaces inondés de soleil, ne sentent pas le besoin des ombrages et n'ont pas planté un seul arbre; il n'y a point de chemins, point de places, point de mosquées, point d'édifices publics. Ces pauvres maisons, éparpillées au hasard comme des tentes que l'on a dressées un soir au lieu de campement, ne sont point égayées par ces jardins où l'homme depuis longtemps attaché à la terre cultive les légumes qui varient sa cuisine, élève des arbustes fruitiers, sème quelques fleurs. Elles sont toutes poudreuses du sol pulvérisé d'où elles émergent nues et tristes; l'absence de tout embellissement aux alentours les fait paraître abandonnées. Ce sont bien des habitations sédentaires, mais on sent que ceux qui les habitent sont d'anciens nomades qui n'ont pas encore appris à les aimer.

Des villages européens prospères sont entrés en

concurrence, depuis quelques années, avec les Abd-en-Nour. Nous avons vu en passant Saint-Donat et Saint-Arnaud. Ce premier nom appelle une remarque qui pourra amuser les chercheurs de curiosités étymologiques. Saint-Donat est tout bonnement une corruption du mot arabe Saadouna. Nos compatriotes sont responsables de plus d'un à-peu-près de ce genre. Kef-el-Moktar est devenu café de Moka; Bou-Zacraïa, le bois sacré. Muley Abd-el-Kader a toujours été pour nos soldats le mulet d'Abd-el-Kader, appellation qui finira par prévaloir.

Qui a vu Guelma a vu Batna, qui a vu Batna a vu Sétif. Le génie avait un plan uniforme pour les camps militaires, et, quand la population civile est venue s'installer auprès des garnisons, elle s'est guidée dessus. C'est l'histoire des trois villes que je viens de citer. Une enceinte rectangulaire, quatre portes et deux rues en croix; leur description est bientôt faite. Il faut ajouter pour Sétif que ses rues sont plantées d'énormes mûriers qui lui font de beaux ombrages. Un jardin extérieur où l'on a aligné des débris de colonnes et des pierres tombales, derniers restes de la Sitifis romaine, un fort pour lequel on a utilisé les murs d'un castellum romain, une jolie mosaïque trouvée à Aïn-Temouchent, constituent à peu près toutes les curiosités de la ville. Les environs sont plats, comme tout le reste du pays, et par conséquent sans pittoresque.

Sétif a exprimé deux vœux à la députation : elle demande que l'on crée un département de la Kabylie, et elle voudrait en être le chef-lieu. Le principal titre qu'elle fait valoir est qu'elle est le centre de la région à blé la plus riche de l'Algérie. Cette région commence à peine à être exploitée. Les premiers colons y vinrent en 1847, mais l'absence de communications y paralysa vingt-cinq ans tout développement. Bougie, le port le plus rapproché, était séparé d'elle par le massif des Babors, qui semblait infranchissable; Philippeville était à 210 kilomètres, et il n'y avait point de route pour y aller. Les 100 kilos de blé se payaient 11 francs sur place, et il en fallait dépenser 15 pour les transporter sur ce point. A quoi servait la fertilité du sol, puisqu'on n'en pouvait écouler les produits? Aujourd'hui la situation a heureusement changé : un chemin de fer conduit à Philippeville, une bonne route mène à Bougie. La confiscation des biens de Mokrani et de la tribu des Hachem, à la suite de l'insurrection de 1871, a fourni dans l'arrondissement 25,000 hectares de bonnes terres à la colonisation. Les produits de la Medjana et du Hodna affluent sur le marché. Plus de dix mille indigènes y viennent chaque dimanche, amenant du blé, de l'orge, des cuirs, des laines, des bestiaux. La ville n'a encore que 9,000 habitants environ, dont à peine 2,000 Français, mais tous les Algériens m'ont paru d'accord pour lui prédire un brillant avenir.

A Constantine, on se plaint de la Société Algérienne; à Sétif, on gémit sur la Compagnie Genevoise. C'est une société étrangère, le gouvernement impérial ne lui en accorda pas moins, en 1853, 20,000 hectares de biens domaniaux, à la condition qu'elle ferait venir, et qu'elle installerait, en avançant les frais des constructions, cinq cents familles de colons européens à chacune desquelles l'État concédait 20 hectares de terres, plus l'usage de 2,000 hectares de communaux. Il s'est trouvé que l'État et la Société ont fait également une mauvaise affaire, et il paraît bien démontré aujourd'hui que les grandes compagnies donnent de piètres résultats en matière de colonisation. La Compagnie Genevoise construisit ses maisons avec un luxe fort inutile dans le pays, et imposa aux colons une redevance annuelle pour se faire rembourser. De bons Suisses, apprenant qu'on mettait 20 hectares à leur disposition, et jugeant de la valeur de ces terres par celles de leur pays, accoururent. Les premières années tout alla bien. La Russie, en guerre avec la France, n'exportait plus; une hausse factice régnait sur les grains; le territoire des environs de Sétif se couvrit de moissons, la terre presque vierge donna jusqu'à treize hectolitres et demi à l'hectare, on vendit à un bon prix et on gagna de l'argent.

Mais, avec la paix, la valeur des grains revint au taux normal; le rendement des terres, promptement épuisées, tomba à neuf hectolitres par hectare; les colons, obligés de payer une rente trop lourde à la Compagnie, se ruinèrent, et, ne pouvant emprunter sur des propriétés ainsi grevées, quittèrent le pays découragés. On remplaça les Suisses par des Savoyards et des Piémontais, qui ne purent pas davantage payer leurs redevances et se retirèrent à leur tour. Il n'en resta pas le dixième dans l'arrondissement de Sétif. La Compagnie se trouva avec cinq millions de capitaux engagés, des maisons dont elle n'avait pu se faire rembourser le prix, et des terres qu'elle ne trouva pas à vendre, pour cette excellente raison que l'État en distribuait gratuitement aux colons dans les environs. Dégoûtée de l'exploitation directe par le double échec qu'elle avait essuyé, elle s'est décidée à louer tout simplement ses propriétés à des Arabes, qui en obtiennent de modestes récoltes de quatre à cinq hectolitres à l'hectare. L'entreprise n'a donc abouti finalement qu'à immobiliser entre les mains de la culture indigène 20,000 hectares de bonnes terres domaniales. C'est exactement le contraire du résultat que l'on avait en vue. Aussi les colons demandent-ils qu'on exproprie la Compagnie pour rendre ses biens à l'activité européenne. Quatre ou cinq cents familles en pourraient vivre aisément.

A quelques kilomètres de Sétif, la route de Bougie s'engage dans la petite Kabylie. Le pays est toujours nu, mais il est très-accidenté. La route court comme une mince entaille sur le flanc d'une montagne, dont les nombreux contreforts lui font décrire mille ondulations. Le sol est noir comme s'il était fait de poussière de charbon, et, quand ils sont rafraîchis par la rosée du matin, les chaumes, que les indigènes laissent fort longs, brillent sur ce fond sombre comme autant d'aiguilles d'or. A Takitount, nous descendons dans un ravin où l'on nous montre une source qui s'échappe du rocher par un tuyau de bois. C'est une eau minérale d'un goût agréable qui rappelle certaines sources de Vichy. Un industriel en avait entrepris l'exploitation avant 1871; mais l'insurrection incendia son établissement, qui n'a pas été relevé. On m'a raconté que l'État, auquel elle appartient, veut à tout prix s'en faire un revenu. Avec la charge d'une redevance, l'exploitation n'est pas rémunératrice; mais sans redevance, point de revenu pour l'État. On n'est pas encore parvenu à sortir de ce dilemme, et l'eau de la source s'en va se perdre dans le ruisseau voisin, en attendant qu'un administrateur de génie ait trouvé la solution. Les colons m'ont assez souvent parlé de l'eau de Takitount, et paraissent disposés à en faire leur eau de table préférée, mais encore faudrait-il qu'on leur en fournisse.

Au même endroit, l'un de nos camarades fut fort étonné. Il avait lu sur son guide : Takitount, commune indigène de 24,000 âmes. Diable! se disait-il, c'est une grande ville indigène; je ne soupçonnais pas qu'il y eût d'aussi fortes agglomérations en Algérie; les voyageurs n'en ont pas parlé. Et il cherchait sa ville, et il ne trouvait qu'un bordj sur l'arête d'une hauteur, une auberge où se faisait le relais, et une grande et haute maison sur laquelle je ne répéterai aucune des médisances que j'ai entendues.

— Mais Takitount? demandait-il.

— Le voilà, lui répondit-on.

Il fallut lui expliquer que les mots commune mixte, commune indigène, ne désignent pas un centre communal, mais des circonscriptions administratives très-vastes. Quelques-unes de ces dernières sont plus grandes que des arrondissements français. Celle de Biskra a plus de 100,000 habitants.

A partir de Takitount la route descend rapidement, on marche sur la massive chaîne des Babors, la plus imposante, je crois, que j'aie vue en Algérie; la crête en est très-sauvagement découpée. Le village de Keratas, où nous nous arrêtons pour déjeûner, est situé au pied, à l'entrée de la gorge du Chabet-el-Akhra, le défilé de l'agonie, que l'on regarde comme une des merveilles naturelles du monde. Les anciens gravaient les faits remarquables sur la pierre, mais les temps modernes n'ont pas le génie des inscriptions. Un pauvre placard lithographié, collé sur le mur de l'auberge, apprend aux passants ce qu'il a fallu de travaux pour le rendre praticable. Le commandant Capdepont reconnut le premier, il y a une quinzaine d'années, ce ravin extraordinaire et conçut l'idée d'y faire passer la route par laquelle on cherchait à relier Sétif à Bougie. Ce fut une œuvre colossale qui demanda sept ans de travaux et ne fut terminée qu'en 1870. On employa 100,000 kilos de poudre à faire sauter des rochers; on déblaya 200,000 mètres cubes de pierre; on utilisa 274,000 journées d'ouvriers et on dépensa 1,630,000 francs. Au milieu du ravin même il fallut construire un pont de sept arches pour franchir l'Oued-Aguerioun, et à quelque distance de l'entrée on a dû couvrir la route d'un tunnel pour la préserver des avalanches de pierres.

Le Chabet-el-Akhra a 6,200 mètres de long. Les montagnes qui le surplombent ont en un point jusqu'à 1,600 mètres de haut. Parfois on pourrait se croire au fond d'un puits immense et on ne voit qu'un petit coin de ciel. Les bouleversements géologiques ont accidenté de mille manières les parois de cette gigantesque fissure. Tantôt elles s'élancent en pics aigus, tantôt en tours à demi ruinées ; tantôt on dirait une façade polie, tantôt une muraille qui s'écroule. L'Oued-Aguerioun coule au fond au milieu de gros blocs déchaussés que ces eaux torrentueuses ont polis et blanchis. Des broussailles, à travers lesquels volent des milliers de pigeons, poussent dans les anfractuosités et adoucissent un peu la mine terrible de ces colosses de pierre. En quelques endroits où la pente est moins verticale, elles sont très-drues, et des arbres, le pied pris dans des fentes, se penchent au-dessus du gouffre comme attirés par le vertige. L'air est lourd. Une sorte de majesté redoutable vous oppresse. Cependant, je n'admire décidément que par réflexion ces spectacles qu'on ne contemple qu'en se tordant le cou. J'ai senti là la même impression qu'aux gorges du Rummel : je n'aime pas que l'horizon me manque et que d'énormes masses me menacent stupidement. Le Chabet est un des endroits de l'Algérie où il existe encore des singes. Une petite troupe de cinq pithèques se montra à nous sur l'autre bord du ravin. Je ne sais si elle avait été commandée d'avance, mais elle se conduisit de la façon la plus convenable. Ses cinq membres défilèrent lentement les uns après les autres, nous donnant, avant de se perdre sous bois, tout le temps d'examiner leur museau noir et leur pelage roux. On leur tira un coup de fusil et l'un d'eux poussa l'esprit d'à propos jusqu'à boiter en se retirant.

Enfin, nous rentrons dans l'Algérie verdoyante ! Un

superbe bosquet de citronnier nous avertit que, bien que nous allions vers le nord, nous avons changé de climat et rencontré un ciel plus clément. C'est que Sétif est élevé de plus de 1,000 mètres au-dessus de la mer, et qu'en 80 kilomètres on descend jusqu'au bord de la Méditerannée. Nous suivons l'Aguerioun jusqu'à son embouchure au milieu d'une exubérante végétation. En un moment nous voyons plus d'arbres qu'il n'y en a dans toute la partie des hauts plateaux que nous avons parcourue. Quel fouillis de verdure! Il semble que c'est une patrie que nous retrouvons. Les oliviers sauvages, les caroubiers, les chênes, les trembles et vingt autres essences se pressent sans s'étouffer. Et nous nous écrions:
— Comment ce beau pays n'est-il pas encore défriché? »

Un colon nous montre des lauriers-roses qui bordent la rivière.

— Vous voyez ces buissons?
— Oui.
— C'est la plante de la fièvre. Partout où vous verrez des lauriers-roses, l'eau est mauvaise, et les premiers colons qui s'installent assainissent à leurs dépens.

Au bord de la mer, c'est une nouvelle série d'enchantements. Nulle part nous n'avons vu une aussi opulente nature. La vigne s'accroche en folles guirlandes dans les arbres, le sous-bois est tapissé de bruyères en fleurs, le luisant de la plupart des feuillages ajoute à l'air général de grasse fertilité, de bonnes senteurs emplissent l'air, des centaines d'oiseaux se font entendre dans les buissons. La baie de Bougie s'étale en un immense cercle dont une dizaine de promontoires bossuent la courbe, et après chacun d'eux nous voyons une gorge verdoyante s'ouvrir dans l'intérieur du pays. La mer est bleue, les montagnes sont vertes, la lumière est limpide, le ciel est d'une adorable pureté, le paysage est gracieux sans mollesse, vaste sans être accablant et d'une variété infinie. Il semble qu'on y serait heureux, sans s'y efféminer. Ah! que voilà bien l'endroit où l'on voudrait vivre et mourir!

La reine de ce petit paradis, Bougie, passe avec raison pour une des plus jolies villes de l'Algérie. Moi, je dirais la plus jolie. Sans conteste, il en est peu d'aussi pittoresques. Le peuple, qui a choisi l'emplacement des villes en Algérie, paraît avoir affectionné particulièrement les pentes raides sur lesquelles les maisons s'étalent en amphithéâtre aux yeux du marin. Le mont Gouraïa s'avance en longue presqu'île entre la mer et la baie. Sur le versant qui regarde la baie est bâtie Bougie, dont l'assiette a une telle inclinaison que le cinquième étage de certaines maisons est de plain-pied avec la rue qui passe derrière. La ville est serrée et comme encadrée entre la Kasbah, fortification espagnole en briques, et le fort Abd-el-Kader, construction arabe si massive qu'on la dirait taillée dans un rocher. Le long du port subsistent quelques pans d'une épaisse muraille de briques dont les Sarrasins avaient autrefois entouré la place. Il en reste même une porte dont on voit de très-loin en mer le haut arc ogival. Les Arabes racontent qu'autrefois, quand on l'ouvrait, le bruit s'en entendait jusqu'à Djidjelli; aujourd'hui, des buissons ont poussé dans ses interstices, et un marchand de fruits a établi à son abri son petit étalage. Ces fortifications et ces ruines rouges, semées un peu partout, les toits de tuiles dévorés par le soleil, la peinture orange des façades donnent à l'ensemble de la ville une teinte saumon très-agréable à l'œil, déjà charmé par l'opulente verdure des micocouliers et des oliviers sous laquelle les maisons disparaissent à demi.

Les Bougiotes m'ont paru tenir de leur pays. Leur accueil a été particulièrement affable. Ils ont voulu loger chez eux les membres de la caravane. Pour moi, recru de fatigue, ayant plusieurs nuits de sommeil à rattraper, je me rappelle avoir dormi seize heures à poings fermés dans un lit qui me fut obligeamment cédé et qui me parut si doux que la Belle au bois dormant n'aurait plus voulu en sortir.

Comme Sétif, Bougie a demandé à la députation la création du département de Kabylie; mais, comme Sétif aussi, elle demande à en être le chef-lieu. A laquelle des deux rivales donnera-t-on la pomme? Si la question de plaisance pouvait être de quelque poids en matières administratives, Bougie l'emporterait sans conteste. Peut-être l'emportera-t-elle aussi sur la question des intérêts quand on fera quelque chose pour elle. Ce joli bijou de ville perdu dans l'un des plus ravissants coins de la terre a été, en effet, fort négligé jusqu'à présent. Elle ne connaît encore les bienfaits du gouvernement central qu'en promesse.

Il y a neuf ans, le vice-amiral de Gueydon avait conçu le projet d'y créer un grand port militaire en construisant une jetée de six cents mètres qui partirait du cap Bouak. S'appuyant de l'une à l'autre côte, Bougie et Toulon auraient commandé la Méditerranée. Alors, ainsi qu'aujourd'hui encore, la ville était une sorte de cul-de-sac qui possédait une seule voie de communication avec l'intérieur, la route de Sétif; comme complément de son projet grandiose, l'amiral, tout en promettant des chemins de fer dans un avenir prochain, ordonna la construction d'une route de Tizi-Ouzou à Bougie, qui aurait fait de ce port ce qu'il doit être, le grand débouché des produits de la Kabylie. Cette route fut commencée par les deux bouts à la fois. Bougie, qui a été une des premières villes du littoral méditerranéen, se crut à la veille de renaître. Mais l'amiral quitta l'Algérie, les travaux de la route furent arrêtés, le projet de port militaire abandonné, et Bougie n'est point sortie du marasme où elle végète. Si elle n'a pas renoncé à devenir un grand port de guerre, elle ajourne cette espérance. Son ambition se borne aujourd'hui à obtenir la construction des chemins de fer qui la relieront à Sétif et à Beni-Mansour et l'achèvement de la route de Tizi-Ouzou. Le jour où des voies de communication rapide en feront le port d'embarquement des céréales de Sétif, des produits de l'Oued-Sahel, des figues, de l'huile et des lièges de la Kabylie, elle représentera une somme d'intérêts qui feront pencher la balance en sa faveur dans la question de la préfecture. Que Sétif me pardonne, mais mes vœux ne sont pas pour elle : Bougie m'a séduit.

Le 11 octobre, la caravane parlementaire se divise. Quelques députés vont directement à Alger par la mer. M. Albert Joly, avec trois compagnons, s'engage à travers la Kabylie par le col d'Akfadou. Le reste se résigne à trois nouvelles journées de fourgon et se dirige sur Alger par Akbou, Beni-Mansour et Palestro. Nous remontons la vallée de l'Oued-Sahel par une route dont l'extrémité n'est pas encore achevée. Ici la colonisation ne date que de 1871. La grande insurrection fit sentir le besoin d'isoler la petite Kabylie de la grande, et les deux Kabylies des tribus du sud. On résolut de créer d'Alger à Sétif une série continue de villages européens sur laquelle s'embrancherait un autre cordon de villages qui irait de Beni-Mansour à Bougie. Ce vaste projet est aujourd'hui presque exécuté, du moins dans cette dernière partie. On a mis le séquestre sur les propriétés des Kabyles possesseurs de la vallée qui s'étaient insurgés, et on a créé huit centres : la Réunion, Oued-Amisour, El-Kseur, Ilmaten, Sidi-Aïche, Iser-Amokhran, Akbou et Tazmat qui sont aujourd'hui plus ou moins prospères. L'administration avait donné, en souvenir des villes que nous avons perdues, les noms de Bitche et de Metz à El-Kseur et à Akbou, mais les appellations indigènes ont prévalu.

Des Alsaciens-Lorrains avaient été installés dans la plupart de ces villages. Ils n'y ont point réussi, non plus que dans le reste de l'Algérie. Il est venu dans la colonie environ cinq ou six mille Alsaciens-Lorrains au moment du grand exode qui a suivi l'annexion. Sauf dans le Dahra, où M. de Lamothe m'a raconté qu'il avait trouvé quelques villages florissants dans une excursion qu'il venait de faire au moment où il rejoignit la caravane, ils ont échoué à peu près partout. Si j'en crois ce qu'on m'a dit, ce n'est pas faute d'encouragements, mais plutôt parce qu'ils ont été entourés de trop de sollicitude. Des sociétés patriotiques leur avaient fourni les premiers fonds nécessaires à l'installation, et leur faisaient divers avantages. Se sentant soutenus, assurés de trouver toujours des secours, ils se mirent au travail sans l'ardeur de l'homme qui sait que sa vie dépend de son activité. La terre d'Afrique demande à être traitée avec énergie, sinon elle reste stérile. Rebutés par les médiocres résultats qu'obtenaient des efforts trop peu vigoureux, ils se découragèrent, et, sitôt qu'ils eurent leurs titres de propriété définitifs, la plupart les vendirent et émigrèrent de nouveau. Plus d'une fois les colons m'ont dit : « Ah, si on en avait fait autant pour nous ! » Amis, vous auriez fait comme eux. Dans ce dur combat contre la nature inculte, rien ne vaut l'homme qui ne compte que sur son bras.

On m'a fait remarquer aussi que la plupart des Alsaciens-Lorrains qui ont quitté leur pays étaient des ouvriers des manufactures ; les paysans, attachés au sol par le puissant lien de la propriété, ont beaucoup moins bougé. Or un ouvrier ne fait pas un laboureur du jour au lendemain.

RÉCLAMATIONS DES COLONS AGRICOLES

La question des terres. — La question du crédit.
La question de la sécurité.

Les réclamations adressées par les colons agricoles à la caravane ont été beaucoup plus vives dans la province de Constantine que dans les deux autres. Aussi crois-je devoir m'y arrêter avant de la quitter. Elles ont porté principalement sur trois points : les terres, le crédit, la sécurité.

Le grand but auquel tendent les efforts du gouvernement colonial est le peuplement de l'Algérie par des colons français, et l'unique moyen dont il dispose pour les attirer est de leur offrir des terres. Le problème ainsi posé a l'air fort simple, il semble qu'il n'y ait qu'à dire aux émigrants : « Voyez et prenez. » Ce qui le complique, c'est la nécessité d'empêcher que la spéculation ne s'empare du sol, ou que l'incurie ne le laisse en friche. Dans l'intérêt de la colonie, il a fallu limiter le lot de chaque colon et l'obliger à le cultiver. Celui qui accaparerait deux lots enlèverait un colon à la colonie, celui qui ne défricherait point en supprimerait un également en laissant un lot improductif. De là est née une législation spéciale vingt fois modifiée depuis quarante ans. On a essayé tous les systèmes : concession des terres gratuite et sans condition, concession gratuite avec conditions de résidence et de mise en valeur ; vente sans condition, vente avec conditions, vente aux enchères, vente à l'amiable. Le système actuellement en vigueur consiste dans la concession gratuite des terres, avec condition d'y résider et de mettre en exploitation dans un délai de cinq ans. Chaque année le gouverneur général compose ce qu'on appelle le programme de colonisation. Il décide que tant de villages déjà créés seront agrandis de tant de lots nouveaux et que tant de villages nouveaux avec tant de lots seront créés. Les émigrants qui demandent des concessions dans l'année sont pourvus d'un lot sur un des points ainsi désignés.

Ce système est de tous celui qui a donné les résultats les plus satisfaisants. Cependant on n'en est pas encore satisfait, et MM. Jacques, député d'Oran, et Gastu, député d'Alger, demandent qu'on en revienne à la vente avec conditions. Je ne ferai qu'une objection, c'est que ce système a été expérimenté de 1861 à 1871, et qu'il n'en est point qui ait été moins favorable au développement de la colonisation. Les statistiques officielles en font foi. Elles constatent, en effet, que la population rurale s'est accrue de 40,913 âmes de 1841 à 1851, de 44,045 âmes de 1851 à 1861, de 32,209 âmes seulement de 1861 à 1871, et de 40,405 âmes de 1871 à 1877. Ces chiffres jugent les projets des deux députés.

Mais je me demande pourquoi on a la manie d'enfermer l'administration dans le cercle étroit d'un système spécial. Pourquoi ne la laisserait-on pas libre d'user selon l'occasion de ceux qu'on a essayés jusqu'ici? Ils avaient tous leur bon côté dont elle tirerait parti. Un émigrant arrive avec un capital, il désire s'installer à son gré et être libéré immédiatement de toute obligation; vendez-lui sa terre. Un autre moins riche se présente qui ne peut l'acheter; donnez-la-lui en lui imposant, en échange, l'obligation de la mettre en valeur dans un délai donné. Et, pour grossir le courant d'émigration, qu'on répande davantage les programmes de colonisation. Les Américains, si entendus en matière de publicité, dressent chaque année et tirent à un grand nombre d'exemplaires une carte où les territoires qu'ils veulent livrer à la colonisation figurent quadrillés d'une multitude de petits carrés qui représentent les lots à concéder. Chacun peut choisir à distance l'emplacement qui lui convient. Pourquoi ne ferait-on pas afficher, au moins dans tous les cantons de France, une carte semblable, avec l'exposé des démarches à faire pour obtenir une concession? On offre bien le texte du programme annuel de colonisation à quiconque en fait la demande, mais nos populations agricoles, chez lesquelles il serait si désirable de voir se recruter une partie des colons algériens, ne lisent pas, ne sont pas renseignées. Il faut aller à elles, les solliciter par des documents placés sous leurs yeux. Et, une fois qu'elles seront décidées, concédez ou vendez selon qu'elles le désireront elles-mêmes.

Du reste, le mode de distribution des terres n'intéresse guère que les nouveaux arrivants, et les colons sont assez indifférents à la question. Leurs réclamations portaient sur d'autres points. On pense bien que l'application successive des vingt systèmes dont je parlais plus haut a amené de grandes inégalités dans leurs situations respectives, selon qu'ils ont eu la chance de s'installer à telle époque ou à telle autre. Et même sous le même système combien différemment les villages ont été traités à leur création! Dans tel village, les lots de fondation étaient de huit hectares seulement; dans tel autre ils ont été de soixante-quinze, de cent et même de cent cinquante hectares. Le colon qui n'a eu que huit hectares et qui en voit donner cinquante à son voisin se considère naturellement comme victime d'une injustice. Il se plaint et il s'aigrit de voir ses plaintes rester vaines. La caravane parlementaire a été à ce sujet assaillie, dans la province de Constantine, d'un concert de réclamations qui l'étourdissait un peu et qui l'a souvent émue. En certains endroits, comme à Aïn-Touta, près de Batna, à Saint-Arnaud entre Constantine et Sétif, à la Réunion près de Bougie, ce cri : Nous manquons de terre! avait quelque chose de poignant. De braves gens venaient dire aux députés : « Nous avons trois, nous avons quatre enfants; on ne nous a donné que vingt hectares de terre, et, sur ces vingt hectares, il y en a douze dont nous ne pouvons tirer parti. Comment pourrions-nous nourrir notre famille avec huit hectares? On nous condamne à mourir de faim. » Qui ne se serait senti touché de plaintes ainsi formulées? Je voyais les députés s'entre-regarder avec étonnement. Ils ne s'attendaient pas à cela.

Depuis quelques années, les terres se distribuent avec plus de générosité, et les nouveaux colons n'auront plus sujet d'être mécontents. Mais l'important n'est pas seulement d'amener des émigrants en Algérie, c'est aussi de les y garder; je crois donc que le gouvernement agirait sagement en ouvrant une enquête sur les plaintes que la caravane parlementaire a recueillies. Il en est beaucoup dans le nombre qui méritent d'être écoutées. Ainsi, si je suis bien renseigné, les trente-six villages créés en 1848 à la suite d'un décret de l'Assemblée nationale l'ont été avec des lots de huit à dix hectares seulement. Insuffisants pour une famille, ces lots se sont réduits à rien quand il a fallu les partager entre plusieurs enfants. Et cependant, à ce qu'on m'a assuré en maints endroits, ces enfants n'ont jamais pu obtenir une nouvelle concession pour eux-mêmes. On voit bien dans les programmes de colonisation qu'un tiers des lots sera attribué chaque année à des familles algériennes. Je ne sais ce que devient ce tiers, mais tous les colons sont d'accord pour dire qu'une fois qu'on est installé dans le pays, il est impossible de rien obtenir de l'administration; tout est pour les nouveaux arrivants. Les enfants des colons de 1848 n'ont donc eu pour vivre d'autres ressources que de se faire manœuvres ou domestiques. On m'en a cité plusieurs qui ont émigré à la Plata. N'est-ce pas là une perte déplorable pour la colonie, et n'est-il pas urgent d'en prévenir de nouvelles? Il faut pour cela procéder à une révision générale des concessions, faire disparaître des inégalités choquantes, et assurer à chaque famille au moins ce qui lui est nécessaire.

Je voudrais aussi que l'administration se débarrassât d'une tendance fâcheuse à donner la même étendue à tous les lots quel que soit le pays. Dans les régions où il y a de l'eau pour irriguer, on est à peu près assuré d'une récolte moyenne chaque année; dans les régions où les récoltes dépendent des pluies, elles manquent souvent deux ou trois années de suite à cause de la sécheresse. Si, dans un cas, vingt hectares suffisent à une famille, il est clair que dans l'autre il lui en faudra soixante ou quatre-vingts pour compenser les chances. Enfin on devrait tenir compte aussi de l'éloignement de certains centres et de la vie difficile à laquelle les habitants y sont condamnés. A Aïn-Touta, par exemple, qui est comme perdu dans l'Aurès, au milieu d'un pays passablement sauvage, les colons auraient le droit d'être traités autrement que ceux qu'on installe dans les environs d'Alger. On devrait les retenir par de plus grands avantages. Cependant on ne leur a donné que vingt hectares à chacun. Cela n'est pas équitable.

A côté de ces situations si dignes d'intérêt, d'autres le sont beaucoup moins. Je veux tout dire, et, à mon avis, il y avait à prendre et à laisser dans les réclamations adressées à la députation au sujet des terres. Ce qui le prouve, c'est que, très-vives dans la province de Constantine, elles ont diminué dans la province d'Alger et sont devenues fort rares dans la province d'Oran. Cependant les trois provinces sont soumises au même régime et aux mêmes règlements, et leurs terres jouissent d'une égale fertilité. Je crois que la différence de sort provient de la différence d'habitudes, et que dans la première on travaille moins et moins bien que dans les deux autres. Je m'explique. Le nombre des colons venus de France avec une connaissance suffisante des travaux agricoles est malheureusement assez restreint. Les gens qui émigrent viennent plutôt des villes que des campagnes. Ils débarquent, obtiennent une concession, entendent parler de terres à blé et à vigne, et, quand ils se transportent sur leur propriété, ils éprouvent une profonde déception en se trouvant en face d'un terrain le plus souvent inculte, couvert de broussailles, et qui ne ressemble absolument en rien à ce qu'on appelle un champ en France. Il faut défricher ou, si le terrain a déjà été cultivé par les indigènes, il faut améliorer, ce qui exige une somme de travail qui les effraye. Pour peu qu'ils aient quelques ressources, ils cherchent des aides autour d'eux pour faire ce gros œuvre. Et, selon ceux qu'ils se procurent, ils ont une bonne ou une mauvaise exploitation. Dans la province de Constantine ils ne trouvent à peu près que des indigènes. Ceux-ci ont des procédés de culture tout à fait primitifs et fort défectueux; le maître qui les emploie, ignorant lui-même des procédés plus perfectionnés, est bien obligé de s'en contenter. Cultivée à l'européenne, sa propriété lui eût donné l'aisance; cultivée à l'arabe, elle ne suffit pas à le faire vivre. Alors il crie qu'on le laisse mourir de faim. Qu'y peut pourtant le gouvernement ?

Dans la province d'Oran, au contraire, les colons ont trouvé pour auxiliaire l'émigration espagnole, qui leur fournit d'admirables ouvriers, patients, laborieux, sobres et peu exigeants. On me disait à Sidi-Bel-Abbès que la moyenne de la journée était encore aujourd'hui de deux francs. Les Espagnols défoncent la terre, extirpent les palmiers nains, bien autrement tenaces que les jujubiers de la province de Constantine, transforment les landes en champs de céréales qui feraient honneur à la Beauce, ou en vignobles dont ils améliorent chaque année les produits. Les habitudes du manœuvre influent sur celles du propriétaire. Dans la province de Constantine, les colons se livrent plus volontiers au petit commerce, se font aubergistes, épiciers, abandonnent le soin des terres, et souvent se contentent de les louer purement et simplement à l'indigène, en se réservant les trois cinquièmes des récoltes. Dans la province d'Oran, ils mettent la main à la charrue, et tout le monde peine et travaille. Aussi, tandis que la première, avec une population agricole européenne de 28,041 âmes seulement pour 462,868 hectares (1), se plaint et végète, la seconde,

---

(1) Il faut remarquer, il est vrai, que la province de Constantine contient d'immenses domaines concédés à des compagnies financières telles que la Société algérienne et la Compagnie genevoise, et que, comme je l'ai dit plus haut, ces domaines constituent trop souvent une non-valeur pour la colonisation.

qui n'a que 315,879 hectares pour 47,600 agriculeurs, vit fière d'une prospérité qui va croissant tous les jours.

J'ai entendu plusieurs dialogues de ce genre entre colons et députés :

— Nous n'avons pas assez de terres.

— Combien vous a-t-on donné d'hectares?

— Vingt seulement.

— Vingt hectares. La terre est bonne. Vous avez de l'eau. Il me semble...

— C'est insuffisant, nous ne pouvons pas vivre.

— Mais y a-t-il ici de nouvelles terres qu'on puisse vous distribuer?

— Oui, cette belle plaine que vous avez vue en arrivant.

— Elle appartient au Domaine?

— Non, elle appartient aux Arabes.

— Alors on n'en peut pas disposer?

— On pourrait exproprier.

— C'est un moyen bien violent. Combien faites-vous donc d'hectolitres de blé à l'hectare, si vingt hectares ne vous suffisent pas?

— Six, sept.

— Pas plus. Et vous cultivez vous-mêmes?

— Non. Je n'ai pas le temps avec mon commerce. Je loue aux indigènes moyennant les trois cinquièmes de la récolte, comme c'est l'usage.

— Mais songez-vous bien à ce que vous demandez? Si vous faites cultiver par des indigènes, on aurait beau agrandir votre propriété, la colonisation n'y gagnerait rien. Et, si on exproprie les Arabes pour l'agrandir, et que vous fassiez cultiver par eux aux trois cinquièmes, on les aura tout simplement dépouillés des trois cinquièmes de leurs revenus pour vous en enrichir. Ne serait-ce pas odieux?

Ou bien encore... C'est M. Girerd qui parle à un maire :

— Vous dites que vous n'avez pas assez de terres. A qui appartiennent les broussailles que nous venons de voir?

— A nous.

— Eh bien? On dit que les terres où poussent les lentisques sont de bonnes terres.

— Oui, mais il faudrait que l'État nous les défrichât.

Quelle idée certains colons se font-ils du rôle de l'État, pour s'en remettre à lui du soin de défricher leurs terres? L'État leur fournit une propriété, mais il n'a nullement mission de leur faire des rentes. L'État n'a pas d'autres ressources que celles que lui fournissent les contribuables. Or, quand un contribuable paie cinq francs à l'État, c'est qu'il espère que l'État lui rendra pour cinq francs de service. Si l'État les lui prenait pour les donner à un colon algérien, il serait frustré et aurait le droit de se plaindre. Quand donc des colons s'adressent à l'État et lui disent : « Défrichez-nous nos terres », c'est comme s'ils disaient aux contribuables français : « Cultivez-moi mon champ ». A quoi les contribuables français pourraient fort bien répondre : « Nous nous sommes imposé de lourdes charges pour la conquête et l'occupation du pays dont on vous a donné un morceau. Nous l'avons fait sans murmurer parce que nous l'avons cru utile à la grandeur de la France dont nous profitons tous. Mais, après vous avoir payé votre champ, vous voudriez encore que nous vous le cultivions? Non, car alors qui cultiverait le nôtre? » C'est ce que les laborieux comprennent fort bien. Je me souviens qu'à El-Kseur, sur la route de Bougie à Akbou, un vieux paysan, fin bonhomme et goguenard, après avoir laissé quelques-uns de ses compatriotes se plaindre, nous dit avec une pointe de malice : « Moi, j'ai trois garçons, on ne m'a donné que vingt-cinq hectares, et il n'y en a que dix-sept qui soient bons; mais nous travaillons tous et nous ne sommes pas malheureux. » Il faut travailler, voilà le grand mot, et travailler avec l'acharnement, avec l'amour du paysan qui, comme disait Michelet, épouse sa terre. L'Algérie n'est pas un royaume de Cocagne où les moissons poussent toutes seules; ce n'est point non plus une Californie où un coup de hasard peut faire de grandes fortunes; c'est simplement un pays fertile, mais qui ne livre ses trésors qu'au prix d'un labeur patient. L'aisance y est promise à quiconque veut travailler. Distinguons donc avec soin celui qui ne l'obtient point parce que le champ qu'on lui a donné est trop petit, et celui qui ne l'obtient point parce que son champ est mal cultivé. Il ne faut pas que les plaintes de l'un fasse englober les plaintes de l'autre dans une commune accusation d'exagération.

Avant de quitter cette question des terres, je veux

dire quelques mots d'une proposition qu'on discute périodiquement dans les journaux. Il y a une école qu'on pourrait appeler l'école américaine, parce qu'elle a sans cesse l'Amérique à la bouche, qui propose d'admettre les étrangers aux distributions de terres, au même titre que les Français. J'ai trouvé quelques colons de cet avis, mais dans les villes seulement, parmi les gens qui ne connaissent pas le prix de la terre. Pour moi, j'estime qu'une pareille mesure lèserait la nation. Le champ de la colonisation est loin d'être illimité, et nous n'avons aucune raison pour en être prodigues. En chiffres ronds, on estime qu'il y a actuellement un million d'hectares entre les mains des colons, et on calcule que le Domaine leur en pourra livrer tout au plus deux millions encore. C'est bien peu auprès des vastes régions que les États-Unis, l'Australie et la Plata offrent aux émigrants, à peine l'espace suffisant pour 60 ou 70,000 familles, c'est à dire 300,000 habitants (1). Ayant si peu à donner, pourquoi ne garderions-nous

(1) Il va de soi que ce chiffre de 300,000 âmes n'est pas un maximum au-delà duquel l'Algérie ne pourra plus recevoir d'émigrants. Il n'y a pas que les terres appartenant à l'État, il y a aussi celles que l'État et les colons pourront acheter aux Arabes et qui étendront indéfiniment le domaine de la colonisation. Et puis, il faut compter sur les progrès de la culture qui, d'extensive, deviendra intensive et permettra de nourrir deux et trois fois plus d'habitants sur la même étendue de territoire. Enfin l'industrie, à peine née aujourd'hui en Algérie, fournira un jour des moyens d'existence à une nombreuse classe d'individus. Je répète que, la densité de population de la France étant prise pour type, l'Algérie est capable de nourrir dix à douze millions d'habitants.

pas tout pour les nôtres? La population augmentera un peu moins vite. Qu'importe? Je l'aime mieux un peu moins forte, et vraiment française d'origine, de cœur et d'esprit. Il me semble que, pour peu qu'on s'y arrête un moment, il ne saurait y avoir deux avis là-dessus. Quant aux rêveurs qui songent à introduire des Chinois en Algérie, je crois inutile de m'arrêter à leur projet, qui ne paraît pas avoir été jamais pris fort au sérieux. Quand nous nous serons établis au Soudan, où le blanc ne peut se livrer aux travaux manuels, nous pourrons faire appel à la race jaune. Tant que nous resterons sur les bords de la Méditerranée, nous n'aurons point de place pour elle. Il est bien inutile de nous mettre de gaieté de cœur sur les bras les difficultés qui menacent d'ensanglanter la Californie.

La question du crédit est intimement liée à la question du mode de distribution des terres. En effet, selon que le titre de propriété délivré à l'émigrant est définitif ou provisoire, il trouve ou ne trouve pas à emprunter. J'ai expliqué plus haut que le mode actuellement en vigueur est celui de la concession avec condition résolutoire. S'il ne réside pas pendant cinq ans et s'il ne défriche pas pendant ce délai, le colon est exproprié. C'est-à-dire que pendant cinq ans il n'est que propriétaire provisoire, et qu'il lui est bien difficile d'emprunter. Le Code civil dispose, en effet, que l'hypothèque est soumise aux mêmes conditions que l'immeuble sur lequel elle est consentie, de sorte qu'elle disparaît si le débiteur ne devient pas ou ne reste pas propriétaire. De l'argent prêté dans de pareilles conditions est fort aventuré; non-seulement il faut payer l'intérêt, mais il faut payer encore les risques qu'il court, et l'on arrive à des taux usuraires absolument ruineux.

Un émigrant débarque, il est fort et vigoureux, il est résolu, il sait son métier de laboureur et il obtient une concession. Seulement il n'a point de fortune. S'il travaille sa terre, il mourra de faim, car il lui faudra deux ou trois ans pour la mettre en rapport; et s'il ne la travaille point et fait le mercenaire pour vivre, il perdra sa concession, car il ne remplira point les conditions de résidence et de défrichement exigées. Le voilà donc qui a à choisir entre deux conduites également impossibles. S'il avait cinq ou six mille francs d'avance, il défricherait, et en peu d'années serait à la tête d'une exploitation prospère. Il cherche à emprunter. Les grands établissements de crédit lui demandent :

— Quelle garantie offrez-vous?

— Ma terre.

— Merci! Et si vous n'obtenez pas un titre définitif de propriété, quel gage nous restera-t-il? Aucun, et nos avances seront perdues.

Si le colon se décourage, il ira grossir l'*armée roulante* (1), cette plaie de l'Algérie. S'il essaie des usuriers, ce sera pis : il s'endettera pour le reste de sa

(1) On appelle *armée roulante* des bandes d'ouvriers nomades français et étrangers qui vont de localité en localité se louant pour un temps et pour un travail déterminés. Ils sont exigeants, indisciplinés, irréguliers, misérables, et donnent parfois raison au proverbe qui dit que la misère est mauvaise conseillère. Ils

vie. De toutes façons, voilà un bon colon perdu pour la colonie.

Un autre émigrant arrive et obtient également une concession. Il se met aussitôt à l'ouvrage. Celui-là a apporté un petit pécule ; il calcule de façon à tenir deux ou trois ans, il s'est renseigné et il sait qu'une exploitation créée de toutes pièces ne saurait entrer en rapport avant ce délai. Les trois ans se passent ; son domaine commence à prendre tournure, grâce à un travail acharné. Mais ses économies sont épuisées ; la pluie a manqué ; l'année est mauvaise et les rentrées sur lesquelles il comptait ne se font pas. Le voilà sans ressource et ne sachant comment attendre la récolte prochaine. Il est honnête et laborieux, sa conduite depuis trois ans le démontre ; son bien défriché a déjà quelque valeur. S'il pouvait encore tenir deux ans pour devenir propriétaire définitif ! Il s'ingénie, il cherche, mais pas plus que l'autre il ne peut trouver à emprunter à des taux raisonnables. Il faut qu'il en passe par les usuriers. On lui fait payer le crédit dix et douze et même quinze pour cent. Il prend quand même pour sauver sa propriété. Hélas ! s'il surmonte cette crise, il ne fera plus que végéter, écrasé par les lourdes charges qu'il aura contractées. S'il est à bout, il faut qu'il abandonne sa concession, qu'il ne peut pas même vendre puisqu'elle n'est pas encore à lui. Pauvre homme qui a tant peiné, trois ans de travail, ses

---

prennent généralement leurs quartiers d'hiver dans les hôpitaux d'où on est obligé de les éloigner par des règlements méticuleux.

espérances, ses chances d'avenir, tout est anéanti. Et voilà encore un bon colon perdu pour la colonie.

Cette impossibilité de trouver du crédit fait échouer beaucoup de débutants et pèse lourdement sur la colonisation. On a déjà essayé diverses mesures pour y remédier. La dernière est un décret du 30 septembre 1878, qui autorise les colons à conférer sur leurs concessions une hypothèque ferme et définitive, à l'abri de toute résolution vis-à-vis de l'État. Mais, pour que l'hypothèque soit valable, il faut : 1° Que l'acte d'emprunt constate que les sommes empruntées sont destinées à des travaux de construction, d'améliorations utiles et permanentes des terres, d'acquisition de cheptel ; 2° que l'emploi des sommes à ces destinations spéciales soit ultérieurement établi par quittances et autres documents justificatifs. C'est-à-dire que le prêteur serait obligé de surveiller l'emploi de son argent. Voyez-vous un établissement de crédit faisant inspecter les propriétés de ses débiteurs? Je n'ai pas besoin de dire qu'aucun n'a voulu prêter dans de telles conditions : le colon est livré plus que jamais aux usuriers. Et c'est le vrai colon qui est ici en cause, l'élément le plus digne d'intérêt de la population algérienne ; c'est lui qu'il s'agit d'aider. Il aura bien mérité de la colonie, le gouverneur qui exaucera ce vœu que la caravane parlementaire a recueilli partout où elle a passé : Donnez-nous le crédit à bon marché. M. Albert Grévy espère résoudre le problème par l'institution d'un privilège spécial au bénéfice du prêteur hypothécaire et il a préparé un projet en ce sens, d'autres pensent qu'on réussirait plus sûrement par la création d'un établissement de crédit particulier. Ce n'est pas ici le lieu de discuter la question, mais, pour Dieu! qu'on fasse enfin quelque chose!

Par une coïncidence qui n'est peut-être pas purement fortuite, c'est également dans la province de Constantine que les réclamations au sujet de la sécurité sont le plus ardentes. La prospérité engendre la bienveillance, et les colons de la province d'Oran vivent généralement en bons rapports avec les indigènes. Les plaintes à propos des terres émouvaient ; les plaintes à propos du manque de sécurité ont quelquefois effrayé. Eh quoi! il existe tant de haines entre races qui vivent côte à côte? Elles ont commencé à Guelma, et jusqu'au sortir de la Kabylie la caravane les a entendues répéter. Au-delà d'Alger elles sont devenues plus rares :

— Nous ne sommes pas protégés, disait-on aux députés; quand nous avons un beau champ de blé, les Arabes viennent la nuit et volent les épis; quand nous avons une belle vigne, ils y amènent leurs bêtes et la saccagent. Nous ne pouvons jamais nous reposer. Alors que nous avons travaillé tout le jour et que nous devrions dormir, il nous faut prendre un fusil et veiller dans nos champs si nous voulons garder nos récoltes. Les meilleurs chiens ne servent de rien; les voleurs arabes se mettent nus et les effrayent.

Et souvent la conversation se terminait par cette réflexion où se trahissait une arrière-pensée qui me peinait vivement :

— Voyez-vous, tant qu'il y aura de ces gens-là dans le pays, nous ne serons pas tranquilles.

A Batna, le ressentiment s'aggravait de ce que deux assassinats avaient été commis dans le voisinage depuis quelques années. A Aïn-Touta, comme je l'ai dit, un Alsacien, père de sept enfants, avait également été tué dans sa maison d'un coup de couteau, quatre ou cinq ans auparavant. Je me hâte d'ajouter que, malgré ces tristes exemples, les meurtres ne sont pas plus nombreux en Algérie qu'en France. Quant aux vols, on ne saurait nier qu'ils ne soient très-fréquents.

Les colons ne voient qu'un remède à cet état de choses, l'application de la responsabilité collective. Quand un délit ou un crime serait commis, les tribus du voisinage seraient obligées de livrer le coupable; si elles n'étaient pas en état de le faire, elles payeraient une amende proportionnée au mal commis. Je crois ne pas m'avancer beaucoup en disant que jamais il ne se trouvera une Chambre française pour voter une pareille monstruosité légale. C'est pour le coup que l'Algérie deviendrait la terre des abus!

Les bureaux arabes ont essayé de la responsabilité collective, et le chef de l'un d'eux me racontait quels résultats elle donnait. Voici un trait entre vingt. Un jour un meurtre fut commis sur le territoire d'une tribu de la province d'Oran, et la tribu fut menacée d'une grosse amende si elle ne découvrait pas l'assassin; les principaux chefs de tente s'assemblèrent, et, après avoir délibéré, ils écrivirent à un Arabe réfugié depuis plusieurs années au Maroc pour un ancien méfait, qu'il était gracié et qu'il pouvait rentrer. Il revint en effet. Les chefs le firent saisir, et, jugeant qu'il valait mieux garder leur argent que cet homme, ils le livrèrent comme étant l'assassin cherché. On produisit contre lui autant de faux témoins que les juges en désirèrent pour s'édifier, et le malheureux allait être exécuté lorsque, par hasard, on mit la main sur le véritable coupable. Voilà à quoi la responsabilité collective expose la justice.

Qui ne sent quel beau jeu elle donnerait aux vengeances? En dénonçant un faux coupable, on pourrait à la fois se débarrasser d'un ennemi et éviter l'amende. Double profit! Et parmi les colons eux-mêmes n'y aurait-il point d'abus? On a vu des armateurs faire perdre leurs navires afin de toucher la prime d'assurance. Ne se trouverait-il pas un colon assez peu scrupuleux pour faire disparaître une bête hors de service, par exemple, et se la faire payer comme une bonne par les tribus voisines?

Il faut songer à d'autres moyens moins barbares. C'est plutôt par une série de mesures que par une mesure générale qu'on améliorera la situation. Les unes dépendent des conseils généraux, comme la création d'une trentaine de gendarmeries nouvelles que propose le gouverneur général. Contradiction singulière et qui ferait suspecter la légitimité des plaintes! Dans la province de Constantine, où l'on gémit tant sur l'insécurité, le conseil général, à qui M. Albert Grévy demandait d'en créer quinze, a reconnu qu'il n'y en avait que quatre d'urgentes. On se plaint des voleurs et on refuse des gendarmes! Expliquez cela.

D'autres mesures devront être délibérées par le Parlement. Telle serait celle qui consisterait en une modification du Code pénal en vue des procès indigènes. La prison est une peine fort légère pour l'Arabe; il y est presque toujours mieux logé et beaucoup mieux nourri que dans sa propre famille. On en a vu se faire condamner exprès pour y retourner, et j'ai cité plus haut un curieux passage d'une lettre d'un détenu de Lambèse. De plus, elle n'est point un déshonneur. Au contraire, aux yeux de ses compatriotes, le condamné prend aisément un air de martyr. Il faudrait donc appliquer d'autres peines aux indigènes; par exemple, les travaux forcés sur les routes ou sur les terres à défricher, qui leur sont fort pénibles; en cas de récidive, la déportation, qu'ils redoutent beaucoup.

L'administration, de son côté, pourrait s'épargner des bévues qui obligent littéralement les indigènes au vagabondage. Trop souvent, en effet, on a séquestré les terres d'un village et on les a distribuées à des colons, mais sans toucher au village même. On devine ce qui est arrivé. Privés de toutes ressources, pleins d'un ressentiment que la vue de leurs terres données à d'autres ravive tous les jours, persuadés qu'ils sont victimes d'une spoliation, les indigènes reprennent la nuit en détail ce que le séquestre leur a enlevé d'un coup. On aurait dû, ou leur laisser la part de terrain qui leur était indispensable, ou, si on ne voulait pas le faire, les transporter dans des régions où ils auraient pu se reconstituer un patrimoine. Mais on leur ôte les moyens de vivre et on les laisse à côté de ceux dont on les a dépouillés : qu'on ne soit pas surpris s'ils volent! On peut comparer à ce sujet ce qui se passe dans deux centres qui sont à peine à quarante kilomètres l'un de l'autre, dans le même pays, au milieu des mêmes populations, à Bou-Khalfa et à Fort-National. Dans le premier on a dérobé une soixantaine de bœufs en quatre ans, dans le second on n'a jamais pris un poulet.

Mais, à mon avis, il ne faut attendre ni de ces mesures, ni de toutes celles qu'on pourra imaginer, une efficacité absolue. Le mal a sa racine profonde dans la situation même que nous faisons aux indigènes, et rien ne pourra l'extirper tant que nous n'aurons pas modifié complètement cette situation. Nous les traitons aujourd'hui en vaincus et en ilotes; n'en attendons pas les vertus des gens libres. Nous pesons sur eux de tout le poids de notre force; ils se vengent avec les armes des faibles, la ruse et les actions furtives. Je croirais avoir rendu un grand service à notre pays si, dans le chapitre spécial que je me propose de consacrer aux indigènes, je parvenais à démontrer que la prospérité définitive et la sécurité de l'Algérie dépendent de leur assimilation, qu'on ne s'est encore jamais occupé de préparer.

EN KABYLIE

Notre caravane. — Aspect de la Kabylie. — Chellata. — L'Asif Tifilkount. — Hommes et femmes kabyles. — Tifilkount. — La vie kabyle. — Merveilles de culture. — Chez Mohamed-Saïd-ben-Tahar. — Surprises. — Fort-National.

J'avais un vif désir de traverser la grande Kabylie. Si souvent j'avais entendu opposer le Berbère à l'Arabe que je voulais le voir dans la contrée où il a le mieux gardé son originalité. Le voyage nécessitait deux journées de mulet, et cette fatigue nouvelle avait fait reculer quelques députés dont les fourgons éprouvaient déjà suffisamment l'âge. L'itinéraire de la caravane avait donc été tracé de façon à suivre les grandes routes, et les grandes routes contournent la Kabylie sans y pénétrer. Ayant trouvé dans M. David un charmant compagnon décidé comme moi à ne point perdre l'occasion de voir un pays célèbre et que l'on visite trop peu, nous quittâmes la caravane pour quelques jours, et nous allâmes à Fort-National par le col de Chellata. Combien je me félicite aujourd'hui de ma résolution et quelle étonnante variété d'aspects présente l'Algérie! On n'a pas à y craindre la satiété des paysages.

Les plantureuses vallées du Tell, les plateaux nus, les déserts, les oasis, la montagneuse Kabylie, autant de régions entièrement différentes. Je voudrais que tous les arabophages qui rêvent l'extermination des indigènes allassent passer quelques jours dans ce dernier pays. Ils en reviendraient avec d'autres opinions.

Le capitaine Leroux, chef du bureau arabe d'Akbou, prépare avec un cordial empressement notre petite expédition. Il envoie un spahis en avant pour nous faire préparer les vivres et le coucher dans les villages où nous nous arrêterons. Un autre spahis nous servira de guide. C'est un grand gaillard aux gestes lents et solennels, dont la barbe et les cheveux sont du plus beau roux. Notre train se compose de deux mules pour nous, une pour le guide, deux pour les muletiers et une pour les bagages. On a un muletier et un mulet pour trois francs par jour, ce qui permet de voyager à bon marché. Le cheval du spahis nous accompagne, et, sans cavalier, libre, trotte comme un chien autour de notre troupe. Les selles sont larges comme les selles des écuyers de cirque, elles vous tiennent les genoux très-écartés, il n'y a point d'étriers ; on passe simplement les pieds dans les coins des tellis jetés par-dessus la bête. Je recommande cet attirail aux acrobates qui étudient la dislocation, mais quelle torture pour un simple voyageur! Au bout de quelques heures on a les jambes plus courbaturées que si on avait subi le supplice du brodequin.

Nos muletiers poussent leur cri guttural : Arrhi!

et nous nous mettons en route. Je veux prendre la bride de ma mule pour la guider, mais la bonne bête n'aime pas les avis et va donner droit dans une haie. Ce départ, je le confesse à ma honte, dut passablement compromettre notre prestige aux yeux des indigènes que j'entendais rire franchement derrière moi. Je laissai dès lors ma monture aller à sa guise, et nous fûmes bons amis. Quand elle ralentissait le pas, je me contentais de lui battre les épaules des talons comme j'avais vu faire aux Arabes. A part la manie commune à toute la race de choisir son chemin aussi près que possible du bord des précipices, ce qui ne laisse pas que de donner des émotions à un novice, je n'ai rien à lui reprocher. Elle était pleine de vaillance et avait le pied très-sûr. Notre spahis se tenait en avant; David lui avait confié son parapluie, et, la journée étant claire et chaude, il n'avait rien trouvé de mieux que de l'ouvrir. Ce grand diable, solennel comme un marabout, drapé dans un splendide burnous rouge et s'abritant sous un parapluie couleur prunelle, nous mit en bonne humeur.

De Bougie à Akbou nous avions longé la chaîne du Djurdjura, qui ne répond guère à l'idée qu'on se fait d'une montagne. Peu de rochers, point d'escarpements, des cultures et des plantations d'arbres fruitiers, presque jusqu'au sommet. D'Akbou, nous nous engageons directement dans la montagne. Un sentier très-raide nous conduit en deux heures au col de Chellata. On monte à travers les oliviers et les figuiers. Des moutons et des chèvres paissent, sous les figuiers, les feuilles sèches qu'on entend craquer sous leurs dents ; d'autres troupeaux se reposent à l'ombre plus épaisse des oliviers ; des bergers chantent ou jouent d'une petite flûte en roseau. Partout des sources, fortune et vie de ce pays, rayent les pentes rouges de leur petit ruban argenté. A mi-côte sont perchés quelques villages. On a un avant-goût de la grande Kabylie. En nous retournant, nous apercevons à nos pieds la grande vallée de l'Oued-Sahel, au milieu de laquelle le piton isolé d'Akbou s'élève comme un formidable pain de sucre. Dans le fond, les lignes tourmentées du massif des Babors font songer à une mer irritée aux vagues pointues.

Aux approches du col, les plantations cessent. Des touffes de diss jaillissent du milieu des rochers, si drues que, de la plaine, nous les prenions pour des buissons rabougris. C'est une herbe très-verte, rêche et coupante comme nos herbes de marais, et les troupeaux n'y goûtent que quand l'hiver les a affamés. Le pic de Tizibert, pareil à une vieille muraille qui s'écroule, domine le passage à droite. Le col franchi, l'admirable panorama de la Kabylie se déroule sous nos yeux, limité à gauche par les pics décharnés du Djurdjura et s'étendant à perte de vue de tous les autres côtés. C'est un écheveau de montagnes si embrouillé qu'on n'y reconnaît aucune ligne générale ; les lignes capitonnées par la terre végétale en sont fort adoucies. Des milliers et des milliers d'arbres, isolés les uns des autres, tigrent leurs flancs de leurs masses vertes dont une ombre noire prolonge la silhouette sur le sol. D'étroits et profonds vallons, noyés d'ombre et de fraîcheur, les sillonnent. De tous côtés on aperçoit des villages ; tantôt leurs maisons blanches sont perchées sur les crêtes, plus serrées que des mouettes sur un rocher ; tantôt elles s'entassent les unes par-dessus les autres dans un pli de terrain, à mi-côte comme les quariers de roc que les eaux roulent dans un creux. Jamais elles ne descendent jusqu'au fond des vallées, d'où la crainte de la fièvre et de la servitude écartait les Kabyles. Le beau soleil fait resplendir ces villages comme des blocs de marbre, on pourrait croire que ce sont des groupes de petites villas au milieu d'un immense verger. Émerveillés, nous nous exclamions, David et moi : Voyez donc ! Encore un ! Encore un ! C'est en vain que nous essayâmes de les compter ; nous en oubliions toujours quelques-uns qui nous obligeaient à recommencer. On dit qu'on en voit une soixantaine. Involontairement, en présence de ce pays où tout atteste le labeur patient de l'homme, on se prend à songer aux misérables gourbis arabes, que l'on a vus à quelque distance de là, déshonorant les terres les plus fertiles de l'Algérie, et on commence à comprendre la différence qu'il y a entre les deux races.

Le premier village que l'on rencontre, Chellata, ne prépare pas à cette bonne impression. C'est un des plus misérables, en même temps que l'un des plus célèbres de la Kabylie. Les petites maisons en pierre, contrairement à ce que nous avons vu dans le reste du pays, ne sont pas crépies, et des amas de moellons que l'on rencontre à chaque pas leur donnent l'air d'être à demi ruinées. Nous nous y sommes cependant arrêtés pour visiter la zaouïa dont on prononce avec vénération le nom dans toute l'Afrique septentrionale. Une zaouïa est la sépulture d'un personnage vénéré ou d'une famille illustre, auprès de laquelle se crée généralement une école. Sur la réputation de celle de Chellata et d'après ce qu'on m'en avait dit, je m'attendais à trouver de beaux tombeaux et des bâtiments considérables. Quelle déception! Nous avons vu une cour assez grande, dallée de larges pierres, ombragée de deux grands noyers, au milieu de laquelle se trouvaient quelques planches noircies et usées par le temps et ressemblant assez à des caisses rectangulaires dont on aurait enlevé le couvercle. Voilà les tombeaux des ancêtres d'Ali Cherif. Où sont les grands architectes mauresques de Tlemcen et de l'Espagne?

Quant à l'école, c'est une sorte de hangar qui occupe un côté de la cour. Il est divisé en cinq ou six compartiments, et le toit en tuiles est si bas, qu'un homme de haute taille ne s'y tiendrait pas debout. Il y a actuellement cent vingt talebs, jeunes gens de vingt à trente ans. Ils payent pour les leçons de leurs maîtres et pour leur nourriture la modique somme de onze francs; la zaouïa se soutient surtout par les dons que lui font les personnes pieuses et par les aumônes que quelques-uns de ses marabouts recueillent parmi les musulmans. Une cinquantaine d'élèves étaient dispersés dans le hangar et sur les dalles de la cour dans toutes les postures que peut prendre un homme couché ou assis. Ils tenaient devant eux une planchette en bois sur laquelle étaient écrits des textes arabes qu'ils lisent à haute voix et très-vite, jusqu'à ce qu'ils les sachent par cœur. On eût dit un énorme essaim de bourdons. Ils apprennent ainsi le Coran et un peu de grammaire, après quoi ils en savent assez pour passer eux-mêmes marabouts. Ces zaouïas sont généralement des foyers de fanatisme. Le gouvernement en a supprimé un grand nombre en Kabylie.

Au-delà de Chellata, on commence à redescendre et le sentier serpente le long de la montagne. Parfois il passe par de tels escarpements que nos mulets ont vaguement l'air de mouches appliquées contre un mur; d'autres fois, il emprunte le lit d'un torrent et nous sommes enterrés de toute notre hauteur dans un fossé sur lequel les oliviers se penchent comme nos saules sur un ruisseau. Il s'éloigne peu des crêtes afin de se tenir à la portée des villages, et deux fois seulement en deux jours, lorsqu'il s'est agi de passer d'un système de montagnes à l'autre, il nous a fait descendre jusqu'au fond d'un vallon. La première fois, c'était dans le ravin de l'Asif Tifilkount. En Kabylie, le mot berbère Asif remplace le mot arabe Oued, et a la même signification. Je n'ai qu'à fermer les yeux pour me remémorer cet endroit, un des plus délicieux dont je me souvienne. Nous venions de descendre un des sentiers encaissés dont j'ai parlé plus haut; il était si raide et tellement encombré de gros blocs de rochers, que notre spahis nous avait conseillé d'abandonner nos mules et d'aller à pied. Nous sautions d'un bloc à l'autre, et, quand nous fûmes arrivés au bas du couloir, nous nous trouvâmes dans un vallon dont la fraîcheur nous parut si exquise que nous décidâmes spontanément tous deux de nous arrêter. Il est très-resserré, et les arbres, pour trouver abondance d'air et de lumière, ont dû s'allonger plus que de nature. Le soleil n'arrivait jusqu'à nous qu'à travers le crible de leur feuillage, et la verdure, à leur abri, était restée d'un tendre charmant. Un petit moulin était à moitié enterré sous des buissons de figuiers. Une eau abondante rebondissait sur la roue et murmurait sur les cailloux du ruisseau, si claire, si appétissante que nous ne pûmes résister au plaisir d'en boire. Le spahis avait fait un tour dans les vergers du chemin, et rempli le capuchon de son burnous de petites figues presque noires qui ont une telle saveur que les indigènes en mangent jusqu'à s'en enivrer. Avec un peu de pain, nous fîmes un repas kabyle que nous trouvâmes le meilleur du monde.

En remontant l'autre pente du ravin, on atteint en quelques minutes le village de Tifilkount.

— Beaucoup d'eau, pays riche, nous dit notre spahis.

Les oliviers ont, en effet, des allures de chênes; les frênes, les ormes sont d'une vigueur extraordinaire. Des vignes exubérantes mêlent à leur feuillage leurs pampres que l'automne a rougis. A notre approche, les femmes s'écartent un peu; on dit que leurs maris leur font les contes les plus extraordinaires pour leur inspirer la terreur des Européens. Cependant elles ne s'éloignent qu'autant qu'il faut pour bien voir encore, ce qui nous permet de les examiner de notre côté. Dans toute la Kabylie elles ont le visage découvert, contrairement à l'usage presque général parmi les peuples musulmans, et elles auraient bien tort de le cacher, car elles m'ont paru mieux loties que toutes les femmes indigènes que nous avions vues jusque-là. Elles ont les joues pleines, le nez rond et sans finesse, les yeux et la bouche bien découpés, le menton rond également. Cela ne constitue pas une physionomie bien distinguée, mais elles ont l'air doux et aimable, et les jeunes filles sont d'une fraîcheur et d'une santé qui me faisaient songer à nos montagnardes auvergnates. Celles qui sont mariées et qui ont eu un garçon ont sur le front une espèce de large broche d'argent garnie de boutons de corail. Autant de garçons, autant de boutons, m'a-t-on dit. Elles ont un mouchoir de couleur autour de la tête, et une robe, presque toujours bleue, serrée à la taille par une large ceinture rouge. Nous en avons rencontré beaucoup allant à l'eau ou en revenant, tantôt avec des outres noires et luisantes, tantôt avec de grandes cruches rougeâtres historiées de dessins géométriques assez jolis. Elles portent ces cruches sur la tête, sur l'épaule ou sur la hanche. Dans ce dernier cas, elles prennent une pose en équerre aussi bizarre que disgracieuse.

Les hommes, au contraire, viennent nous voir passer, mais sans curiosité importune. Ils nous crient avec un sourire, bonjour, bonjour, ou selon l'heure de la journée, bonsoir. C'est probablement tout ce qu'ils savent de français. Je leur réponds par tout ce que je sais de leur langue, encore est-ce un mot qu'ils ont emprunté à l'arabe, S'lam, et cela paraît les amuser autant que moi. Ils n'ont généralement pour tout vêtement qu'une chemise retenue à la ceinture et une petite calotte plaquée sur le sommet de la tête. Ils ont les épaules trapues, la poitrine développée, les muscles saillants, le teint rouge. Moi qui connais bien les robustes paysans de l'Ain, je suis vivement frappé de voir combien ces gens leur ressemblent. Il me semble retrouver sur leur visage la marque des mêmes habitudes d'esprit, des mêmes passions et des mêmes qualités. Une branche d'arbre ayant enlevé mon chapeau pendant que je regardais un groupe sous un hangar, un homme s'en détacha, le ramassa et me le tendit avec bonhomie.

Tifilkount est sur un dos d'âne, des jardins l'entourent, et la déclivité est si forte de chaque côté qu'il nous semblait que, si nous avions détaché de sa tige une des innombrables courges que nous apercevions dans les potagers, elle aurait roulé jusqu'au fond du ravin. Comme je l'ai dit, la plupart des villages kabyles sont bâtis dans des sites pareils. A une courte distance, ceux que nous avons visités étaient encore jolis; les murs étaient blancs; sur tous les toits rouges des figues séchaient sur des claies de roseaux; les jardins, avec leurs courges, leurs maïs, leurs tomates, leurs bosquets de grenadiers, de pruniers et d'abricotiers, leurs haies vertes, avaient un air d'aisance qui faisait plaisir. Mais, sitôt qu'on s'engage dans les ruelles intérieures, l'impression change complètement. Le Kabyle est sale, et sa maison est aussi noire au-dedans qu'elle est blanche au dehors. Aucun soin d'hygiène, aucun souci du confort. Les ordures s'étalent devant les portes, les portes sont trop basses, les appartements sont trop petits, il n'y a point de fenêtres, l'écurie pleine de puanteurs ammoniacales touche au logis de la famille; bêtes et gens, les hommes, les ânes, les chèvres, les bœufs, vivent dans une dégoûtante promiscuité. Ce sont nos paysans, mais nos paysans d'il a un siècle.

Nous traversons trois de ces villages avant d'arriver à Summeur. Je n'ose en transcrire les noms, notre spahis les désignant d'une façon, et d'autres personnes d'une autre. Souvent, en effet, je crois remarquer que ce qu'on nous donne pour le nom d'un village est simplement celui d'une tribu. Ils sont comme Tifilkount charmants à l'extérieur. Les habitants ont toujours le même air de bonhomie. Les Européens qui fréquentent un peu le pays et que j'ai consultés sont du reste tous d'accord pour reconnaître qu'ils sont foncièrement obligeants. La crainte suffirait à les rendre empressés, mais ils mettent quelque chose de plus dans les services qu'ils ont l'occasion de rendre.

En route, tout nous dit la vie kabyle. Nous ne rencontrons guère que quatre espèces d'arbres, des oliviers hauts comme des arbres de futaie, des figuiers dont les rameaux bleuâtres font de loin l'effet de ces vapeurs matinales où se complaisait Corot, des chênes à glands doux dont les indigènes les plus économes se nourrissent afin de pouvoir vendre leurs figues, et des frênes qui constituent à proprement parler les prairies du pays. Dans ces montagnes où le général Hanoteau assure « qu'il n'est pas rare de voir des gens se suspendre par la ceinture à des cordes, pour cultiver ainsi des terrains d'un accès difficile ou dangereux », il n'y a en effet aucun pacage. Les frênes y suppléent. Nous voyons les Kabyles grimpés dans leurs branches, enlever les feuilles qu'ils mettent dans un filet de corde pour les rapporter à leurs bestiaux; es feuilles du figuier s'emploient du reste de même. Tous ces arbres admirablement soignés parviennent à une grande vieillesse, et les plus gros bâillent aux passants par de larges crevasses. Les frênes surtout sont énormes et ont une physionomie saisissante; le tronc se divise très-près du sol, les grosses branches sont grossies encore par les bosses, dont l'usage de couper tous les ans les rameaux les fait enfler. Dépouillées de leur verdure, elles ont l'air de dresser vers le ciel de gigantesques moignons. Les statistiques officielles indiquent un certain nombre d'hectares de vignes cultivés par les indigènes; nous n'apercevons pas de vignobles proprement dits, mais fréquemment nous admirons des ceps démesurés montant dans les oliviers.

Aucune symétrie ne préside à la distribution des arbres qui sont à peine espacés de quelques pas les uns des autres, et au désordre avec lequel ils sont répandus on pourrait s'imaginer que la nature seule en a soin. Mais on se détrompe bien vite. Nous découvrons des pépinières de figuiers dans les endroits ombreux et bien arrosés ; les jeunes pousses transplantées dans les champs sont protégées par des chapes en frondes de fougères ; les petits oliviers sont également couverts de cages faites de bois épineux. Sous cet immense verger qui se prolonge du Djurdjura à la mer et de Bougie jusqu'à l'Isser, les Kabyles sèment du blé et surtout de l'orge. On a peine à croire qu'il soit possible de labourer des pentes qui ont souvent 40 degrés d'inclinaison, cependant on nous l'a affirmé de toutes parts et j'ai assisté à une fantasia d'un genre inédit qui m'a aidé à m'en convaincre. Nous venions de dépasser le village d'Aït-Azis, qui est situé entre Chéllata et Tifilkount, lorsque nous vîmes un troupeau de bœufs qui semblaient pris de folie. C'étaient des bêtes de petite taille, le garrot court, les jambes courtes, très-trapues et de formes lourdes. Elles descendaient avec une vitesse vertigineuse un ravin escarpé, bondissaient au milieu de tourbillons de poussière, s'arrêtaient brusquement sans même qu'on vît fléchir leurs jarrets, puis reprenaient leur élan. C'était à la fois effrayant et superbe. Nous étions tout haletants, nous attendant à les voir rouler vingt fois dans l'abîme. Mais, quand ils se furent assez détiré les membres dans des exercices qui eussent intimidé des chèvres, ils se mirent à paître paisiblement.

Il faisait nuit noire quand nous arrivâmes à Summeur. Nous venions de traverser un nouveau ravin ; la rampe qu'il fallait remonter était si abrupte, que nous étions descendus de nos mules pour les soulager. Les pauvres bêtes, fatiguées, essayaient d'escamoter la pente par de nombreux zigzags, s'arrêtaient souvent, découragées, et se mettaient à trembler. Les muletiers les encourageaient par des *arrhi* amicaux. De grands arbres épaississaient encore l'ombre autour de nous, et je ne sais quand nous serions jamais arrivés, si heureusement le frère de Mohammed-Saïd ben Tahar, auquel nous étions annoncés, ne fût venu à notre rencontre avec des gens qui portaient des torches. Mohammed-Saïd était à Fort-National pour le règlement de quelques affaires, et son frère, qui parlait passablement le français, nous fit les honneurs de sa maison. Il nous fit remarquer avec orgueil une salle qu'il avait fait construire pour les voyageurs. Luxe inconnu des indigènes, il y avait trois fenêtres pourvues de vitres et une cheminée. Le chef me dit qu'il n'avait employé que des ouvriers kabyles, mais quelques-uns d'entre eux avaient travaillé dans les villes pour le compte des Français. Leur inexpérience se reconnaissait à ce trait, que la porte d'entrée, comme celle de toutes les maisons indigènes, était trop basse. Nos casques en moelle de millet en surent quelque chose.

Les murs étaient soigneusement passés au lait de chaux. Le mobilier se composait de quelques chaises de paille et d'une table de bois blanc. Une grisette de Paul de Kock n'en eût pas voulu, mais le chef en était fier. Trois verres et une carafe étaient posés sur la table, ainsi qu'une bouteille portant une étiquette sur laquelle je lus imprimé en belles lettres vertes le mot « absinthe ». Au cœur de la Kabylie ! Le chef en versa au fond des verres qu'il remplit ensuite d'eau à petits coups comme aurait pu le faire un habitué des boulevards ; nous trinquâmes, et le fils des croyants vida son verre avec autant de plaisir que nous. Je dois dire que j'avais déjà vu et que je devais encore voir jusqu'à la fin du voyage la plupart des musulmans notables s'embarrasser fort peu de la prescription religieuse qui leur interdit les boissons alcooliques. Ils en sont même au deuxième degré de l'impiété, car ils ne se cachent point, et on les voit consommer le péché sur le devant des cafés algériens en présence de leurs coreligionnaires.

Le souper fut servi dans des plats, des soupières et des assiettes de provenance française. Les cuillers et les fourchettes de fer laissaient fort à désirer, mais nous eûmes chacun une serviette. En revanche le repas fut d'une couleur locale terrible. La *cheurba*, espèce de poulet au riz, le couscoussou et les diverses viandes qui défilèrent n'avaient qu'un goût : celui du piment rouge qui y était répandu à profusion. Il faut avoir un palais triplement cuirassé pour avaler ce feu ; sinon, à la quatrième bouchée, on s'avoue vaincu. Le pain kabyle n'est pas levé, on dirait de grosses crêpes trop peu salées ; c'est fade, lourd et indigeste. Je me rejetai sur les *tourta* et les *m'krout*, espèces de beignets sucrés frits dans l'huile qui me semblèrent délicieux. Le vin, car notre musulman avait une cave, le vin que nous buvions était un des meilleurs que nous eussions trouvé jusqu'alors en Algérie. Le spahis mit le comble à notre surprise en nous disant :

— Fait par lui.

— Comment fait par lui ?

— Oui, dit notre hôte, c'est moi qui ai fait ce vin.

Nous demandâmes toutes sortes d'explications qui finirent par nous convaincre. Non-seulement Mohammed-Saïd et son frère boivent du vin, mais encore ils en font avec les raisins de leurs vignes. Je ne comparerai pas cette découverte à celles de Livingstone ou de Stanley, cependant elle n'est pas sans importance, et elle a paru si extraordinaire aux Algériens auxquels j'en ai fait part, que bon nombre sont restés incrédules. Le chef avait même du cognac, et lui fit honneur comme aux autres boissons.

Le frère de Mohammed-Saïd fit dérouler par terre deux matelas, deux véritables matelas ; nous donna à chacun un drap et des tapis pour nous couvrir, et nous souhaita le bonsoir. Quelle nuit inoubliable ! Je m'étais endormi du sommeil de plomb d'un homme qui vient de passer sa première journée à mulet, lorsque, vers dix heures du soir, un vacarme effroyable nous réveilla. On eût dit que le diable était dans notre chambre. Les assiettes pirouettaient sur elles-mêmes avec un son métallique ; les chaises dansaient ; la table frappait du pied comme un guéridon spirite ; on entendait des corps mous et souples bondir et retomber sur le parquet ; des gueules s'ouvraient et se refermaient avec des craquements ; des yeux phosphorescents brillaient dans l'ombre. Je crus tenir l'aventure sans laquelle il n'y a point de voyage complet. Nous nous armâmes de nos chaussures, et tout en nous tenant prêts à montrer ce dont sont capables deux Français armés de leurs bottes, nous allumâmes du feu. Hélas! il n'y eut pas de lutte héroïque. Les chiens du village, flairant les reliefs du souper, avaient forcé notre porte, et il y en avait une bande en train de nettoyer les écuelles. Ils décampèrent à la première lueur et nous nous recouchâmes en pestant. Mais des hôtes innombrables, qui n'avaient pas été invités, pullulaient sur nos matelas, et nous firent sentir si cruellement leur présence, que nous ne pûmes nous rendormir. Pour nous distraire, toute la nuit nous entendîmes glapir des centaines de chacals. On ne saurait imaginer clameurs plus lugubres; on dirait des enfants qui pleurent mêlés à des chiens qui hurlent au perdu. Il fallut l'aube pour faire taire ces lamentables geigneurs.

Sitôt qu'on vit clair, nous fûmes sur pied et nous fîmes autour du village une petite promenade dans l'air frissonnant du matin. Déjà les figuiers étaient pleins de bruissements; des Kabyles en calotte rouge, des femmes, les cheveux ébouriffés sur les yeux, de jolis enfants cueillaient des feuilles pour les bêtes. Comme tout ce monde paraissait actif! Dans une cour, un tourneur était à l'ouvrage et tournait de grosses coupes en bois d'aune sur lesquelles on dresse les plats de couscoussou; des mulets chargés sortaient du village allant au marché; des hommes, des femmes passaient affairés avec le pas alourdi des paysans; d'autres sortaient pour nous voir et causaient vivement de nous sans qu'aucune trace de malignité se montrât sur leurs figures; des femmes nous montraient comme des personnages extraordinaires aux enfants qu'elles portaient sur leurs bras. Sur une petite place à l'abri d'un frêne gigantesque, j'examinai un pressoir à huile. Il se composait de deux pièces, une grossière meule à bras pour piler les olives et le pressoir proprement dit. Celui-ci était des plus rustiques : une simple vis en bois tournant dans une poutre fixée sur deux solides montants. Cette vis, en descendant, pèse sur une planche sous laquelle on place les olives pilées et mises dans un sac de joncs. Il y a dans la Bourgogne de vieux pressoirs à vin exactement pareils.

Nous partîmes au milieu des bonjours d'apparence fort cordiale d'une vingtaine des habitants de Summeur. A quelques kilomètres du village, nous gagnâmes la grande route du col de Tirourda qui doit relier un jour Fort-National à Beni-Mansour. Il n'y en a encore que la moitié de faite, et il serait urgent qu'on la terminât. Le pays est le même que la veille, cependant en certains endroits l'eau manque, les arbres ne peuvent pousser et sont remplacés par des broussailles ou de maigres fougères. En d'autres, il est vrai, nous revoyons le spectacle qui nous avait tant émerveillés une première fois : trente ou quarante villages blancs et rouges apparaissant à la fois sur les crêtes et sur les pentes.

On sait que Fort-National a été fondé en 1857 pendant l'expédition qui mit fin à l'indépendance de la grande Kabylie. Il est au centre du pays et le domine tout entier. Du col de Chellata notre spahis nous l'avait montré comme un point blanc. Depuis 1871, on en a agrandi encore l'enceinte qui englobe aujourd'hui tout le plateau de Souk-el-Arba. Quand on posa la première pierre, un vieux chef kabyle demanda :

— Sidi maréchal (Randon) va-t-il donc habiter Souk-el-Arba ?

— Non, c'est un bordj qu'il fait construire.

— Un bordj ! oui, on m'avait bien dit la vérité. Regardez-moi, quand un homme va mourir, il se recueille et ferme les yeux. Amin (chef) des Kabyles, je ferme les yeux, car la Kabylie va mourir (1). »

La liberté kabyle ne s'en est pas relevée en effet et ne s'en relèvera pas. L'insurrection de 1871, dont les masses désordonnées sont venues se briser contre la forteresse, a montré une fois de plus aux indigènes que le drapeau français qui la surmonte, et qu'ils aperçoivent sans cesse de toutes les cimes de leur pays, est invincible pour eux. Les insurgés avaient deux canons qui avaient été enterrés à Koukou au moment des guerres d'indépendance ; ils parvinrent à en tirer quelques coups contre le fort. Pour empêcher les indigènes de s'enorgueillir du fait, on a bâti depuis deux tours sur les emplacements où les pièces avaient été mises en batterie.

Fort-National est un poste purement militaire, nullement une colonie. Les habitants civils qui sont

---

(1) Émile Carrey, *Récits de la Kabylie.*

venus s'y fixer, au nombre de 257, sont obligés de résider dans l'enceinte. Tout est sacrifié aux nécessités de la défense, et les constructions militaires occupent les deux tiers de l'emplacement. Rien de particulièrement curieux à signaler, si ce n'est l'abondance des arbres et les bibelots indigènes que l'on trouve à acheter. Ce sont des sabres aux lames de fer et aux manches en bois, des couteaux de même fabrique, des fusils incrustés d'argent et de corail, des bijoux d'argent, des poteries et des objets en bois sculpté, tels que des couteaux à papier, des cuillers et des fourchettes, des pupitres, des matraques. Tout cela est un peu barbare. Il est vrai que c'est également bon marché.

Une anecdote qui nous amusa montre quels petits sacrifices la vie coloniale peut imposer aux Algériens qui sont éloignés des grands centres. L'un des habitants de Fort-National, homme instruit et aimable, auquel nous étions recommandés, voulut absolument que nous passions une soirée chez lui. Nous n'avions point de valises, partant ni linge ni vêtements de rechange, mais l'excuse ne parut pas sérieuse. On ne lâche pas ainsi des étrangers de passage à Fort-National, et, bien que nous fussions faits comme des voleurs, il fallut nous rendre à l'invitation.

La jeune fille de la maison se mit au piano. Aux premières notes nous nous regardâmes avec effroi : l'instrument désaccordé sonnait horriblement faux. La musicienne n'en exécuta pas moins bravement un morceau, puis un second, puis un troisième. La pauvre enfant n'avait pas tous les jours l'occasion de montrer son talent. Les assistants souriaient d'aise. Pour moi, je ne savais que dire, ayant peur qu'on ne crût que je me moquais si je louais autant que l'aurait exigé la politesse. David, plus hardi, enveloppa la vérité dans un compliment :

— Vous devez bien souffrir, mademoiselle, étant si bonne musicienne, d'avoir un instrument si faux.

— Ah! dit le père, il nous est impossible de le faire accorder. Il n'y a que deux pianos ici. Nous sommes à cent quarante kilomètres d'Alger. Ce serait un voyage de quatre ou cinq jours pour l'accordeur, et il nous demande deux cents francs. Nous reculons devant la dépense.

— Bah! dit la mère, on s'y fait.

Et la jeune fille se remit à jouer.

LA QUESTION INDIGÈNE

Qui se fera l'apôtre de la Kabylie? — Notre honneur et notre intérêt exigent l'assimilation des indigènes. — Les indigènes ne disparaîtront pas de l'Algérie. — Preuves qu'ils ne sont point réfractaires à notre civilisation. — Arabes et Berbères. — Ilotisme actuel des indigènes. — Vainqueurs et vaincus. — — Comment on encourage les naturalisations. — Nécessité de mettre les indigènes en rapport avec le gouvernement par des délégués élus. — Il faut détruire la société arabe. — Constitution de la propriété individuelle. — Constitution d'un état civil des indigènes. — Suppression de la justice musulmane. — Suppression des collecteurs d'impôts indigènes. Des écoles! Partout des écoles!

Tout en rêvant dans la diligence de Tizi-Ouzou à Alger, je me disais : « Voilà une des races les plus laborieuses du globe, elle a fait d'un pâté de montagnes un immense verger, et chaque jour elle le dispute aux eaux des pluies qui en entraînent la terre ; elle est aussi sobre que patiente, et cinq cent mille habitants vivent sur un territoire d'où trois cent mille Européens auraient peine à tirer leur subsistance. Et une race douée de pareilles vertus ne serait pas perfectible? Mise en contact avec notre civilisation, au lieu d'en profiter, elle devrait disparaître devant elle? Non, ma raison, aussi bien que mon cœur, proteste contre une pareille idée. Le paysan qui aime sa terre aime aussi tout ce qui la rendra plus productive; le sédentaire qui aime sa maison aime aussi tout ce qui l'embellira; l'homme qui vit de son travail doit finir par aimer un régime qui lui en assure les fruits. Aucun préjugé, aucune conviction même ne tient éternellement contre un intérêt évident. Je connais l'histoire de la transformation de nos villages de l'Ain. Depuis quarante ans, on s'est mis à tamiser la farine, et au lieu d'un grossier pain noir on a fait peu à peu de bon pain blanc, on a pris l'habitude de la viande une ou deux fois par semaine, on a acheté du linge et de meilleurs vêtements, on a remplacé la terre battue par des carreaux de brique, on a crépi l'intérieur des maisons. Les vieillards protestaient, inquiets de ces recherches de bien-être où ils voyaient des présages de ruine, mais les jeunes gens se sont donné à eux-mêmes ce que leurs pères s'étaient obstinés à se refuser. Pourquoi? Parce que, en même temps que la facilité croissante des transports augmentait la valeur de leurs produits, et par conséquent leur fortune; ils étaient pénétrés par la grande diffusion d'idées qui s'est faite dans la première moitié de notre siècle. Ils avaient appris, ils savaient. Qu'en coûterait-il aux Kabyles pour avoir dès à présent un pain mieux fait, des charrues meilleures, des maisons plus propres? Rien que d'apprendre et de savoir, et croit-on qu'ils ne seraient pas reconnaissants à ceux qui leur apprendraient? Qui donc se fera l'apôtre de la Kabylie? Enseigner aux Français ce qu'ils gagneraient à rapprocher d'eux les indigènes, enseigner aux indigènes ce qu'ils gagneraient à se rapprocher des Français, réconcilier les deux races, faire entrer les vaincus dans la grande famille des vainqueurs, oh! je voudrais qu'un homme éloquent se consacrât à cette glorieuse mission! Serait-il possible d'employer plus noblement sa vie? Où est cet homme? Qu'il parle. Je sens, je sais qu'il se ferait écouter parmi nous. »

Encore un arabophile, diront certains Algériens pour qui arabophile veut dire hostile aux colons. Non pas, mais un Français qui aime autant que personne ses compatriotes de l'autre côté de la Méditerranée. Je ne suis pas un partisan du royaume arabe, je ne demande pas qu'on laisse les indigènes à leur barbarie; au contraire, je demande qu'on les en arrache et malgré eux, au besoin, en usant de notre autorité de vainqueurs, s'il le faut. De même que l'État revendique le droit de diriger l'éducation de la jeunesse, je voudrais qu'il s'arrogeât celui de former l'esprit de ces autres enfants. Il faut qu'on prenne une série de mesures dans le but précis de préparer les indigènes à l'assimilation, c'est-à-dire à recevoir un jour le titre de citoyens français. Notre honneur et notre intérêt nous le commandent à la fois.

Notre honneur. La France s'est toujours glorifiée de marcher à la tête de la civilisation. Ce serait un scandale et une honte si elle considérait comme éternel l'état d'ilotisme où ces deux millions et demi d'individus sont réduits aujourd'hui. Quand nos troupes ont débarqué sur la côte d'Afrique, nous invoquions, pour légitimer la conquête, la nécessité de mettre fin à la barbarie qui y régnait. Eh bien, la barbarie y règne toujours. Seulement, ce n'est plus le drapeau turc qui l'abrite, c'est le drapeau français. Pour moi, je me sentirais profondément humilié dans mon amour-propre national, s'il était entendu qu'il en sera toujours ainsi.

Notre intérêt. Tout fait prévoir que les indigènes garderont une supériorité numérique sur les colons pendant longtemps encore, pendant plus d'un siècle peut-être. Il s'agit donc de savoir si les colons auront pour voisins des fanatiques ignorants ou des gens civilisés, des amis ou des ennemis. Tant que les indigènes seront séparés d'eux par la langue, par les mœurs, par les traditions et les rancunes que leur isolement conserverait indéfiniment, la grande question de la sécurité sera insoluble, parce que le vol au détriment des vainqueurs sera toujours méritoire chez des vaincus. Si l'on persévère dans le système adopté depuis la conquête, c'est l'insécurité à perpétuité, la menace permanente de nouvelles révoltes, l'Algérie restant éternellement un camp. Si l'on se décide à tenter sérieusement et vigoureusement l'assimilation, c'est l'espoir de voir les haines de races disparaître, et la France compter un jour deux millions de sujets de plus. L'Algérie présente deux problèmes étroitement liés, et l'un ne saurait être tenu pour résolu tant que l'autre ne le sera point. La colonisation européenne sera toujours menacée, précaire, tant que l'assimilation des indigènes ne sera point faite.

Je sais quelles objections on oppose à ces idées. On dit : Pourquoi nous occuper des indigènes ? Les races inférieures devant fatalement disparaître devant les races supérieures, ils s'éteindront peu à peu. Or, rien n'est moins démontré que cette prétendue loi naturelle qui condamne les races inférieures. Voilà trois cents ans que la race indigène du Pérou est en présence de la race espagnole, et cependant elle forme toujours la majorité de la population du pays. Le dernier recensement des possessions anglaises dans l'Afrique australe a révélé que le chiffre de la population noire augmente rapidement. En Algérie même, il ne m'est pas prouvé que les indigènes soient en décroissance. D'un recensement à l'autre, les statistiques constatent des écarts énormes. Le recensement de 1872 avait indiqué une diminution de plus de 600,000 âmes, celui de 1876 indique une augmentation de 330,000 âmes. Je crois que cela montre seulement que nos statistiques sont mal faites et méritent peu de confiance. On les dresse sur les simples déclarations des chefs de famille, qui tantôt comptent et tantôt ne comptent pas leurs garçons en bas âge et leurs filles. En réalité, de l'avis des officiers et des administrateurs civils qui ont pu surveiller une certaine étendue de territoire pendant quelques années, le nombre des indigènes tend à croître, ce qui s'explique surabondamment par la paix, la sécurité et le bien-être qui sont les résultats de l'occupation française. Que les colons règlent donc leur conduite sur cette conviction qu'ils sont destinés à vivre éternellement au milieu d'eux, et qu'ils ont tout à gagner à entretenir avec eux de bons rapports, et tout à perdre à en avoir de mauvais.

On dit encore : jamais vous n'assimilerez les Berbères, encore moins les Arabes. Le musulman est absolument réfractaire à notre civilisation. Il a pour nous non-seulement de la haine, mais encore du mépris : on n'imite pas un peuple qu'on méprise. Cette objection paraît plus sérieuse que l'autre, mais je ne la crois pas mieux fondée. Rien n'est immuable en ce bas monde, ni le roc, ni le génie des peuples. Les générations d'une race puisent leurs idées à deux sources : dans les traditions qu'elles reçoivent de leurs ancêtres et dans le milieu où elles vivent. Si le milieu change, il est impossible que l'esprit de la race ne se modifie pas aussi. Je voudrais que quelqu'un connaissant bien le passé de l'Algérie la parcourût avec soin dans le but de noter les différences qui existent entre les mœurs et les habitudes indigènes d'il y a quarante ans et celles d'aujourd'hui. Je suis certain qu'on serait surpris des changements qui se sont déjà opérés.

Dès maintenant j'en pourrais citer quelques-uns en passant. A Bône et à Oran, on nous a fait remarquer qu'il n'y avait pas de jeunes gens parmi les Arabes venus pour la fantasia qui terminait les courses ; d'où je conclus qu'un état de paix général et permanent ayant succédé aux guerres perpétuelles d'autrefois, les exercices guerriers tombent en désuétude. Nous avons désarmé toute la population, nécessairement les jeunes gens ne peuvent plus apprendre à se servir des armes. Les Abd-en-Nour ont quitté la tente pour bâtir des maisons, la vie pastorale pour la vie agricole; d'où je conclus que le nomade qui a à sa disposition un territoire fertile deviendra sédentaire quand les gains que lui procurera la culture de ce territoire seront suffisants pour le tenter. Avant 1869 les indigènes n'ensemençaient que quinze à dix-huit cent mille hectares et ne possédaient que sept millions et demi de têtes de bétail; aujourd'hui ils ensemencent deux millions et demi d'hectares et élèvent près de quatorze millions de têtes de bétail; avant la conquête ils ne produisaient de la laine qu'autant qu'il leur en fallait pour leurs besoins, aujourd'hui ils en exportent pour quinze à dix-huit millions; d'où je conclus qu'ils ne sont pas rebelles au travail et que l'amour du gain peut vaincre leur paresse. Quelques Kabyles ont adopté notre charrue pour obtenir des labours plus profonds; d'où je conclus que l'indigène est parfaitement capable d'apprécier la supériorité de nos outils. J'ai trouvé à Summeur une maison bâtie à la française, des meubles et des ustensiles français, d'où je conclus que l'indigène se laisse fort bien séduire par notre confortable. Nous avons rencontré une foule d'indigènes parlant bien ou mal le français, d'où je conclus que, si on se donnait la peine de le leur apprendre, il y en aurait encore bien davantage qui le sauraient. Si je consulte l'*État actuel de l'Algérie*, je vois que 839 musulmans se sont fait naturaliser depuis la conquête et que 431 autres ont demandé la naturalisation sans l'obtenir; c'est peu, mais je n'en conclus pas moins que l'on peut être musulman et n'avoir pas pour la nationalité française une horreur insurmontable. Les volontaires ne manquent jamais pour remplir les cadres de nos régiments de turcos et de spahis, et j'y vois une preuve de plus qu'il n'existe pas de répugnance invincible entre les indigènes et nous. Enfin tout le monde s'accorde à reconnaître que depuis la conquête de déplorables habitudes d'ivrognerie tendent à s'introduire parmi les indigènes; certes, ce n'est pas une modification dont nous ayons lieu de nous vanter, mais enfin elle vient à l'appui de ce que je disais en commençant: quand les conditions d'existence d'un peuple changent, ses mœurs changent aussi.

N'imaginons donc pas que nous avons affaire à une matière impossible à forger. Elle n'est pas fort malléable, j'en conviens, mais elle l'est et cela suffit pour que nous ne désespérions pas. Croyez-vous que les indigènes nous emprunteront le matériel de notre civilisation sans en prendre aussi l'esprit? En même temps que nos outils, nos ustensiles, nos meubles, notre confort et notre manière de vivre, nos idées pénétreront chez eux et d'autant plus rapidement qu'elles auront pour véhicule notre langue répandue par de nombreuses écoles. Si quelqu'un en doute, je répondrai: Qu'en savez-vous? A-t-on jamais essayé? Qu'a-t-on fait jusqu'à présent pour les rapprocher de nous? Rien. Attendez au moins un échec

Si les dépenses qu'entraîneraient les mesures propres à préparer l'assimilation faisaient hésiter, on pourrait faire une expérience sur un territoire restreint, et je n'en vois pas de plus propice que la Kabylie. Le public français, accoutumé par une erreur trop longtemps officielle à appeler Arabes tous les indigènes, croit volontiers qu'il n'y a que des Arabes en Algérie, et, bien que le fait ait été signalé depuis longtemps, je suis sûr d'étonner encore plus d'un de mes lecteurs en lui apprenant qu'ils ne représentent qu'une assez petite minorité de la population. En chiffre rond, on estime le nombre des indigènes de la colonie à 2,500,000. Dans ce total, les Arabes purs ne comptent que pour 500,000, c'est-à-dire pour un cinquième ; ce sont les descendants des tribus de la grande invasion du XIe siècle. Les deux millions restants sont les fils des habitants primitifs que les Carthaginois et les Romains avaient déjà trouvés établis dans cette partie du monde et qu'aucune conquête n'a pu en chasser. On les divise en Berbères purs. c'est-à-dire ayant gardé leur langue en même temps que leurs coutumes, et en Berbères arabisés, c'est-à-dire ayant adopté la langue arabe depuis la conquête musulmane. Chacune de ces deux catégories comprend à peu près un million d'individus. La première se compose pour une moitié de la population de la grande Kabylie. Grâce à la configuration d'un pays montagneux presque inaccessible aux armées, c'est là que la race a le mieux conservé sa langue, ses traditions et son originalité à travers les siècles.

Le parallèle entre le Kabyle et l'Arabe a été souvent fait, je ne saurais me dispenser d'en rappeler les traits principaux. La différence capitale qui existe entre eux provient du fait que j'ai déjà signalé dans ce que j'ai dit de l'insurrection de l'Aurès. La société arabe est purement religieuse; la société kabyle repose, au contraire, sur des traditions civiles. L'Arabe tire toutes ses lois du Koran; pour lui, elles ne répondent pas seulement à une nécessité sociale, elles sont des articles de foi. Le Kabyle a conçu la vie sociale en dehors de la religion. Au moment où la conquête lui a imposé l'islanisme, il était en possession d'institutions civiles auxquelles il s'est attaché avec passion. S'il a dû accepter le Koran comme doctrine, il l'a rejeté comme code pour garder ses traditions légales et politiques. Chez le Kabyle les réformes n'atteignent que le citoyen, chez l'Arabe elles atteignent le citoyen et le croyant; de là double résistance au progrès chez ces derniers.

Mahomet a comme pétrifié la société arabe dans l'état où il l'avait trouvée, et il l'avait trouvée constituée d'une façon très-primitive. La tribu vit sous le régime patriarcal; le chef dispose d'un pouvoir sans contrôle; la plupart des biens sont en commun; les individus sont noyés dans la collectivité. Dans la société kabyle, au contraire, la propriété est individuelle; le pouvoir se déléguait par l'élection, les droits de chaque individu étaient nettement définis. Je parle au passé, parce que nous avons eu le tort de détruire leurs institutions au lieu de nous en servir. On peut voir chez les Arabes les effets de l'irresponsabilité, et chez les Kabyles les effets de la responsabilité. La comparaison est de la plus haute portée philosophique. L'Arabe est mauvais cultivateur, pourquoi travaillerait-il ? Il n'a pas le stimulant du gain personnel ; ce qu'il fait profite à la collectivité, non à lui. Le Kabyle a son champ à lui, et pour en tirer le meilleur parti possible se lève de bonne heure, sue toute la journée, le tourne et le retourne. L'Arabe se soucie peu d'améliorer les cultures ; ce n'est pas son bien ; ce n'est pas lui qui aurait le bénéfice des améliorations. Le Kabyle, qui aime sa terre, recherche ce qui pourrait la rendre plus féconde. L'Arabe, n'étant attaché au sol par aucun lien particulier, préfère la vie nomade. Le Kabyle, qui a une propriété, préfère la vie sédentaire. L'Arabe, qui n'en a pas l'habitude, n'aime pas les travaux manuels. Le Kabyle est un laborieux agriculteur, on pourrait presque dire un jardinier. Le caïd arabe, n'étant retenu par aucun frein, se rend trop souvent coupable de rapines et d'oppression. L'amin kabyle, dépendant d'une élection, était soumis au contrôle permanent des électeurs et restait juste pour garder leur estime. L'Arabe, n'ayant aucun droit et sachant que sa fortune dépend de la faveur du maître, se fait souple, ruse et intrigue pour la gagner ; il est fourbe. Le Kabyle, dont la fortune dépendait de l'opinion publique, essayait de se donner les vertus qu'il prisait chez les autres. Il est droit et tient sa parole. Volontiers, si on a l'air de suspecter sa bonne foi, il demandera : Me prends-tu pour un Arabe ?

On pourrait pousser plus loin ce parallèle de l'influence que les divers modes de propriété peuvent avoir sur les mœurs des peuples, ces indications suffiront à mes lecteurs (1). J'ajouterai seulement encore que la condition des femmes est meilleure chez les Kabyles que chez les Arabes. Ce n'est pas qu'elle soit encore bien brillante. La femme s'achète comme une pièce de bétail, et il arrive trop souvent qu'on rompt le marché quand il a cessé de plaire. Cependant, tandis que l'Arabe la regarde comme un être inférieur, une bête sans âme, le Kabyle la traite avec plus d'égalité. Elle garde son foyer et elle y a conquis une place et une certaine dignité. Elle sort librement et le visage découvert, et elle est presque toujours épouse unique ; les Kabyles polygames sont de très-rares exceptions. Elle compte dans la société et jusque dans les conseils politiques. La prophétesse Lella-Khedidja a joué un rôle célèbre dans l'insurrection de 1857. Des femmes ont régné sur des Berbères à diverses reprises. Dans cette même insurrection de 1857, chaque tribu tint à se mesurer avec nos troupes, même lorsque tout espoir de succès fut perdu ; comme on demandait le motif de cette déraisonnable résistance, les Kabyles répondirent : Nos femmes n'auraient plus voulu nous faire le couscous, si nous n'avions pas eu notre journée de poudre.

Disposition au progrès, vie sédentaire, goût du travail, probité, respect relatif de la femme, autant de traits qui comblent l'abîme qui nous sépare des

(1) Voir, sur les intéressantes coutumes kabyles, les mémoires du maréchal Randon, les travaux du D* Warnier, du prince Bibesco, du baron Aucapitaine, et surtout le beau livre de MM. Hanoteau et Letourneux.

Arabes et rapprochent de nous les Kabyles. Tous ceux qui ont connu ce dernier peuple l'ont aimé : le docteur Warnier avait l'espoir qu'il se convertirait un jour en masse au catholicisme; le baron Aucapitaine estimait qu'avant un siècle il serait absolument français. Il est évident, si on veut faire un essai sur un théâtre restreint, qu'il faut choisir la Kabylie où le terrain est mieux préparé que nulle autre part. Elle est assez grande et assez peuplée pour former un beau département où on pourrait se livrer à la plus intéressante des expériences. Mais, à mon avis, on ferait mieux d'appliquer du premier coup à toute l'Algérie les réformes qui amèneront progressivement l'assimilation des indigènes.

Ces réformes, je n'ai point la prétention de les indiquer moi-même, je n'ai aucun système à recommander. Je me contenterai de résumer les impressions que j'ai gardées des conversations que j'ai eues à ce sujet avec de nombreux colons. Ce sont leurs propres idées que je vais rapporter. Elles ont trait aux mœurs, aux habitudes administratives et aux lois.

D'abord, réforme des mœurs. Nos colons en général devraient modifier leur manière d'être avec les indigènes. Non pas qu'ils aient en aucune façon démérité la réputation de bonté acquise à notre nation. Les crimes et les délits commis par des colons contre des indigènes sont très-rares. Les bureaux de bienfaisance algériens donnent sans distinction de race; on admet les indigènes dans les sociétés de secours mutuels et les hôpitaux leur sont toujours ouverts. Le colon a la main généreuse, et cette phrase, que le docteur Warnier écrivait il y a quinze ans, n'a pas cessé d'être vraie : « Jamais un indigène ne se trouve avoir besoin de secours à portée d'un Européen, sans que celui-ci ne lui vienne en aide. »

Mais, si l'on convient que nous avons bon cœur, on dit aussi que nous avons mauvaise tête. Nous aimons à marquer notre supériorité, à faire les maîtres. Cette disposition d'esprit porte le colon à rappeler à l'indigène qu'il est un vaincu, et, je le dis sincèrement, il m'a semblé quelquefois que nous étions des vainqueurs bien désagréables. A Bône j'ai vu un enfant de quatorze ou quinze ans expulser à coups de pieds de la gare un Arabe à barbe blanche. Le vieillard défilait gravement sous la grêle de coups du gamin, et personne ne s'est interposé pour mettre fin à cette scène qui m'a humilié. A Fort-National nous étions allés visiter le marché, un Kabyle avait laissé sur la route son petit garçon, âgé de trois ou quatre ans, juché sur un cheval. La bête, sans être attachée ni entravée, se tenait immobile avec l'admirable patience de sa race ; l'enfant, encapuchonné dans son burnous, nous regardait d'un air de gravité fort curieux. Un colon de notre groupe trouva drôle de troubler cette tranquillité et sangla d'un vigoureux coup de badine le cheval qui partit au galop. L'enfant effrayé se mit à crier ; le père ne fit qu'un bond hors du marché et courut à son secours. Quand il repassa devant nous, il nous regarda d'un œil plein de haine en murmurant des imprécations que nous ne pouvions comprendre. N'êtes-vous pas d'avis qu'il eût mieux valu, pour le colon, donner une caresse au petit garçon qu'un coup de fouet à la bête?

A Oran, le 19 octobre, un grand banquet fut donné au gouverneur de l'Algérie et aux membres de la caravane. On y avait invité quelques-uns des principaux chefs des environs. Devant ces hommes qui étaient des hôtes, M. Jacques, député du département, prononça un discours dans lequel il déclara que tous les grands chefs étaient des traitres qu'il fallait faire disparaître si on voulait asseoir définitivement notre domination en Algérie. A cette injure qui leur était lancée en plein visage, un des Arabes se mit à pleurer. L'incident causa une pénible impressions à tous les assistants, et Si-Ahmed-Ould-Cadi, bach-agha de Frendah, grand officier de la légion d'honneur, Si-Mohamed-ben-Daoud, agha des Douairs, commandeur de la légion d'honneur, et Si-Ahmed-ben-Ahmed, agha des Ouled-Riah, officier de la légion d'honneur, protestèrent avec indignation dans l'*Écho d'Oran* contre cette accusation de trahison. Leur lettre est un document à conserver; les indigènes n'ont point de presse, et il arrive bien rarement que l'expression de leurs sentiments soit rendue publique. Je pense qu'on me saura gré d'en reproduire les principaux passages :

Si M. Jacques connaissait les hommes et les choses de notre pays, ce n'est point devant nos barbes blanches qu'il eût parlé de trahison, car il saurait que, depuis notre enfance, c'est-à-dire depuis que les Français ont débarqué en Algérie, nous sommes venus nous ranger spontanément sous leur drapeau, et que, fidèles serviteurs, nous avons versé notre sang sur tous les champs de bataille où il a plu aux chefs français de nous conduire.

Mais M. Jacques ignore notre histoire : il ne nous connaît pas, il ne nous a pas vus à l'œuvre, il ne nous a pas suivis dans les expéditions. D'autres soins l'ont appelé en Algérie, d'autres occupations l'ont retenu dans les villes. Ce n'est pas vous, monsieur le directeur, ni ceux qui, comme vous, nous ont discutés quand nous étions grands et forts, qui vous abaisseriez à nous insulter, aujourd'hui que nous sommes vieux et déchus de notre grandeur.

Les temps sont bien changés. Autrefois notre devoir était d'obéir à l'autorité militaire et d'aller nous faire tuer en combattant contre nos frères, pour assurer à la France la conquête de l'Algérie.

Aujourd'hui que la conquête est achevée, que la paix et la tranquillité règnent dans le pays, on nous oublie, on nous met de côté, on ne veut pas nous traiter comme les Français ni comme les Européens ; bien heureux encore quand on ne nous injurie pas publiquement par paroles ou par écrits ! Et cependant nous continuons à assurer cette tranquillité du pays qui permet le développement de la colonisation et du commerce. Comme les colons qui s'installent chaque jour à côté de nous, nous défrichons, nous cultivons, nous plantons des arbres, même de la vigne, nous assimilant peu à peu leurs procédés, leurs instruments.

M. Jacques en fait-il autant? Pouvons-nous admettre que cet homme soit notre représentant, à nous indigènes? Que pouvons-nous attendre de son intervention dans les questions qui nous touchent?

Quand un député, dont la sortie a du reste été vivement regrettée de la population oranaise, quand un député donne l'exemple de pareilles vexations, on peut bien penser que le simple colon ne se met pas toujours en peine de ménagements. Si un indigène ne se range pas assez vite sur le passage d'une voiture, on le cingle d'un coup de fouet accompagné de quelque gros mot railleur; on dérange d'un air d'autorité les ouvriers qui travaillent pour les faire examiner par un ami; on goûte aux fruits des étalages; on en cueille dans les jardins en passant; on ne résiste guère à l'envie de faire une mauvaise plaisanterie si l'occasion s'en présente. Bref, c'est une sorte de guerre à coups d'épingle qui continue; l'indigène sourit d'un air résigné, mais savez-vous ce qu'il ressent? Il n'y a, au fond, point de méchanceté dans tout cela; mais ces petites humiliations n'en entretiennent pas moins la haine dans un cœur fier en lui rappelant chaque jour la situation où l'a mis la conquête. Un détestable préjugé veut que l'indigène ne respecte que la force; je doute cependant qu'on se le concilie jamais par de mauvais procédés. En nous voyant les traiter avec égard, plus d'un nous a dit : « Vous, vous êtes des Français de France », ce qui semblerait indiquer qu'ils ne sont pas aussi insensibles à la douceur qu'on voudrait le croire.

Vous en parlez bien à votre aise, me diront quelques Algériens; on voit bien que vous n'êtes pas toutes les nuits exposés à être volés, sinon vous ne parleriez pas si posément. Eh! mes amis, mon avis n'en est que plus désintéressé. Il s'agit de résoudre la question de la sécurité et j'en reviens là : Voulez-vous que les indigènes restent vos éternels ennemis ? Il est de toute évidence que vous ne sauriez répondre affirmativement. Ne vous lassez donc pas de leur faire les avances, puisque votre intérêt l'exige. Mettez-vous à leur place. Jusqu'à présent ils n'ont aucune raison de nous beaucoup aimer. N'est-ce pas à vous de faire les frais d'une réconciliation dont vous serez les premiers à bénéficier?

Et je crois qu'il entre beaucoup de parti pris dans le langage des gens qui prétendent que cette réconciliation est impossible. A Bône, ayant besoin d'un portefaix pour porter nos malles, nous interpellâmes un Kabyle qui passait. Quand il sut de quoi il s'agissait, bien que ce fût un pauvre ouvrier du port, il nous dit : « Pour faire plaisir, je les porterai ; pour de l'argent, non. » A Constantine, comme nous nous promenions un matin dans la ville arabe, je m'informai du nom de certains fruits jaunes que je voyais dans une corbeille, l'indigène qui les vendait me dit gracieusement : « Tu peux en goûter, si tu veux. » On m'a dit que le Kabyle voulait tout simplement se faire prier afin de demander plus cher et que le marchand espérait me vendre ses fruits. Ce sont des suppositions, pourquoi n'aurais-je pas cru à leur sincérité? Pendant que nous étions à Blidah, le *Tell,* journal de cette ville, publia la note suivante :

Le nommé Mohammed Bou Setta, propriétaire à Milianah, de passage en notre ville, a trouvé sur le marché européen un porte-monnaie contenant une somme assez ronde en or.

Il s'est empressé d'en faire le dépôt à la police, qui tient l'objet trouvé à la disposition du propriétaire.

On est heureux d'avoir à porter un pareil acte de probité à la connaissance du public.

La dignité, l'amabilité et l'honnêteté ne sont donc pas inconnues des indigènes. Dès lors il me paraît moins difficile de nous en faire peu à peu aimer. Cultivons ces qualités en eux, nous gagnerons les meilleurs, et, une fois cette élite acquise à notre cause, il se formera parmi eux une opinion publique de moins en moins favorable aux sentiments de sourde hostilité que la masse garde contre nous. Le brigandage a été à certaines époques une manifestation du patriotisme en Italie, on en pourrait dire autant actuellement du vol en Algérie. Aussi, le jour où les voleurs ne pourront plus se faire un mérite aux yeux de leurs compatriotes d'avoir volé un Européen, le nombre en décroîtra inévitablement.

Ensuite, réforme des habitudes administratives. Elles sont naturellement le reflet des mœurs de la population coloniale. Les indigènes n'ont que la bienveillance des administrateurs pour garantie de la justice de l'administration. Celle-ci dispose contre eux d'un arsenal de lois et de décrets qui leur font une situation singulièrement précaire. J'en citerai un exemple que je crois topique. Qu'est-ce qui tient le plus au cœur de la plupart des hommes sinon la maison où il est né et le champ que ses aïeux lui laissent? Eh bien, actuellement, on peut dire d'une manière générale que pas un indigène, en se couchant le soir, n'est assuré que son bien sera encore à lui le lendemain quand il se lèvera. En pleine paix, on le lui prendra pour les besoins de la colonisation, on l'expropriera. L'art. 19 de la loi du 16 juin 1851 porte en effet : « L'expropriation peut être prononcée pour la fondation des villes, villages ou hameaux, ou pour l'agrandissement de leur enceinte ou de leur territoire. » Quand vous lisez dans les journaux qu'on vient d'affecter un crédit de tant à l'achat de terres destinées à être livrées à la colonisation, cela veut dire qu'on va déposséder de leurs terres un certain nombre d'indigènes. C'est un droit que nous tenons de la conquête, et ce n'est pas moi qui en contesterai la légitimité, mais il est parfois bien cruel à exercer. Tant qu'on n'exproprie qu'une partie des terres que beaucoup de tribus ont en trop grande abondance, c'est bien; mais, quand on touche à l'installation même des indigènes, à leurs villages, quand on oblige des populations à se déplacer comme je l'ai vu faire en Kabylie, que de douleurs! On répond : Nous les indemnisons. Hélas! je le demande, si on disait à des paysans de France: Voici le prix de vos terres, allez-vous-en; est-ce le cœur content qu'ils partiraient? L'indigène aussi s'éloigne le cœur plein de rancunes; bonne graine d'insurgé pour le prochain mouvement. Par cela même que le droit nous vient de la conquête, en continuant à en user nous continuons les hostilités. Alors comment espérer l'apaisement? Ce que je désirerais, ce n'est pas qu'on y renonçât dès maintenant, j'ai un trop vif désir de voir la colonisation s'étendre; c'est que dès maintenant on fixât les limites dans lesquelles on l'exercera encore. Qu'une commission, embrassant l'Algérie tout entière dans un vaste programme, fixe définitivement les points que nos colons doivent envahir. Au moins le coup sera porté d'une fois à la population indigène; les propriétaires que n'aura pas atteints le programme seront certains de jouir en paix de leur propriété et ne se verront plus frappés de ces expropriations imprévues qui d'année en année ravivent les haines (1).

On s'accoutume si bien à ne pas tenir compte des indigènes, qu'on ne ménage même pas ceux qui se rapprochent spontanément de nous. Nous avons été escortés à Fort-National par un spahis qui avait fait vaillamment son devoir dans nos rangs pendant l'insurrection de 1871. Savez-vous comment on l'avait récompensé ? En englobant sa propriété dans le séquestre prononcé contre les rebelles. Après huit ans le pauvre homme pleurait encore en nous racontant qu'il n'avait pu la ravoir. Tout Kabyle qu'on soit, on peut tenir à la maison de son père. Il se nomme Bel-Kassem, on peut se renseigner sur son compte à Fort-National. A Alger, j'ai plusieurs fois causé avec un ancien capitaine de spahis, homme très-intelligent, parlant admirablement français, fort au courant des affaires en général, et des affaires algériennes en particulier. Lui s'est fait naturaliser : « Je croyais, me disait-il, m'assurer la sécurité, à moi et aux miens, en me mettant à l'abri de vos lois. Qu'y ai-je gagné ? D'être suspect à mes compatriotes sans aucune compensation de votre part. On continue à me faire payer l'achour comme aux Arabes ; j'ai réclamé, mais je me suis vite fatigué à me promener dans les bureaux. On a fait mieux : pour créer un village européen, on vient de m'exproprier comme un simple indigène. N'y a-t-il pas de quoi

(1) Les colons de leur côté réclament ce programme général qui permettrait d'éviter les tâtonnements dans la confection des programmes annuels de colonisation et l'enchérissement des terres.

m'indigner et de quoi dégoûter à jamais ceux qui seraient tentés de devenir Français ? »

Enfin et surtout réforme des lois. Il serait immoral que l'état d'ilotisme où sont réduits actuellement les indigènes se perpétuât. Je viens de dire ce qu'ils ont à subir et à craindre ; il faut ajouter qu'ils n'ont aucun moyen de se plaindre et de faire connaître leurs vœux. Ils n'ont pas de journaux pour se faire entendre du public, et ils n'ont pas de représentants pour se faire entendre du gouvernement. Ils élisent bien, avec les étrangers, un tiers des membres du conseil municipal dans les communes de plein exercice. Mais cela n'intéresse qu'une minime partie d'entre eux et pour des questions purement locales. Le principe électif est inconnu dans les communes mixtes et dans les communes indigènes. D'autre part les six membres musulmans qui figurent dans chacun des trois conseils généraux sont nommés par le gouvernement. Deux millions et demi d'individus n'ont donc pas d'organe autorisé auprès du pouvoir qui les gouverne. Deux millions et demi d'individus paient un impôt qui se répartit sans qu'ils soient consultés. Il n'est pas soutenable qu'une exception ainsi contraire au droit moderne doive toujours subsister dans un pays français.

Quelques personnes pensent qu'il conviendrait de donner aux indigènes les libertés municipales et de constituer par toute l'Algérie des communes sur le modèle des nôtres. Je n'oserais émettre un avis sur l'opportunité d'une mesure aussi considérable, bien que je sois persuadé que tôt ou tard nous y viendrons. Mais je crois qu'il serait sage de faire dès maintenant élire par leurs compatriotes les membres musulmans des conseils généraux. N'est-il pas indispensable que nous connaissions leurs besoins si nous voulons les bien administrer? Pour ne citer qu'un fait, croit-on que nous nous serions efforcés d'arabiser les Berbères de la Kabylie et de l'Aurès, s'ils avaient eu auprès de nous des représentants qui nous auraient prévenus de notre erreur?

A moins qu'on ne nie la puissance de la civilisation, on reconnaîtra que nous y avons un autre avantage encore. Il est à présumer que les élus appartiendront à l'élite de la société indigène. Nous les initierons aisément aux affaires, et ils comprendront bien vite l'immense intérêt que leurs compatriotes auraient à ne point se tenir obstinément à l'écart de notre société. Je crois même pouvoir dire que les hommes sur lesquels se porteraient très-probablement les suffrages le comprennent déjà. Ils deviendront un des canaux les plus sûrs par lesquels nos idées pénétreront dans la société indigène. Venant d'un chef imposé par un pouvoir antipathique, des idées d'assimilation seraient repoussées par elle comme des conseils de trahison ; répandues par des mandataires, elles paraîtront l'effet d'une nécessité inéluctable. Aucune propagande ne vaudrait celle qu'ils feront ainsi par la force des choses. J'ai pendant le voyage causé longuement avec trois assesseurs (1), et j'ai été surpris de la netteté de

(1) Les membres musulmans des conseils généraux portent le nom d'assesseurs.

leurs vues sur les besoins de leur race. Mais, nommés par nous, ils doivent être suspects aux yeux de leurs compatriotes ; élus par eux, ils auraient au contraire la plus grande influence. Songez donc à une agitation électorale, à des échanges d'opinion, à des discours, à des professions de foi parmi les indigènes ! Il serait impossible que l'assimilation n'ait pas immédiatement ses partisans ; ils l'entendraient autrement que nous sans doute, mais l'idée en germerait toujours et elle grandirait, car les indigènes n'ont pas d'autres moyens de sortir de la situation inférieure où ils végètent aujourd'hui. L'instinct le plus irrésistible de l'homme est celui qui le pousse à assurer son existence ; il est aussi impérieux en Afrique qu'en Europe ; vous le verriez agir à mesure que l'évidence deviendrait plus éclatante. Pour moi, je mets ma confiance dans sa force.

Étant admis le principe que les indigènes ont le droit de délibérer sur la répartition des impôts qu'ils paient, il en découle cette conséquence qu'ils doivent être représentés jusque dans le Conseil supérieur, si cette institution est appelée à durer. Les conseils généraux établissent les budgets départementaux, le Conseil supérieur établit le budget général de la colonie. Les indigènes sont fort négligés dans tous. De l'État, ils connaissent la main qui prend, mais ils ignorent celle qui donne. Ils fournissent au Trésor bien près de la moitié des recettes algériennes, et, en dehors des bienfaits de la sécurité que nous leur assurons, ils n'en reçoivent rien directement. Ils peuvent demander, comme les Chaouïas de l'Aurès à M. Masqueray : Que faites-vous donc de nos contributions? Ils sont actuellement dans la situation de vaincus qui payent un tribut. Cela n'est pas fort digne de la France. Un ou deux délégués musulmans au Conseil supérieur suffiraient à rappeler que ce sont des sujets qui ont droit dans les dépenses à une part proportionnelle à leur apport dans les recettes. Ne craignons point de les appeler dans nos discussions; encore une fois, notre but doit être d'éveiller en eux la conscience de leur véritable intérêt qui est de se rapprocher de nous le plus possible.

Pour hâter cet éveil et ce rapprochement il faut arracher les indigènes au passé. Comme je l'ai déjà dit, au lendemain de la conquête nous avons organisé d'urgence le pays mal connu que nous occupions. Intimidés par notre ignorance, nous avons touché le moins possible à la société arabe. Nous lui avons laissé ses lois civiles, la polygamie, la propriété indivise, ses écoles, ses chefs, ses juges, ses collecteurs d'impôt, trop heureux de trouver tout établies des fonctions où nous n'avions qu'à nommer des titulaires. La société arabe et la société européenne ayant ainsi chacune leurs organes propres vivent juxtaposées sans se pénétrer. Ce n'est pas en laissant l'esprit des nouvelles générations indigènes se former dans les vieux moules que nous obtiendrons une population assez façonnée à notre image pour nous être assimilée. Depuis quelques années on a touché à cette société arabe : l'extension du territoire civil restreint sans cesse le rôle des chefs indigènes, la propriété collective est abolie en principe, et un essai a été fait en Kabylie pour soumettre les indigènes aux juridictions françaises ; mais il y faut porter la main plus hardiment encore et en jeter à bas toutes les institutions.

Avec la propriété collective, le progrès est impossible. Les braves utopistes qui la prônent comme la première condition de la félicité humaine feraient bien d'aller passer quelques semaines en Algérie. S'ils ont des yeux, ils verraient la propriété collective chez les Arabes et la propriété individuelle chez les Kabyles, ils compareraient et reviendraient convaincus. L'homme qui travaille pour tout le monde n'a qu'un but, c'est, comme on dit, d'en faire le moins possible ; il compte sur les autres. Le sol négligé ne donne que de maigres moissons, et la misère où croupit la population arrête son développement. Les colons eux-mêmes souffrent de cet état de choses. La quantité de terres domaniales qu'ils peuvent posséder est limitée par la loi ; s'ils veulent s'agrandir, ils ne peuvent le faire que par des achats aux Européens, occasion assez rare, ou aux indigènes, ce qui est à peu près impossible avec la propriété collective(1). Au contraire, une fois la propriété individuelle constituée, les transactions impossibles

(1) Il est tellement difficile de préciser les droits d'un copropriétaire arabe sur un domaine indivis, que, quand l'État vend les terres d'un individu séquestré, il ne veut endosser aucune responsabilité concernant l'étendue, la contenance et, ce qui est plus fort, l'existence même des biens vendus. Voici quelles étranges réserves il stipule dans les affiches annonçant les ventes. « La vente est faite à forfait, aux risques et périls des »adjudicataires, sans garantie d'origine, de quotité de droits

avec la collectivité deviennent faciles avec les particuliers. Dans certaines régions, les Arabes vendent volontiers leurs terres. C'est à cela que Sidi-Bel-Abbès doit sa grande prospérité. Aussitôt en possession de leurs titres, les indigènes s'en sont défaits, et les colons ont pu se constituer des domaines qui ont jusqu'à cinq ou six cents hectares d'étendue. La loi du 26 juillet 1873 qui ordonne la constitution de la propriété individuelle par toute l'Algérie est donc un avantage pour tout le monde, pour les colons, comme pour les indigènes. Seulement, il faudrait l'exécuter. Au 31 décembre 1878, c'est-à-dire quatre ans et demi après la promulgation, le nombre des hectares de terre dont les titres de propriété définitifs avaient été délivrés s'élevait au chiffre dérisoire de 69,688. Si cela continue, on aura fini dans trois ou quatre cents ans. Il est urgent de simplifier les trop nombreuses formalités dont on a entouré les opérations des commissaires enquêteurs.

Mais le tout n'est pas de découper le sol de l'Algérie en petites parts pour les assigner chacune à un propriétaire spécial. Pour que la propriété soit solidement établie, il faut que la loi sache en

---

« de consistance, de valeur, de contenance et de limites. — Il
« ne sera délivré aucun plan ou croquis des biens vendus. —
« En aucun cas et pour une cause quelconque, il ne pourra
« être exercé respectivement aucun recours en résiliation de
« contrat, indemnité, réduction ou augmentation de prix. —
« Tout adjudicataire sera censé bien connaître les droits
« qu'il aura acquis. — Il ne pourra pas exiger de mise en possession. » Il faut être hardi et ne pas craindre les procès pour acheter dans de telles conditions.

quelles mains en réside le titre, il faut un état civil aux indigènes. La famille chez eux est actuellement un chaos dont nous ne saurions nous faire une idée. On désigne un individu par un nom auquel il ajoute celui de son père : Mohamed-ben-Abdallah, Mohamed fils d'Abdallah ou Abdallah-ben-Mohamed, Abdallah fils de Mohamed. Or, comme le vocabulaire de ces noms est assez pauvre, ce sont toujours les mêmes qui reviennent. Il y a des tribus où l'on trouverait cinquante Mohamed-ben-Abdallah et cinquante Abdallah-ben-Mohamed. Comment distinguer un individu au milieu de cette masse de gens du même nom? Comment suivre les transformations d'une famille et par conséquent le sort d'une propriété alors que chaque enfant prend un nom particulier et qu'on ne sait ni quand il naît, ni quand il se marie, ni quand il meurt?

M. Albert Grévy, répondant aux vœux des colons et à ceux des indigènes éclairés, a préparé deux projets de loi qui mettront de l'ordre dans cette confusion. Tous les indigènes musulmans seront obligés de choisir un nom patronymique, et, s'ils s'y refusent, on leur en imposera un d'office. Une fois pourvus de ce nom, ils seront astreints, pour les naissances, les mariages et les décès, aux mêmes déclarations et aux mêmes formalités que les citoyens français. Les crimes, délits et contraventions en matière d'état civil seront punis conformément à la loi française. Je n'ai pas à discuter ici les dispositions de ces projets de lois dont le texte n'est connu que depuis le retour de la caravane en France. Je puis dire seulement qu'à en juger par l'accueil que leur a fait la presse algérienne et par les correspondances privées que j'ai reçues, elles ont satisfait l'opinion.

Bon nombre d'Algériens sont d'avis qu'il conviendrait également de soumettre les indigènes à nos lois de succession. Les lois musulmanes établissent des inégalités entre les enfants d'un même père, sacrifient les femmes et favorisent les tendances des indigènes à laisser les propriétés indivises quand il y a des copartageants mineurs. Voulons-nous relever la femme et par conséquent la société musulmane, ces lois doivent disparaître. Si la loi du 26 juillet 1873, qui a posé en principe que l'établissement, la conservation et la transmission contractuelle des immeubles en Algérie étaient régis par les lois françaises, si cette loi était en vigueur par toute la colonie et si la réforme des lois de succession était accomplie, les indigènes n'auraient plus de législation spéciale qu'en ce qui concerne le mariage. Il m'a semblé qu'on regardait l'assimilation sur ce dernier point comme bien difficile chez les populations arabes, mais comme beaucoup plus aisée chez les populations berbères. J'ai là-dessus l'opinion de deux juges de paix de la Kabylie, les hommes les plus aptes assurément à juger de la malléabilité de l'esprit indigène. Les Kabyles sont presque tous monogames ; à peine citerait-on quelques grands chefs qui ont deux ou plusieurs épouses. L'interdiction de la polygamie leur serait donc fort indifférente et leurs contrats de mariage n'ont rien que ne puissent sanctionner nos lois. La seule modification qu'il serait nécessaire d'apporter à notre code consisterait dans l'établissement du divorce, que les habitudes locales font regarder comme indispensable par tous les gens que j'ai consultés.

La suppression des lois musulmanes entraînera la suppression de la justice musulmane. Il n'y aurait même aucun inconvénient à ce que celle-ci précédât celle-là. Actuellement, la presque-totalité de l'Algérie est divisée en circonscriptions dans lesquelles sont institués des tribunaux indigènes (mahakma) composés d'un cadi, d'un ou plusieurs bachadels (suppléants), d'un ou plusieurs adels (greffiers), d'aouns (huissiers) et d'oukils (mandataires non obligatoires). Le cadi juge en dernier ressort les affaires jusqu'au chiffre de deux cents francs et en premier ressort les affaires au-dessus de ce chiffre. Les indigènes n'ont en lui qu'une confiance fort restreinte. Leurs conteurs racontent qu'un cadi avait une tabatière. deux plaideurs s'étant présentés il leur offrit une prise. Le premier au lieu de prendre du tabac glissa un douro dans la boîte. Mais le second, qui n'était pas moins avisé, en glissa deux. Bon, dit alors le cadi, je sais qui a raison. Et c'est le second qui gagna le procès.

Il est de fait que toutes les années quelques membres des tribunaux musulmans comparaissent en cours d'assises pour prévarication. Dans une affaire de ce genre, qui se présentait au mois de juillet 1879 devant la cour d'assises d'Alger, un officier du bureau arabe d'Aumale, le lieutenant Corberon, appréciait ainsi la justice des cadis :

« Nous sommes intimement convaincus qu'un

grand nombre de leurs actes sont faux, mais nous ne pouvons l'établir. Le cadi et ses adels ne font qu'un ; ils partagent les bénéfices secrets au prorata de l'importance de la fonction. Le cadi ne pourrait seul produire un faux, puisque la signature des adels doit être apposée sur les actes. Le faux accompli, il ne peut y avoir révélation de la part des adels, qui sont solidaires et responsables. Que se passe-t-il en pareil cas ? Un indigène vient trouver un cadi et lui demande de rendre en sa faveur un jugement clandestin. Le cadi pose ses conditions et le marché est conclu, le magistrat prend toutes ses précautions, il s'assure que son client a sous la main un certain nombre de témoins qui, le cas échéant, déclareraient qu'ils étaient présents quand l'acte a été rédigé et quand la transaction a été consentie par les intéressés. Au bout d'un certain temps, s'il s'agit d'un terrain, le porteur de l'acte faux vient en prendre possession et oppose aux protestations du propriétaire le titre établi par le cadi.

« Le propriétaire dépouillé adresse réclamations sur réclamations au bureau arabe, à la justice de paix, au parquet, à la division, au gouvernement général, souvent même il va à Alger soumettre ses récriminations. Une enquête est prescrite, et l'on fait venir le plaignant et son adversaire. Le premier prétend qu'il n'a jamais vendu son terrain et que l'acte est faux. On lui demande des preuves, il fait entendre un certain nombre de témoins qui ne peuvent dire qu'une chose, c'est que la transaction n'est pas à leur connaissance. Le second dit, au contraire, que le terrain a été vendu volontairement, et que l'acte a été passé régulièrement. A l'appui de ses dires, il indique des témoins qui affirment que l'acte a été passé en leur présence. Par conséquent, aux dénégations vagues du propriétaire, on oppose des déclarations précises. Le cadi arrive à son tour, il affirme que la vente a eu lieu du consentement des parties, invoque l'autorité de son caractère de magistrat, le témoignage de ses adels, et exhibe un acte régulièrement établi et enregistré. L'enquête conclut dès lors, forcément, à l'authenticité de l'acte, et confirme involontairement la spoliation consommée par le cadi.

« J'ajoute que si dans le cours de l'information les investigations prennent une tournure inquiétante pour le cadi, celui-ci recrute des témoins parmi ceux qui ont été précédemment l'objet de ses criminelles complaisances, et aux preuves produites par son client ajoute l'appoint de ses propres témoins. Chacun sait combien il est facile à un indigène de trouver des gens qui viendront jurer qu'ils ont assisté à une transaction, qui cependant n'a jamais eu lieu: c'est tout au plus une affaire d'argent. En principe, un indigène riche et influent trouve autant de témoins qu'il veut. Or les cadis sont généralement riches, et ils sont toujours redoutés, puisqu'ils peuvent, par un acte faux, disposer à leur caprice de la fortune d'autrui. Voilà comment et pourquoi un cadi peut le plus souvent être assuré de l'impunité. »

Une institution qui encourt de pareilles critiques est une institution condamnée. L'essai qu'on a fait de la justice française dans les arrondissements de Tizi-Ouzou et de Bougie a complètement réussi. Depuis 1874, nos juges de paix y connaissent de toutes les affaires indigènes. On avait pu craindre que les Kabyles ne préférassent porter leurs affaires devant des arbitres de leur choix et ne laissassent nos prétoires vides. Au contraire, ils montrent une confiance absolue dans l'impartialité et les capacités des magistrats français. On peut donc sans crainte étendre la réforme à toute l'Algérie à mesure que l'on aura le personnel nécessaire.

L'impôt est aujourd'hui perçu par des agents français en territoire civil. En territoire militaire les chefs de tribus sont chargés de la collection de l'impôt. Il faut effacer en même temps que les autres ce dernier vestige de l'organisation arabe. L'indigène est ignorant, il ne sait ce qu'il a à payer et paye toutes les fois que le chef l'exige. De là des exactions extraordinaires. Écoutez un autre officier du bureau arabe, le capitaine Hugonnet : « Le chef est chargé de distribuer annuellement les terres ; il le fait en donnant les meilleurs morceaux à ceux qui payent le mieux. On demande des cavaliers pour les goums, les courses : le chef s'adresse à un grand nombre et finit par forcer à l'accompagner ceux qui ne peuvent rien donner. Au printemps, il fait la récolte du beurre ; chaque tente donne une certaine quantité. Puis ce sont les laines, les grains, les dattes, les olives ou les fruits, selon le pays, le bois, etc. Le chef fait des cadeaux, la tribu paye ; le chef fait bâtir, la tribu paye ; le chef reçoit des récompenses des Français, la tribu paye en signe de joie; au contraire, il est puni, la tribu paye en dédommagement; le chef voit des enfants lui naître, la tribu paye les réjouissances; il perd des membres de sa famille, la tribu paye les larmes; le chef se met en route pour un long voyage, le pèlerinage, par exemple, la tribu paye le départ; elle paye encore le retour. C'est toujours le même refrain à toute espèce d'incidents, bons ou mauvais, dans l'existence des chefs (1). » Est-il besoin de dire que les indigènes supportent impatiemment ces abus et qu'ils nous sont reconnaissants d'y mettre fin ?

Ce qui est étrange, c'est que, excepté l'admission de membres musulmans aux conseils généraux et au Conseil supérieur, l'immense majorité des colons est favorable à ces réformes et qu'elle n'en veut pas admettre la conséquence finale. On leur demande : Êtes-vous partisans de la constitution de la propriété collective? Ils répondent : Oui. De la constitution d'un état civil? Oui. De la réforme des lois de succession? Oui. De la suppression de la justice musulmane? Oui. De la suppression des commandements indigènes? Oui. De la suppression des collecteurs d'impôt indigènes? Oui. Et quand vous ajoutez : Vous êtes donc partisans de l'assimilation des indigènes? Ils répondent : Non. Ils considèrent les indigènes comme des concurrents sur la terre d'Afrique et semblent craindre d'avoir à lutter avec eux à armes égales. Ils vous disent : L'assimila-

---

(1) *Souvenirs d'un chef de bureau arabe.*

tion est impossible, l'Arabe sera toujours l'Arabe.

Mais, quand esl indigènes seront régis par nos lois, administrés par nos administrateurs, jugés par nos juges, que leur manquera-t-il pour devenir de véritables Français ? De savoir notre langue. Est-il donc impossible de la leur apprendre? Nullement : bien loin d'avoir des répugnances pour nos écoles, les indigènes de l'Algérie, sans distinction de race, y envoient spontanément leurs enfants, quand ils le peuvent. Ils se rendent fort bien compte des avantages généraux de l'instruction, et ils sont assez intéressés pour rechercher les avantages particuliers qu'elle leur procure dès maintenant, tels que l'accès aux fonctions de garde champêtre, de khodja, d'interprète, etc., ou, s'ils ont une ambition plus haute, l'espoir d'un grade dans nos troupes indigènes. A Tlemcen, un Coulougli me prenant pour un député me disait : « J'ai cinq garçons, un au lycée d'Alger et un à l'école ici ; mais cela me coûte trop cher, je ne pourrai faire élever les trois autres. Vous devriez donner l'instruction pour rien. » Partout où l'on a bien voulu s'occuper d'eux d'une façon spéciale, le succès a été certain. On a vu qu'à Biskra un homme de cœur, M. Colombo, a appris le français à tous les enfants de l'oasis, depuis une vingtaine d'années. A Djema-Saharidj, au centre de la Kabylie, les jésuites ont ouvert en 1873 une école qui compte aujourd'hui 120 élèves. M. Albert Joly et les membres de la caravane qui l'ont visitée en passant en ont été très-frappés. Les enfants parlent notre langue sans aucun accent et montrent autant de connaissances et une intelligence aussi vive que ceux de n'importe laquelle de nos écoles. Il existe quatre autres écoles congréganistes en Kabylie et il y en a quelques-unes dans le Sahara. Toutes obtiennent les mêmes succès.

L'État actuel de l'Algérie, pour l'année 1878, constatait que 2,081 garçons musulmans et 201 filles musulmanes en territoire civil, et 610 garçons musulmans en territoire de commandement, fréquentaient nos écoles primaires. De plus, il y avait 228 élèves musulmans dans les lycées et les collèges. Cela fait un total de plus de 3,000 écoliers indigènes. Et on peut dire que c'est bien d'eux-mêmes que les parents les ont envoyés à nos instituteurs, car ce que nous avons fait jusqu'à présent pour les solliciter et rien, c'est à peu près la même chose. Sur 627 écoles primaires existant en territoire civil, il n'y a que 20 écoles franco-arabes qui ne coûtent pas même 70,000 francs.

Cette jeunesse que nous négligeons, qui l'élève? Les marabouts musulmans, c'est-à-dire l'élément le plus fanatique, le plus réfractaire à nos idées, le plus hostile à notre domination qu'il y ait en Algérie. C'est à eux que nous abandonnons ces nouvelles générations dont il ne serait cependant pas bien difficile de nous emparer. Un peu de grammaire, le Koran, la haine de l'infidèle et du Français, voilà tout ce qu'on apprend aux enfants. Si nous cherchions à rendre impossible toute réconciliation entre les indigènes et nous, nous ne pourrions faire mieux que de laisser subsister cet enseignement. Mais on ne le supprimera qu'en le remplaçant. Pour cela il faut ouvrir partout des écoles pour les indigènes. On objectera la dépense. Je répondrai que les indigènes qui contribuent pour une forte part au payement des impôts ont quelque droit de figurer pour une forte part également à la répartition des dépenses. Et puis les insurrections ne coûtent-elles rien? On objectera encore les difficultés pratiques ; je conviens qu'à l'heure actuelle il est à peu près impossible d'organiser l'enseignement parmi les tribus nomades ; mais commençons par les populations sédentaires. En Kabylie, par exemple, les villages se touchent presque les uns les autres, et rien ne sera plus aisé que d'y installer de grands centres scolaires sans avoir à embrasser une grande étendue de territoire.

Pour conclure, j'en reviens à mon point de départ. Le problème algérien est fait de deux éléments : la question de la colonisation française et la question de l'assimilation des indigènes. Négliger l'une, c'est rendre l'autre insoluble, car elles sont solidaires. Notre conquête ne sera définitivement assise que lorsqu'elle sera non-seulement reconnue, mais encore appréciée comme un bienfait par les indigènes. Arrachons-les donc résolument à leur barbarie ; montrons-leur l'instruction et l'acquisition de nos idées comme un moyen d'émancipation ; favorisons les naturalisations ; que l'administration respecte mieux qu'elle ne l'a fait jusqu'ici les droits de ceux qui entreront dans la famille française, et que nos colons sachent traiter comme leurs concitoyens ceux qui auront demandé à l'être et qui auront été admis à cet honneur. Alors, donnant le signal, vous verrez les Kabyles réaliser les prévisions du baron Aucapitaine. L'idée de nationalité n'existe pas chez ce rude peuple contre lequel tous les conquérants de l'Algérie se sont brisés avant nous; le sentiment qui le rendait indomptable dans ses montagnes, c'était l'amour de l'indépendance, né lui-même de l'amour de la terre qu'il fertilise au prix d'un si rude labeur. L'indépendance, il l'a à jamais perdue; mais, s'il n'y a plus de Kabylie libre, les Kabyles peuvent retrouver tous les droits de l'homme libre dans la société française. Ce n'est qu'en se faisant Français qu'ils retrouveront la sécurité comme propriétaires. Qu'on le leur apprenne et surtout qu'on le leur prouve, et nous n'aurons pas besoin de mesures coercitives pour préparer l'assimilation; eux-mêmes la rechercheront avec empressement. Tout nous commande de les élever jusqu'à nous : l'humanité et l'honneur national cruellement froissés de l'état de servage auquel ils sont réduits actuellement, la nécessité de donner une base indestructible à notre établissement en Algérie, le souci de préparer le succès de nos futures entreprises dans l'intérieur de l'Afrique. Il s'agit pour notre nation d'acquérir de nouveaux citoyens qui compléteront admirablement l'ensemble de ses aptitudes. Eux seuls pourront nous fournir une armée capable de résister au climat du Soudan; quand, après avoir accompli la grande œuvre du Transsaharien, nous les entraînerons à notre suite dans le bassin du Niger, ils y retrouveront leurs frères les Touaregs établis sur les bords du fleuve depuis des siècles.

ALGER

Flâneries dans Alger. — Fromentin. — Physionomie d'Alger.
— La ville européenne. — La ville arabe. — Les monuments.
— Les réclamations des habitants. — Environs. — Les parcs
d'autruches. — Alger, station d'hiver.

Constantine et Oran ont un caractère tranché qui saisit le voyageur du premier coup. Alger est au contraire fort complexe : résumé du monde barbaresque et résumé du monde méditerranéen à la fois. Je crois qu'il y faudrait passer de longs mois pour arriver à démêler les mille influences qui vous mettent sous le charme dès qu'on y a posé le pied. Je n'y ai passé que quelques jours pendant lesquels j'ai beaucoup flâné dans la plus heureuse disposition d'esprit où je me sois jamais trouvé. Un de nos confrères s'était mis à notre disposition avec une aimable complaisance, mais nous ne songions point à nous faire conduire, et en réalité il errait avec nous à peu près au hasard. Que nous importait? Nous trouvions l'Orient dans les moindres choses; et l'humble ébéniste de la rue de Staoueli qui peignait de fraîches roses sur des étagères mauresques, le nègre qui tressait des corbeilles d'alfa au coin de la rue Porte-Neuve, le boueur dont les petits ânes noirs descendaient les ordures de la ville arabe par les rues en escalier, nous intéressaient aussi vivement que le palais du gouverneur ou la mosquée de la Pêcherie. Nous absorbions du spectacle tout ce qu'en pouvaient prendre nos yeux, sans songer à choisir sur la foi d'un *Guide* ou d'un montreur de curiosités. Comme je demandais à notre compagnon s'il y avait quelque mouvement littéraire à Alger, il me dit : Non, il fait si bon vivre ici ! Et quand, retiré à l'hôtel de la Régence, j'essayais de mettre mes notes en ordre, j'entendais, sur la place du Gouvernement, le vent de la mer faire bruire les palmes des dattiers et écheveler les frondes des bambous emmêlées comme des écheveaux de peluche ; je me mettais à ma fenêtre, un souffle tiède circulait dans l'air qui était d'une transparence indicible, je voyais le coin du golfe d'un bleu métallique, les contours onduleux des montagnes qui cerclaient l'horizon, le ciel limpide, et je blasphémais la littérature : « Pourquoi ces gens se tortureraient-ils le cerveau ? Pour chercher des sensations ? Cela est bon pour nous, gens du Nord qui péririons d'ennui l'hiver, si nous n'avions les ressources infinies de la pensée. Eux n'ont qu'à voir, qu'à se laisser vivre pour goûter plus de jouissances que jamais aucun assemblage de mots n'en pourra donner. Quelle description vaudra jamais la vue de cette baie d'Alger ? Quelle pensée ravira jamais l'âme autant que l'impression de suave harmonie que cause cette belle lumière ? »

Peut-être qu'alors un peu de sirocco portait à l'indolence !

Je me souviens d'Alger comme d'un plaisir exquis que je me sens incapable d'analyser, j'aime mieux renvoyer le lecteur à Fromentin. Ce grand homme lui apprendra d'Alger et de la Metidja tout ce que la plume en peut dire. A la vérité, les deux tiers de ce que contient *Une année dans le Sahel* vous échappent si l'on n'a pas vu l'Algérie ; ce style de tant de science et de tant de naturel à la fois a la subtilité des parfums qui évoquent si énergiquement les souvenirs ; il faut avoir des souvenirs pour le comprendre entièrement, autrement on ne peut sentir tout ce que l'écrivain ramasse d'observations dans un mot qu'il applique avec la sûreté de touche d'un peintre consommé. Mais le tiers du livre, qui est accessible à tous, est encore ce qu'il y a de meilleur sur le sujet. Je suis même persuadé que jamais plus on ne fera aussi bien, car un pays ne trouve pas deux fois un grand artiste aussi expressément doué pour le comprendre.

Il y avait sympathie absolue entre Fromentin et l'Algérie ; entre son âme d'une singulière distinction et le peuple arabe si grand par son histoire et par ses malheurs ; entre ses goûts d'élégance et cette race qui « porte sur son visage, comme un air de noblesse, la beauté même de sa destinée » ; entre son instinctive horreur du vulgaire et ce type sémite qui n'est jamais ni bête, ni grossier, ni ridicule ; entre sa vive imagination et ces gens si épris d'aventure et de merveilleux ; entre son ennui un peu hautain des platitudes de notre civilisation et ces mœurs effrénées et violentes; entre ses tendances à la rêverie et ces larges paysages aux lignes fuyantes et aux horizons illimités; entre son esprit affamé de curiosité et de pittoresque et ces mœurs et ces costumes si nouveaux; entre son goût des colorations claires et ce ciel sans vapeur et ce pays du clair et de la pure lumière; entre cette fierté atteinte de je ne sais quelle secrète blessure qui jette sur toute son œuvre une enveloppe mélancolique, et ce peuple frappé à mort qui défend obstinément son genre de vie fantaisiste et précaire, brillant et misérable, contre le bien-être que nous lui apportons.

Comme peintre, il n'a pas atteint son but, qui était d'arriver au grand art par l'Orient. Je crois que l'Orient décevra toujours une pareille ambition. Sous peine de n'être plus lui, il faut qu'il reste local et curieux. Il éblouira toujours trop les yeux pour parler clairement à l'âme, et restera à la grande peinture ce que la fantaisie est à la logique et la rêverie à la pensée. Sa beauté de second ordre est faite de choses secondaires qui disparaîtraient dans une généralisation; tenter de la formuler, ce serait la faire évaporer; l'accessoire y a autant d'importance que la figure humaine, et c'est pourquoi elle n'exige pas seulement la vérité, mais encore l'exactitude incompatible avec la grande peinture. Heureusement pour son œuvre que, quand Fromentin prenait son pinceau, l'instinct du peintre rectifiait les tendances de l'ambitieux. Comme écrivain, je le crois sans rival. Je mettrais au-dessous de lui jusqu'à Gautier, le maître impeccable. Il décrit avec autant de certitude, il possède une langue aussi riche, mais, étant plus sensible, il est plus varié, et il le domine de toute la distance qu'il y a entre un penseur et un simple paysagiste. Il aime en effet à raisonner, à remonter aux causes, et ses idées témoignent d'un esprit aussi pénétrant que profond. Le peintre en lui était doublé d'un critique et le voyageur d'un philosophe.

La physionomie d'Alger a peu changé depuis trente ans qu'il en a parlé, bien que la ville européenne se soit fort agrandie et embellie. Elle est au sud de la ville arabe et se prolonge le long de la mer en un vaste faubourg. Les villas se serreront bientôt à se toucher sur la colline de Moustafa et formeront une autre ville qui se confondra avec la première, en englobant l'industrieux bourg de l'Agha. Quand on débarque, la blanche ville de marbre qu'on a admirée de la mer disparaît; on n'a devant les yeux que les maisons à six étages du boulevard de la République, et le voyageur déçu qui s'imaginait arriver en Afrique peut croire un moment qu'il n'a pas quitté la rue de Rivoli. Mais cette impression s'évanouit dès les premiers pas. Les rues de Bab-el-Oued et de Bab-Azoun, les places du Théâtre et du Gouvernement ont beau affecter des airs français, la végétation tropicale qui les orne, les boutiques mystérieuses qui les envahissent et l'étrange population qui les remplit protestent contre cette malheureuse prétention. J'ai retrouvé là tous les types indigènes que j'avais étudiés à Constantine et d'autres encore, maure, arabe, kabyle, mozabite, coulougli, israélite, tunisien, marocain, nègre, et de plus tous les types du monde méditerranéen. Sur les 52,708 habitants recensés en 1876, on comptait 18,216 Français, 11,013 musulmans, 7,098 juifs et 16,381 étrangers européens. Les deux tiers de ces derniers étaient Espagnols; venaient ensuite par importance les Italiens, les Maltais, les Allemands et les Grecs. Quelles confusions de langues; quelles mêlées de costumes, quelles variétés d'attitudes, quelles différences de démarche! Cela tient de la vision. Un soir je m'arrêtai longtemps sur un des escaliers qui montent à la place Randon. Il y avait là, assis sur une des marches, un de ces monstres comme n'en produit que la monstrueuse Afrique. C'était un nain nègre, un bonhomme de trois pieds de haut avec une grosse tête, des yeux ronds en émail, un nez tuberculeux, une moustache de chat, une bouche tirée vers les oreilles par un rictus formidable et bon enfant, une noirceur du plus brillant vernis. Les mascarons les plus grotesques n'en auraient pas voulu pour frère. Cette créature bouffonne était obèse et se tenait impassible et énigmatique, l'œil fixe et perdu comme si un rêve eût bourdonné sous son crâne hydrocéphale. J'avais souvent feuilleté dans mon enfance un exemplaire des *Mille et une Nuits* illustrées par Nanteuil. Les gnômes y sont dessinés sous cette forme, et tous ces contes merveilleux me revenaient à la mémoire devant ce personnage qui m'en tombait brusquement sous les yeux.

Cette foule bigarrée d'Alger se meut et se mêle sans le moindre heurt entre les éléments hétérogènes qui la composent. Il semble qu'une convention tacite impose l'amabilité. Il est probable que les Maures, le peuple le plus poli de la terre, y auront beaucoup contribué. Ajoutez à cela la gaieté française, l'entrain méridional, la voluptueuse beauté du climat et le charme du spectacle incessant que la population se donne à elle-même. Fromentin appelle l'Alger européen « la ville la plus vivante et la plus joyeuse de la terre ». Il est de fait que les corricolos qui sillonnent ses rues ont toujours l'air de partir pour une fête. Ce sont de grandes carrioles où l'on met six ou huit personnes ; le cocher fouaille et tempête avec des cris gutturaux, car il est Espagnol ou Maltais ; les chevaux maigres et nerveux vont toujours au grand trot, les glaces claquent dans leurs étuis, les roues rebondissent sur le pavé et l'équipage file comme le vent. Chaque corricolo a son nom, et ce nom généralement décèle une ville qui n'a pas l'humeur bien sévère. En voici quelques-uns que j'ai relevés : l'Inversable, le Canotier de la Seine, le Berceau d'Amour, Plaisir des Dames, la Petite Eugénie, De' Suite, la Frégate italienne. Les indigènes, graves et peu remuants, accentuent par contraste le bruit européen et ajoutent aussi leur note personnelle à la gaieté du tableau : les Maures, qui adorent les fleurs, aiment à s'en poser une sur l'oreille, et rien n'est plaisant, dans le bon sens du mot, comme de voir de grands jeunes gens vaquer à leurs affaires avec une branche de jasmin contre la joue. Quant aux Mauresques, elles constituent le trait le plus original de ce monde d'une si franche originalité. Je ne sais pourquoi j'ai lu partout qu'elles sont rares, nous les rencontrions par centaines dans une journée. Leur vêtement de ville est tout entier de fine laine blanche. Avec le grand voile qui leur enveloppe la tête et les épaules, leur large pantalon à la turque serré au-dessous des genoux, leurs babouches qui leur permettent de glisser sans bruit, elles ont l'air d'apparitions sous le blanc soleil d'Afrique. Une voilette leur cache le visage, et on n'aperçoit d'elles que deux très-beaux yeux noirs dont le regard est exalté par cet ajustement, deux yeux qui sourient et qui invitent, car les musulmanes qui sortent ainsi sont rarement des vertus bien farouches. Les premiers jours on a quelque peine à ne pas se croire en carnaval.

La ville arabe est, sur le penchant de sa colline, comme une troupe de naufragés réfugiée sur un îlot. L'Europe, pareille à la mer, l'assiège de toutes parts, mais la raideur de la pente sur laquelle elle est bâtie la protège contre une complète submersion. Seul le peuple indigène peut s'accommoder d'une pareille déclivité. Il n'a point de voitures, il n'a à transporter aucun des gros fardeaux de nos industries ; dès lors que lui importe une forte inclinaison ? Elle est plutôt une condition de propreté que recherche son indolence. On lui a pris le long de la mer à peu près tous les terrains où il était possible de bâtir à notre façon, et le blanc triangle de murs et de terrasses qu'El-Bahadja montrait autrefois de loin aux navigateurs ne descend plus jusqu'au port ; un cordon de toits de tuiles et de maisons à grandes fenêtres l'en sépare aujourd'hui. Mais il lui reste le flanc même de la colline où elle s'étale, tellement compacte qu'on dirait une immense pierre ponce dont la pioche ne saurait détacher un morceau. La singulière figure que font les constructions européennes sur la côte à pic de la rue de la Kasbah démontre assez qu'on ne la remplacera pas.

Quand on monte dans la ville arabe, le bruit de la ville européenne vous suit un moment, la plupart des rues qui relient les deux villes ont des airs de marché, puis on retrouve cette solitude qui m'avait si fort impressionné à Constantine ; on dirait qu'on voit toujours le derrière des habitations et jamais le devant : des portes basses aux lourds battants verrouillés, point de fenêtres, des guichets montrant dans leur bâillement de solides barreaux de fer. Les maisons sont à la fois prison et forteresse, prison où l'on cache les femmes, forteresses où l'on cache les biens mobiliers. Comme à Constantine, on erre à travers des rues en corridors, des couloirs étranglés, des passages voûtés, des escaliers interminables qui semblent monter jusqu'au ciel. Mais l'aspect général n'a point la rudesse de la capitale numide. Le Maure, un peu amolli généralement, est ici plus efféminé que partout ailleurs. Ce peuple, qui paraît ne jamais sentir l'aiguillon du besoin, est plein d'affabilité, de race et de nonchalance. On le voit, le teint mat et le regard singulièrement doux, soit s'occuper sans se presser dans de petits ateliers et de petites boutiques à de petites industries et de petits commerces, soit fumer, oisif et rêveur, assis sur le seuil des portes ou devant les cafés. Si ce sont là les descendants des farouches pirates qui écumaient jadis les mers, ils sont devenus bien paisibles, on pourrait presque dire bien bourgeois. Ils dégustent la vie comme ils boivent leur café, à petites doses, en gens délicats qui se parfument d'essence et cultivent les fleurs. Après cela, peut-être avait-on calomnié lesdits pirates. Ils s'enrichissaient des dépouilles du monde qu'ils enlevaient dans leurs courses et avaient accumulé d'immenses trésors à Alger. Richesse, mollesse. Le bon Shaller, consul américain qui habitait la ville au commencement du siècle, note le trait suivant qui indique assez que la douceur des mœurs n'y date pas de 1830. Les habitants, dit-il, « sont bien loin d'être les féroces barbares dont le nom algérien réveille l'idée. Ils ont dans leurs manières quelque chose de prévenant, et, dans les relations ordinaires de la vie, je les ai toujours trouvés civils, polis et humains ». Autre part il dit encore : « Les cafés, les boutiques des barbiers, l'exercice d'une branche quelconque de commerce, *ou la culture de leurs jardins, espèce de distraction qu'ils essayent tous de se procurer dans quelque asile champêtre,* interrompent ou allègent pour les hommes la triste monotonie de leur existence. »

Je ne sais s'il y faut voir un signe des temps, mais on m'a dit qu'on ne trouvait plus d'almées à Alger, et que les Aïssaouas qui accomplissent encore les tours de force de la secte sont de vulgaires saltimbanques qui se font payer à tant la soirée. En gens qui veulent tout visiter, nous allâmes entre journalistes prendre quelquefois le café chez des Mauresques. L'appartement est presque toujours composé d'une pièce au rez-de-chaussée réservée à la servante, une négresse généralement, et d'une ou deux pièces au premier étage. L'ameublement est des plus simples : des tapis, des chaises françaises, un coffre à serrer la garde-robe, une glace dont le cadre doré est enveloppé de gaze pour le préserver des insultes des mouches, et quelques lithographies qui représentent des personnages contemporains des premiers temps de la conquête. Le général Sébastiani et M. Guizot se rencontrent plus fréquemment. Les planchers sont très-bas, ce qui sert de fenêtre mérite à peine le nom de meurtrière, les marches de l'escalier sont inégales et étroites, les pièces sont petites; on est tellement serré par les murs, par la pierre, qu'on éprouve la même sensation que dans une chambre de caverne. Il fait frais et obscur, c'est ce que l'architecte arabe a sans doute cherché.

Un jour, remarquant que la négresse parlait fort bien français, je l'interrogeais. Soit par déférence, soit que la pose lui plût, elle se tourna vers le mur et me répondit sans me regarder.

«Comment t'appelles-tu?
— Nakla.
— D'où es-tu?
— D'Alger.
— Alors, tes parents, d'où étaient-ils?

— Mon père était du Sahara, ma mère était du Soudan.

— Esclave?

Elle ne répondit pas.

— Et qui t'a appris si bien le français?

— J'ai été élevée dans une famille française. Mais, pas de chance! Ils sont tous morts et je suis restée seule.

— T'es-tu mariée?

Elle était grande et forte, mais bien laide. Il est vrai qu'elle avait plus de trente ans.

— Oui. Pas de chance! Le mari est mort, mais j'ai mon garçon.

— Tu as un enfant? Où est-il donc?

— Oh! je ne veux pas qu'il vienne ici. Il est chez mon beau-frère, qui est charbonnier rue de la Kasbah.

— Et que fait-il?

— Il va à l'école. Il apprend bien. Tu verras, monsieur, ce sera un savant, » dit-elle avec fierté.

Cette pauvre et brave négresse m'émut profondément. Me trompé-je? Il me semble que l'écrivain algérien qui se donnerait la peine de recueillir une centaine de traits de ce genre en composerait le livre le plus propre à nous faire connaître les sentiments de la population indigène.

Ce qu'il y a de plus curieux à Alger, ce dont on ne se lassera jamais, c'est Alger même, les promenades dans ses rues. Je mets les monuments bien au-dessous, il n'y en a point de premier ni peut-être de second ordre. Nous faisons fleurir le style *caser-*

nique dans la plupart des constructions que nous y élevons; le théâtre seul est joli; la cathédrale est la plus étrange aberration architecturale qu'on puisse rêver. Les édifices civils qui restent de la ville arabe sont des palais particuliers où nous avons logé la plupart de nos grands fonctionnaires et de nos services, le gouverneur général, l'archevêque, la cour d'assises, le musée. Quelques-uns viennent de la famille Moustafa qui a laissé son nom à deux faubourgs d'Alger dont les terrains lui appartenaient également en partie. Le dernier prince Moustafa vit encore, m'a-t-on dit. Après avoir gaspillé l'immense fortune de ses ancêtres, il subsiste d'une pension que lui fait le gouvernement, modeste compensation qui lui était bien due pour la naïveté enfantine de certaines spéculations par lesquelles s'il est dessaisi de ses biens. On a appliqué au palais du gouverneur une façade sans grâce et d'un style qui résiste à tout classement et à toute comparaison. Les autres ont gardé leurs anciennes entrées que rien ne signale à l'œil du passant, sinon une porte un peu moins basse que les portes ordinaires. Tous sont bâtis sur un plan uniforme et consistent en une cour intérieure carrée, plus ou moins vaste, et entourée de deux ou trois étages de galeries superposées que supportent des arcs en ogive posés sur de jolies colonnettes de marbre blanc. Les appartements sont distribués sur les quatre faces et s'ouvrent et prennent jour sur la cour. Le génie de l'architecte, qui était en même temps un décorateur, se manifeste dans l'harmonie du plan général, dans l'élégance des arcs, dans la légèreté des colonnettes dont le fût torse a quelque chose de vaporeusement aérien, dans le choix des faïences appliquées sur le plein des murs, dans la délicatesse des sculptures des rampes en bois tourné qui bordent les galeries supérieures, dans l'arrangement du petit jardin qui ombrage la cour et au milieu duquel souvent un filet d'eau murmure dans une vasque de marbre. Ces palais sont assez différents dans leur apparente uniformité pour faire plaisir les uns après les autres. On n'inventera jamais rien de plus frais, ni de mieux approprié au climat, ni de moins commode pour les services publics qu'on y a installés. Le musée notamment est placé dans une série de salles dont le demi-jour devait paraître charmant aux anciens habitants, mais où il est à peu près impossible d'examiner les objets qu'on y a réunis. A l'archevêché et dans le palais du gouverneur, les murs de quelques salles sont couverts d'arabesques moulées dans le stuc d'un effet ravissant. On dirait que l'appartement est tendu d'une fine dentelle aux dessins capricieux.

En 1830, Alger comptait 176 édifices consacrés au culte musulman; il en reste aujourd'hui à peine une vingtaine. Beaucoup ont disparu dans le remaniement des parties de la ville dont la population européenne s'est emparée. D'autres ont reçu une autre destination. C'est ici le lieu de placer une remarque à l'adresse des gens qui s'imaginent qu'il suffirait de toucher à une des institutions de la société indigène pour provoquer une explosion de fanatisme. Les indigènes ont supporté avec résignation qu'on touchât à leur organisation religieuse, c'est-à-dire précisément au point le plus sensible pour leur foi. Avant la conquête, tous les édifices du culte avaient des biens particuliers provenant de dons ou de legs pieux. Les revenus en étaient consacrés à leur entretien. En 1848, le gouvernement français a remis ces biens au Domaine et s'est chargé lui-même de l'entretien des édifices. C'est l'argent donné par l'infidèle qui fait vivre les mosquées. Quand une pareille réforme s'est opérée sans qu'il y ait eu un coup de fusil tiré dans toute l'Algérie, il n'en est aucune qu'on ne puisse tenter.

Le premier monument qu'on aperçoit en débarquant est la mosquée de la Pêcherie, posée sur un coin de la place du Gouvernement comme un énorme monolithe de craie. C'est une admirable note blanche au milieu de toutes les blancheurs d'Alger. Une grande coupole ovoïde fort élégante, entourée de quatre dômes de même forme mais plus renflés, lui donne une silhouette originale. Le minaret, — c'est une simple tour carrée, le svelte minaret rond des mosquées de Turquie et d'Égypte n'existe pas en Algérie, — le minaret, qui est assez élevé, a reçu le parafe de l'administration française dans la personne d'une horloge à trois cadrans, installée dans son clocheton. La mosquée de la Marine, dans la rue de ce nom, à quelques pas de la précédente, s'annonce par un péristyle mauresque un peu ronflant qui a été construit en 1837. La mosquée même passe pour la plus ancienne d'Alger, et les arcades intérieures sont d'une irrégularité barbare bien étrange. On peut encore aujourd'hui voir le cadi rendre la justice dans la cour avec le patriarcal appareil de la loi musulmane comme au temps de Fromentin.

La Zaouïa de Sidi-Abderrhaman est située à l'extrémité de la ville du côté de Bab-el-Oued. C'est un endroit charmant pour rêver; on a la mer en face de soi, Alger, à sa droite et à ses pieds le jardin Marengo sur les terrasses duquel s'étage une luxuriante végétation tropicale. La Zaouïa se compose de divers bâtiments, une petite mosquée dont le minaret est encadré de grêles colonnettes et de carreaux de faïence, une kouba, le tombeau de Sidi-Abderrhaman, plusieurs habitations. Tout cela, blanc et propre, mêlé de marbre et de faïences vernies, est au milieu de buissons et d'arbres dont la verdure se détache crûment sur la blancheur des murailles. C'est un plaisir toujours nouveau pour un homme du nord que de voir la précision du dessin des plus minces lignes et la netteté de la moindre tache de couleur dans ce pays. Quelques députés étaient venus à la Zaouïa avant nous et avaient été conduits dans leur visite par un des marabouts qui y résident. Ce personnage, sachant à qui il parlait, leur adressa des demandes fort inattendues. Il avait entendu dire que les Français allaient fermer les mosquées et abolir le culte musulman; il réclamait la protection des « déboutés ». On le rassura. Quand il fit ses adieux à ses visiteurs, il leur remit, pour se rappeler à leur souvenir, devinez quoi... Une belle carte de visite sur laquelle étaient gravés ces mots : *Abdallah-ben-Hamdan, marabout de la Zaouïa de Sidi-Abderrhaman-et-Tsabli*. Décidément la vieille Algérie est bien entamée !

La caravane parlementaire était arrivée à Alger le 14 octobre. Le lendemain, un grand banquet lui fut donné par la municipalité à l'Hôtel de Ville. Le maire prononça un discours où il fit connaître les vœux de la ville. Un décret de 1848 édictait que toutes les communes de plein exercice de l'Algérie seraient dotées ; Alger a été exceptée dans l'exécution, de sorte qu'elle se trouve dans cette situation peut-être unique en France d'une commune sans biens communaux. Au moment de la conquête, l'État s'empara naturellement de tous les immeubles du beylick. Il n'en a rien cédé jusqu'à présent et la ville n'a rien ; elle ne peut pas même obtenir un terrain pour déposer ses ordures. Autre chose. Alger est fortifiée ; son enceinte, assez large il y a quarante ans, l'étouffe aujourd'hui. Il n'est pas admissible que la capitale de l'Algérie soit pour toujours limitée à un espace sur lequel cent mille habitants ne pourraient tenir. Une non moins bonne raison pour ne point garder ces fortifications surannées, c'est qu'elles sont devenues inutiles contre les Arabes et qu'elles seraient insuffisantes contre une armée européenne. En les démolissant, on donnerait deux cents hectares de terrain aux habitations particulières. On pourrait les reconstruire sur un vaste plan conçu d'après les progrès les plus récents de l'artillerie et qui engloberait Moustafa. En attendant la population s'entasse dans l'étroite enceinte actuelle au détriment de la sécurité. Divers vœux d'Alger se confondent en un seul. La ville voudrait obtenir l'autorisation de contracter un emprunt de quinze millions pour augmenter sa provision d'eau, pour accroître le nombre de ses écoles, pour unifier sa dette et pour exécuter des travaux éditaires indispensables. L'eau est d'un besoin urgent. Un mois après le retour de la caravane en France, trois grands incendies qui éclatèrent coup sur coup terrifièrent la population et montrèrent combien la réclamation du maire était fondée. Six personnes y périrent. Un jour les pompes restèrent pendant une heure un quart inactives devant le feu qui gagnait, faute d'une goutte d'eau à jeter dessus.

Les environs d'Alger sont aussi charmants que la ville même. Le bon Shaller explique que leur embellissement est un résultat des richesses que les pirates avaient amassées en pillant. « Ces lieux naturellement beaux et romantiques, dit-il, ont été ornés de charmantes villas, dont le nombre est au moins de mille. Quelques-unes de ces retraites sont de jolies maisons de campagne, dans le style mauresque. » Et il ajoute naïvement : « La magnificence de ces heureux brigands a au moins un avantage, c'est de procurer aux agents étrangers qui résident à Alger de beaux logements à la ville et à la campagne, à des prix très-modérés, et tous les fruits et les légumes qu'ils peuvent désirer. » La Méditerranée était un coupe-gorge; mais Shaller était bien logé, Shaller était content.

Il y a deux excursions plus particulièrement intéressantes, l'une pour l'économiste qui étudie les conditions de notre établissement en Algérie, l'autre pour le simple touriste en quête de plaisir. La première consiste à visiter Guyotville et Staouëli. On longe la mer jusqu'à la pointe Pescade, où il est de mode chez la jeunesse algérienne d'aller faire des parties. La route est d'abord des plus agréables; on traverse le joli village de Saint-Eugène aux maisons tapissées de verdure; plus loin, les flancs du mont Bouzaréah curieusement ravinés cachent de nombreuses villas qu'on aperçoit derrière des haies de lentisques, de cactus et d'aloès d'un caractère africain très-séduisant. Au delà, le paysage a moins de grâce; la montagne est plus abrupte et les habitations deviennent rares. On m'a parlé de grottes préhistoriques que je n'ai pas eu le temps de visiter. Guyotville m'attirait à cause d'un intéressant article où un journal algérien s'en servait comme d'argument pour prouver que le peuplement de l'Algérie ne s'arrêterait point lorsqu'il n'y aurait plus de terre à donner aux émigrants. Il y a vingt ans, le territoire de la commune n'était qu'un maquis livré aux hyènes et aux chacals. Des Français et des Espagnols sont venus, ont arraché les broussailles, défoncé le rocher, amendé le sable, installé des norias, planté de la vigne, et aujourd'hui c'est un centre de 600 habitants qui porte sur sa mine, bien qu'elle soit peu pittoresque, le signe de sa prospérité. Le voisinage d'Alger permet de faire, en même temps que du vin, des primeurs qu'on expédie en France. Tel colon venu avec sa pioche, ayant à peine de quoi subvenir aux premiers frais, ne donnerait pas pour cinquante mille francs le bien qu'il a arraché à la nature inculte. On en cite un qui, en dehors de sa production vinicole, expédie chaque année pour dix mille francs de primeurs et de raisins secs. On en cite un autre qui loue trois hectares à raison de 2,000 francs par an à une famille mahonnaise. Deux hectares font vivre une famille qui en est propriétaire, tant la culture maraîchère est de bon rapport. Qui ne voit par cet exemple que, lorsque toute la terre disponible sera occupée dans la colonie, il se fera, partout où l'abondance de l'eau et la facilité des transports la rendront possible, une grande évolution dans la culture? D'extensive, elle deviendra intensive. Produisant plus et demandant plus de soins, elle appellera plus de bras, c'est-à-dire de nouveaux colons. Avec vingt hectares, une famille se plaint aux environs de Sétif; avec deux hectares, elle arrive à l'aisance aux environs d'Alger.

Staouëli confirme cette opinion. Les trappistes qui y ont obtenu la concession de mille hectares, en 1843, ont transformé la lande déserte qui couvrait le plateau en une des plus admirables exploitations agricoles de l'Algérie. Leurs jardins et leurs vergers ont l'étendue d'un parc. Pour l'élevage du bétail, pour les procédés de culture, pour la fabrication du vin, pour l'exploitation de tous les produits qu'on peut tirer du sol, ils ont donné l'exemple du progrès; ils possèdent cent hectares de vignes et leur vin est réputé. Le Sahel d'Alger paraît, du reste, appelé à prendre un des premiers rangs parmi les régions vinicoles de l'Algérie. Douéra et Koléa ont des crus qu'on cite. Ce pays nourrira un jour une population très-dense;

il possède une élasticité de ressources qui déroute l'application des satistiques générales.

La seconde excursion se fait de l'autre côté d'Alger, vers le sud. On monte à travers les villas ce coteau de Moustafa qui serait digne de servir de cadre à une féerie. Des jardins où tous les tons du feuillage se mêlent, depuis le pourpre jusqu'au vert argenté, descendent la côte dans un charmant désordre. On aperçoit Alger de profil, poussant jusque dans l'eau bleue ses blanches maisons ; la vaste plaine de la mer, s'élevant doucement vers l'horizon, élargit démesurément le paysage et lui donne une grandeur singulière. On passe devant le palais d'hiver du gouverneur, assemblage de gracieux pavillons bâtis pour la plupart depuis 1830. M. Albert Grévy y donna un dîner à l'arrivée de la caravane. Les élégantes colonnades des galeries paraissaient plus élancées encore aux lumières ; des lanternes vénitiennes étaient accrochées aux arbustes des jardins ; à la silhouette insolite des arbres, on devinait une végétation exotique ; des musiques étaient cachées dans les bosquets ; une odeur de jasmin embaumait l'air ; un vent frais montait de la baie, et le ciel criblé de millions d'étoiles resplendissait devant nous. Nous venions de débarquer, tout était nouveau pour moi en Afrique : cette soirée fut un enchantement.

La colonne Voirol rappelle que c'est à l'armée qu'est due, comme tant d'autres en Algérie, la route qu'on parcourt. Puis on entre dans le célèbre ravin de la Femme Sauvage ; il est d'une fraîcheur délicieuse, et le lit de l'Oued-Khrenis disparaît sous les roseaux, les peupliers et les saules. Les points de vue y sont très-variés; en certains endroits des cimes couronnées de pins aux troncs rougeâtres et aux têtes d'un vert sombre font songer aux paysages qu'affectionnent les artistes japonais. Près de Birmandreïs, un Anglais a sculpté sur le flanc du rocher de grands bas-reliefs représentant Ève au paradis terrestre et une tête de bédouin. On les trouverait curieux, s'ils venaient de l'Inde et qu'on pût y voir la manifestation du génie d'un peuple; ils ne semblent que baroques, quand on sait qu'ils sont simplement l'œuvre d'un original. De loin en loin on rencontre des moulins; ils sont charmants, à demi enterrés dans la verdure; mais ils n'ont pas d'eau pour faire tourner leur roue, car l'Oued est à sec la moitié de l'année; une mésange n'aurait pas pu s'y désaltérer quand nous l'avons vu.

M. Louis Say, qui était des nôtres dans cette promenade, nous emmena jusqu'à Kouba pour nous montrer le parc d'autruches de Mme Courrière. L'élevage de ces énormes oiseaux est devenu, en quinze ans, une industrie prospère dans la colonie anglaise du Cap. En 1865, il n'y existait que 85 autruches privées; dix ans plus tard, on en comptait 32,000 et aujourd'hui il y en a 160,000. Cette progression extraordinaire indique assez qu'elle est stimulée par de grands bénéfices. En effet, une autruche a vingt grandes plumes à chacune des ailes; on les arrache tous les ans, et elles se vendent couramment en Europe de huit à dix francs la pièce, ce qui donne un revenu de trois cent cinquante à quatre cents francs par autruche. De plus, on peut compter chaque année sur une douzaine d'autruchons dont les prix sont en ce moment très-élevés à cause de la rareté des sujets. Les conditions climatériques sont à peu près les mêmes au Cap qu'en Algérie, l'autruche est indigène dans les deux pays : ce qui enrichit l'un pourrait donc aussi enrichir l'autre.

Depuis longtemps le Jardin d'acclimation d'Alger possède des autruches domestiquées. Il a la spécialité d'en fournir à tous les jardins zoologiques d'Europe. Mais, d'après ce qu'on m'a dit, il tient ses procédés secrets et semble ne s'être pas soucié de répandre le goût de l'élevage dans la colonie. On nous a signalé d'autres essais de parcs d'autruches dans une ferme des environs d'Alger dont j'ai oublié le nom et à Miserghin près d'Oran, où l'on m'a raconté qu'on s'amuse à les atteler et même à les faire labourer. Le parc de Mme Courrière est, je crois, de tous, celui qui contient le plus de bêtes. Il y en avait une trentaine au moment où nous l'avons visité. Elles sont sur une pente semée de buissons, en face de la mer, réparties par familles dans des enclos, à raison de deux ou trois femelles pour un mâle. On les voit se dandiner sur leurs jambes flexibles, balancer le cou, picorer, s'étendre paresseusement dans la poussière; les mâles sont noirs et ont le cou et les cuisses nus et d'un rouge sanglant; ils ont l'air importants et brutaux; chaque enclos a une case couverte de chaume qui sert d'abri. Le tableau est curieux, et nous fit à tous un vif plaisir. L'autruche est un animal passablement stupide et qu'il faut surveiller attentivement; les herbes filandreuses l'étouffent en se pelotonnant dans son estomac qui ne digère pas tout, quoi qu'on en dise; cependant elle ne sait pas les distinguer, et Mme Courrière l'apprit à ses dépens en en voyant périr deux d'indigestion. Elle nourrit ordinairement les siennes avec des raquettes de cactus hachées. Une autre fois elle avait fait venir je ne sais plus quel petit chien d'Angleterre pour les garder: ces pauvres bêtes, qui casseraient la jambe à un cheval d'un coup de pied, et lui fendraient la tête d'un coup de bec, ne surent pas se défendre contre ce roquet qui en étrangla trois dans une nuit.

Pour la nourriture de ses autruches, pour les soins à leur donner, pour l'incubation artificielle des œufs, Mme Courrière n'ayant aucun guide n'acquiert ainsi l'expérience qu'au prix de tâtonnements coûteux. M. Louis Say, qui est propriétaire d'une partie du troupeau, a fait de son côté des frais considérables pour la réunir. Les grandes chasses ont à peu près complètement détruit l'autruche dans le Sahara algérien; pour s'en procurer, il est allé résider deux ans à Ouargla et a pris à son service des Touaregs qui battent pour lui le grand désert. Au moment où nous étions à Alger, il venait de recevoir l'avis que ses hommes étaient de retour avec une quinzaine d'oiseaux capturés. Le gouvernement devrait encourager ces efforts qui, s'ils réussissent, ne profiteront pas seulement aux personnes qui les tentent, mais encore à toute la colonie qu'ils doteront d'une nouvelle et lucrative source de revenus.

Au retour nous nous arrêtâmes au Jardin d'acclimation où nous passâmes une après-midi. Les Algériens se plaignent de ce qu'il est négligé aujourd'hui : tel quel, c'est une merveille qui n'a assurément pas sa pareille en Europe. Le but qu'on s'est proposé en le créant est de former une pépinière de tous les végétaux étrangers que l'on peut acclimater en Algérie. Une allée est bordée de gigantesques bambous qui frissonnent sans cesse, une autre de palmiers-dattiers et de yuccas, une autre de cocotiers aux troncs lisses, d'autres d'arbres et de fleurs inconnus. On rencontre des champs de bananiers, des bosquets de dragonniers dont les feuilles ressemblent à des paquets de serpents, des arbres à suif et des arbres à savon, des chorisia dont l'écorce verte, tendue à éclater, est toute hérissée de dures épines, des touffes de strelizia qui ont presque l'opulence des bananiers, des ficus, — le modeste caoutchouc des salons parisiens, — qui sont ici des arbres grandioses aux troncs multiples, des bois d'araucarias et de cèdres, des papyrus qui pressent leurs têtes rondes sur un lac dont les parties découvertes sont brochées de milliers de petites fleurs blanches. Mais à quoi bon continuer cette énumération? Je n'oserai jamais transcrire certaines indications que portent les plaques de fonte fichées en terre auprès des plantes. On aperçoit une fleur charmante, on se penche pour en savoir le nom, et on recule comme à la vue d'un crapaud. On a lu : *Pittosporum angustifolium*. Je ne sais rien de barbare comme un botaniste. Nous finîmes par admirer toutes ces beautés sans chercher à percer leur mystère. De la Chine nous passions aux Indes, des Indes au Brésil, du Brésil aux Andes, des Andes en Australie. En quelques instants nous fîmes le tour du monde végétal.

Après m'avoir lu, conçoit-on Alger comme un des plus séduisants séjours qu'on puisse rêver? Alors je suis parvenu à en donner une idée. Blanche comme une Mauresque de ses rues, toute parée de ses environs, toute parfumée des odeurs de leurs jardins, toute baignée de la plus belle lumière du monde, toute épanouie de son heureux climat, mêlant les contrastes les plus imprévus dans la rencontre de deux mondes, animée et indolente, étonnamment variée, mais toujours aimable, gracieuse, voluptueuse, ne lâchant aucun de ceux qu'elle a pris sans lui laisser des regrets, la sirène à demi couchée sur sa colline appelle les oisifs européens par la voix de ses journaux. « Vous qui allez à Nice, à Monaco, à Naples, passez la mer. L'hiver m'est inconnu, le soleil ne me fuit jamais, mes coteaux sont toujours verts, la nature y est toujours en fête, et ma jeunesse, sans cesse renouvelée, garde un éternel sourire. » Lesdits journaux sollicitent même les appétits d'une nature moins poétique. Voici ce que je coupe dans le *Moniteur de l'Algérie :* « Ce qui est luxe en France, c'est-à-dire les primeurs, est ici monnaie courante et accessible à tous. Allez donc demander au mois de janvier, en France, des petits pois, des choux-fleurs, des pommes de terre nouvelles, des oranges, des bananes, des asperges, des mandarines à profusion; c'est une collection qui ne se trouve que chez Véry, Véfour, les Frères provençaux, et qui à Alger couvre toutes les tables; c'est le menu des plus humbles restaurants, et chaque matin les ménagères n'ont que l'embarras du choix sur la place de Chartres ou au marché de la Lyre. Le gibier abonde à un prix moitié moindre qu'en France. Le reste est à l'avenant. »

Ces invitations sont loin d'être perdues ; les villas se multiplient aux environs d'Alger; les Anglais, ces grands explorateurs de la terre, y accourent en foule ; les malades y cherchent un air plus clément. Quiconque est venu une fois part enivré pour le reste de sa vie et revient. On nous annonça avec une certaine fierté que la ville s'outillait de façon à pouvoir recevoir quarante mille étrangers par hiver. Une preuve de cette faveur, c'est que Nice en est jalouse : on l'a surprise en flagrant délit de fausse nouvelle, annonçant que le choléra avait éclaté chez sa rivale.

DE QUELQUES AUTRES RÉFORMES

Nécessité d'une administration civile. — Les bureaux arabes. — Faute commise par M. Albert Grévy. — Rattachement du Tell au territoire civil. — Nécessité de coordonner tous les projets de réforme. — Lacunes du programme de M. Albert Grévy. — Il faut indiquer dès maintenant que le but final des réformes est l'assimilation complète de l'Algérie à la France. — Existence d'un parti autonomiste en Algérie.

Depuis un an l'Algérie est en pleine réorganisation. Elle passe du gouvernement militaire au gouvernement civil, et ce changement radical doit nécessairement entraîner de profondes modifications dans les services qui l'administrent. Au moment où la caravane parlementaire se trouvait à Alger, les projets de M. Albert Grévy relatifs à ces modifications commençaient précisément à être connus. Aussi ne causait-on guère d'autre chose, et crois-je devoir résumer, comme je l'ai déjà fait pour d'autres sujets, les impressions que j'ai recueillies tant dans les conversations auxquelles j'assistai alors, que dans les discussions fort animées auxquelles la presse algérienne s'est livrée depuis, et dans les correspondances que je suis heureux d'entretenir avec quelques Algériens.

Quand on parle d'administration algérienne, il faut tout d'abord écarter ce lieu commun que l'Arabe ne respecte que le sabre et n'obéira jamais à un habit noir. C'est là une de ces légendes qui ont malheureusement beaucoup de force dans un pays comme le nôtre, où tant d'opinions se fondent sur des mots tout faits. Il y a à peu près un million d'indigènes en territoire civil et un million et demi en territoire militaire : or aucune insurrection n'a jamais éclaté en territoire civil. Voilà qui permet d'aborder la question sans prévention. Nous avons dépensé une dizaine de milliards en Algérie : est-ce pour en faire un camp, ou pour en faire une colonie? Le simple bon sens se charge de la réponse. Le but que nous y poursuivons est la prolongation de la France au-delà de la Méditerranée ; c'est donc pour le colon et non pour le soldat que nous nous sommes imposé les frais de la conquête et de l'occupation. Dès lors il va de soi que les citoyens français, en venant peupler la colonie, doivent y transporter les droits et les libertés de la mère-patrie. Les en priver, c'est les punir de contribuer à l'accomplissement d'une œuvre nationale et décourager d'une main l'émigration qu'on encourage de l'autre.

Si évidente que soit cette vérité, il lui a fallu bien longtemps pour s'imposer. Les colons n'ont obtenu des conseils municipaux élus qu'en 1866, des conseils généraux élus et des députés qu'en 1871 ; l'élection des conseils généraux ne leur est même régulièrement assurée que depuis 1875. Encore cette émancipation politique n'est-elle pas achevée; définitive en territoire civil, elle n'est que relative en territoire militaire où le colon continue à être administré par une autorité d'exception.

A l'origine le territoire militaire englobait toute l'Algérie. La colonisation n'existait pas, et il était nécessaire que tous les pouvoirs fussent concentrés entre les mains des généraux chargés de l'extension et de l'affermissement de notre domination. Agissant dans l'inconnu, n'ayant ni une bonne carte du terrain ni un bon livre sur les indigènes, les chefs de notre armée sentirent vivement le besoin d'intermédiaires entre eux et les populations auxquelles ils avaient à faire. Un arrêté ministériel de 1844 institua officiellement les fameux bureaux arabes qui existaient de fait depuis plusieurs années. Ils étaient composés de jeunes officiers qui s'étaient donné la peine d'apprendre la langue arabe et d'étudier le pays. Leur mission « consistait à renseigner les généraux sur le nombre, la qualité, la position de l'ennemi, sur les directions générales, les sentiers à suivre, sur l'état présumable des pays où l'on devait opérer, et enfin si des partis hostiles, des chefs musulmans, demandaient à faire des conventions provisoires, à préparer, discuter et conclure ces arrangements. Plus tard, lorsque nous eûmes des contingents indigènes à notre service, les officiers chargés des affaires arabes eurent, indépendamment des fonctions susdites, le commandement de ces contingents; ils jouirent de l'insigne faveur, bien que dans un grade relativement inférieur, de pouvoir, à la tête des goums arabes (1). tenter des coups de main trop risqués, des pointes trop aventureuses pour être confiés à des troupes françaises, que l'on aurait pu compromettre (2) ».

On le voit, les bureaux arabes ont commencé par être une institution purement militaire. Après la soumission d'Abd-el-Kader en 1847, l'Algérie se trouvant conquise et pacifiée, il fallut l'administrer. Les généraux commandants de division firent office de préfets, les commandants de subdivision office de sous-préfets, les commandants de subdivision et les commandants de cercle office de maires. Le rôle des bureaux arabes changea et s'agrandit singulièrement. Ils étaient seuls au courant des affaires indigènes, l'autorité militaire se déchargea sur eux de tout le soin de l'administration des tribus. J'emprunte à la circulaire du 21 mars 1867 la copieuse nomenclature des attributions qui leur furent successivement conférées : « La préparation de la correspondance (du cercle militaire) et la réunion des documents concernant la politique, le personnel des affaires arabes, l'organisation politique des commandements indigènes, le personnel des chefs indigènes, les notices biographiques et les renseignements sur les chefs et les familles influentes indigènes, les documents historiques sur les tribus de la province, les renseignements géographiques et topographiques, la statistique, l'établissement

---

(1) Contingents fournis par les tribus.
(2) F. Hugonnet, *Souvenirs d'un chef de bureau arabe.*

des bases de l'impôt et la constatation des matières imposables, l'exécution du sénatus-consulte relatif à la constitution de la propriété dans les tribus, les questions diverses se rapportant à l'impôt arabe et au domaine de l'État en pays arabe, la maison des hôtes, le budget des centimes additionnels à l'impôt arabe, les prestations en nature applicables à l'ouver-verture et aux réparations des chemins dans les tribus, la police des routes et des marchés, la constatation des crimes et délits commis en territoire militaire par les indigènes et les recherches des auteurs, la surveillance des corporations religieuses et des zaouïas, les commissions disciplinaires, les pénitenciers indigènes, les prisonniers arabes détenus par mesure politique ou administrative, l'instruction publique dans les tribus, la justice musulmane, la justice en pays kabyle. »

En un mot, ils furent investis d'une autorité absolue sur les indigènes ; nomination des chefs, impôts, justice, police, tout fut à leur discrétion. Ils devinrent, comme on l'a dit, les sultans des Arabes. Un pouvoir si excessif exercé sans contrôle amena des abus que la rumeur publique a fort exagérés ; l'affaire Doineau, où l'on vit un capitaine de bureau arabe faire massacrer dans une diligence un chef indigène qu'il avait intérêt à supprimer, a jeté sur l'institution un discrédit dont elle ne s'est jamais entièrement relevée. Je n'ai pas à défendre nos officiers contre les accusations passionnées dont ils sont couramment l'objet en Algérie : on les calomnie en vertu de l'axiome qui dit que quand on veut tuer son chien on le déclare enragé. Un jour viendra où l'on sera plus juste pour eux; on reconnaîtra ce qu'ils apportaient de savoir et de zèle dans leur service; ils ont assuré la pacification complète de l'Algérie et maintenu la sécurité dans la mesure du possible, ce ne sont pas là de petits mérites; et je sais plus d'un Algérien qui se demande, non sans quelque inquiétude, combien il faudra de temps aux administrateurs civils pour acquérir une expérience aussi consommée que la leur.

Ce n'est donc pas la conduite des hommes placés à leur tête qui explique les haines de la population civile contre les bureaux arabes; leur grand vice est l'esprit général qui les anime et qui en fait les adversaires naturels de la colonisation. Une ordonnance du 28 décembre 1847 a organisé le régime communal en Algérie et établi que, quand un centre contiendrait une population française suffisante, il serait érigé en commune de plein exercice. L'année suivante, un décret du 9 décembre a institué trois préfectures sur le modèle des préfectures de la métropole (1). C'est de ce jour que date le territoire civil dans la colonie. Il était alors bien restreint, reserré autour des principales villes et comme noyé dans l'immense étendue du territoire militaire; mais, à mesure que la population coloniale s'est accrue, les centres capables d'être érigés en communes lui

(1) Le territoire civil constitue le département, l'ensemble du territoire civil et du territoire militaire constitue la province. Il y a donc à la fois un département et une province d'Alger, d'Oran et de Constantine.

ont été rattachés, et il n'a cessé de s'agrandir, tandis que le territoire militaire ne cessait de décroître. Par un phénomène qu'on peut vérifier tous les jours, sitôt qu'une institution est créée, il s'y introduit ce qu'on appelle l'esprit de corps qui lui donne une existence propre, elle devient en quelque sorte un organisme vivant qui obéit aux lois naturelles de la conservation et s'efforce de durer. La royauté des bureaux arabes ne s'exerçant qu'en territoire militaire, diminuer ce territoire c'est leur enlever quelque chose de leur raison d'être, et, d'instinct, ils sont devenus antipathiques à tout ce qui pouvait amener cet amoindrissement, c'est-à-dire à tout ce qui pouvait favoriser la colonisation et l'extension du territoire civil.

Dès 1857, Jules Duval signalait cet antagonisme entre les bureaux arabes et les colons. « En se détachant, par une émancipation silencieuse, mais persévérante et continue, du sein du commandement politique, pour former en dehors une institution à part identifiée de cœur, d'esprit et de langage avec la société arabe, ces bureaux, disait-il (1), se sont fait une situation contraire aux développements de la colonisation européenne. L'intelligence et le patriotisme de quelques officiers peuvent bien triompher çà et là des instincts de leur position ; mais de telles victoires sur soi-même ne sauraient être fréquentes, car elles supposent la vertu d'une haute abnégation. Aucun pouvoir, et surtout le pouvoir

---

(1) *L'Algérie et les colonies françaises.*

absolu, n'aime à se voir amoindrir : or tout progrès de la colonisation amoindrit les bureaux arabes militaires, si bien que, lorsque l'Algérie sera pleinement colonisée, ils seront parfaitement inutiles, comme ils le sont déjà en territoire civil. Comment l'esprit de corps, ainsi menacé, ne lutterait-il pas, instinctivement ou sciemment, contre la marée montante de l'émigration et de la colonisation? En douter, ce serait méconnaître les lois les plus certaines de la nature humaine et nier l'évidence des faits.

« Un préfet propose-t-il de resserrer un peu, pour faire place aux émigrants, les Arabes qui promènent à travers une immense étendue de terres incultes leur paresse de peuple pasteur et nomade, le bureau arabe ne se prête que de mauvaise grâce ou résiste même à un démembrement du territoire sur lequel il règne. Quelques tentes, parmi les tribus de son ressort, veulent-elles aller se transporter, pour une cause favorable, en territoire civil, le bureau arabe, au lieu de se réjouir qu'une agrégation politiquement dangereuse et peu favorable à la production se décompose au profit des familles et des individus appelés à plus de liberté et de prospérité, se récrie contre l'égrenage des tribus, et s'y oppose autant qu'il le peut; il imagine même des formalités arbitraires et coûteuses qui empêchent ses administrés de fréquenter les marchés ou de visiter leurs parents ou leurs amis en territoire civil. Enfin, des colons témoignent-ils l'intention de s'établir en territoire militaire, à portée et au sein des tribus, le bureau arabe ne verra certainement pas avec plaisir arriver et grandir des influences avec lesquelles il faudra compter : c'est-à-dire qu'il s'y opposera de son mieux. »

J'ajouterai que les bureaux arabes sont également, et toujours par l'effet de l'instinct de la conservation, les adversaires de l'assimilation des indigènes. Opérer les réformes que j'ai indiquées dans un chapitre spécial, toucher aux chefs, modifier la perception de l'impôt arabe, abolir la justice musulmane, c'est atteindre ceux de leurs pouvoirs dont l'exercice est le plus agréable. Ils ont été constitués en vue de la société arabe; tendre à la supprimer, c'est tendre à les supprimer eux-mêmes, c'est pourquoi ils sont partisans de l'immobilité.

Hostiles aux progrès des colons, hostiles aux progrès des indigènes, les bureaux arabes, après avoir été nécessaires et avoir rendu d'incomparables services, ont donc pris un caractère nuisible. Ils sont dans le présent de la colonie un legs gênant du passé qu'il faut s'occuper de faire disparaître. L'armée, qui avait conçu une certaine jalousie des avantages qu'ils ont jusqu'à ces dernières années procurés aux officiers qui en faisaient partie, les verrait dissoudre sans déplaisir. Quant aux colons, ils en demandent depuis longtemps la suppression avec une âpreté de langage qui a plus nui à leur cause qu'elle ne l'a servie. Le décret du 24 octobre 1870 remplaça le gouvernement général militaire par un gouvernement général civil, mais ce gouvernement général civil continuant à être exercé tantôt par un vice-amiral, tantôt par un général, ils n'obtinrent point sur l'autorité militaire la victoire qu'ils désiraient (1). Enfin, le 15 mars 1879, l'Algérie eut pour la première fois un gouverneur général civil, « véritablement civil », selon la propre expression de M. Albert Grévy, et les colons crurent toucher à la réalisation de leurs vœux.

M. Albert Grévy a commis une grosse faute. Il n'a rien dit ni rien fait pendant six mois. Il est arrivé et s'est mis à étudier dans le silence du cabinet les nombreuses réformes qu'on attendait de lui. Les habitants d'Alger, le soir, se montraient une lumière sur la colline de Moustafa et se disaient entre eux : C'est le gouverneur qui travaille. Pendant six mois il n'a pas fourni le moindre sujet de conversation à la société algérienne, ce qu'une société des pays méridionaux pardonnera toujours difficilement; pendant six mois, les vingt-cinq journaux de la colonie ont vainement attendu de lui un sujet d'article, ce que la presse d'aucun pays ne pardonnera jamais. Il est des circonstances où il est sage d'amuser les hommes; pour n'avoir pas compté avec ces petites nécessités de la vie quotidienne, M. Albert Grévy a perdu la grande popularité dont il avait été investi d'office en débarquant et ses fonctions en sont devenues beaucoup plus pénibles. Aussi, quand il a fait connaître ses projets, se sont-ils trouvés en présence d'une opinion à laquelle il avait laissé le temps de douter de ses intentions et de son mérite, et qui

(1) MM. Dubouzey et Alexis Lambert, nommés successivement commissaires extraordinaires, 1870-1871, n'avaient fait que passer dans la colonie.

n'avait plus par conséquent la confiante sympathie de la première heure. J'ai déjà parlé de ceux qui concernent la sécurité, le crédit et la constitution d'un état civil pour les indigènes; il m'a paru qu'ils satisfaisaient la majorité de la population. Il n'en est pas de même de celui qui a rapport à la substitution de l'administration civile à l'administration militaire; il a soulevé de nombreuses critiques et une certaine inquiétude.

M. Albert Grévy veut rattacher au territoire civil le Tell presque tout entier. Le territoire civil serait ainsi porté de moins de cinq millions à plus de dix millions d'hectares et sa population de 1,265,000 habitants à 2,150,000; il comprendrait à peu près toutes les terres sur lesquelles la colonisation européenne peut espérer s'établir. Il ne resterait au territoire militaire, c'est-à-dire aux bureaux arabes, que les steppes des hauts plateaux et le Sahara et 725,000 indigènes, — nomades pour la plupart. En principe, cette mesure est approuvée de tout le monde; on s'est même étonné au conseil général de Constantine de ce qu'elle n'englobât pas l'Algérie tout entière, et j'ai entendu soutenir fort sérieusement à Biskra que l'administration civile ne serait nulle part plus facile à établir que dans les oasis du désert. Mais sur la question d'application les avis sont très-partagés. Comment organiser l'administration civile qui remplacera l'administration des bureaux arabes, laquelle avait de fortes traditions, une longue expérience, une connaissance très-approfondie des affaires indigènes?

Le gouverneur propose de partager ce nouveau territoire civil en cinquante-trois communes mixtes qui seraient administrées comme le sont les communes mixtes actuellement existantes. Cette création a paru passablement illogique à bien des gens. On a jusqu'à présent appelé communes mixtes des circonscriptions administratives où les colons sont trop clair-semés parmi les indigènes pour constituer un centre municipal de plein exercice. Le maire est remplacé par un administrateur nommé par le gouverneur, et le conseil municipal par une commission choisie dans tous les éléments de la population et nommée par le préfet. Bien que les Algériens aient plaisamment appelé ces commissions la tribu des Beni-oui-oui, il est évident que les Européens qui y figurent exercent sur l'administrateur une heureuse influence par leur connaissance des besoins du pays et un certain contrôle par l'obligation où il est de délibérer avec eux. Le mot mixte suppose nécessairement une population mêlée; il deviendra un non-sens dans les circonscriptions nouvelles où il n'y a aucun Européen, — et c'est le cas du plus grand nombre. Quel contrôle et quelles lumières attendre d'une commission d'indigènes que l'on ne pourra nommer que sur les indications de l'administrateur et qui sera par conséquent à sa discrétion? Nous revenons par un autre chemin à l'autorité absolue des bureaux arabes. Trouvera-t-on en Algérie, en dehors de l'armée, cinquante-trois personnes suffisamment instruites de la langue et des mœurs des indigènes, des principes et des formalités de l'administration, et présentant assez de garanties d'honorabilité pour diriger cinquante-trois communes mixtes dans d'aussi mauvaises conditions? M. Albert Grévy en est convaincu, mais les Algériens en doutent. Déjà le personnel des communes mixtes actuellement existantes est loin de passer pour parfait. Que sera-ce quand on devra le doubler?

Les sentiments d'une partie des colons à ce sujet se sont fait jour dans le rapport qui a été présenté au conseil général de Constantine sur le projet de M. Grévy. Voici, en effet, ce qu'on y lit : « Les difficultés de trouver le personnel administratif suffisant nous auraient seules fait reculer, si M. le gouverneur général ne nous affirmait qu'il trouvera tous les agents nécessaires et qu'il n'a à cet égard aucune préoccupation. Nous avions besoin de cette assurance formelle pour abandonner toute inquiétude à ce sujet, car, s'il existe dans le personnel actuel un noyau autour duquel pourront se grouper les nouveaux agents, nous croyons que la difficulté du choix et les conditions à imposer seront telles, que tous les anciens agents ne pourront pas être maintenus; il en est, parmi ceux-ci, qui n'ont aucune des aptitudes voulues. » Comme on voit, le conseil n'est pas très-rassuré.

Un autre point qui inquiète est l'intention de M. Grévy de conférer à ces administrateurs des pouvoirs arbitraires. « Il est essentiel, dit-il dans une circulaire aux préfets de l'Algérie, il est essentiel que l'administration civile se fasse désormais d'une façon qui en assure le succès; il ne faut plus qu'elle fonctionne dans des conditions d'infériorité vis-à-vis de l'administration militaire en territoire de commandement. Les agents du commandement, pour administrer les indigènes, sont armés de pouvoirs qui manquent à nos administrateurs civils dans les communes mixtes; c'est à l'usage de ces pouvoirs que les bureaux arabes ont dû leur influence. Sous la réserve d'un contrôle nécessaire dans l'application, mon intention est de donner à nos administrateurs ces moyens d'action reconnus indispensables par ceux qui connaissent les populations indigènes. »

La discussion qui a eu lieu dans les conseils généraux nous a éclairés sur ce que M. Grévy entendait par ces moyens d'action. Il veut investir les administrateurs civils du droit d'appliquer des peines de simple police variant de un à cinq jours de prison et de un à quinze francs d'amende. Les accusations de prévarication dirigées contre les bureaux arabes provenaient précisément presque toujours de ce que le pouvoir administratif et le pouvoir judiciaire étaient confondus dans leurs mains. Aussi peut-on prévoir que, si les idées de M. Grévy étaient appliquées, les administrateurs civils seraient promptement en butte aux mêmes soupçons. Le régime civil ne saurait être un régime d'exception; ou il est le règne du droit commun, ou il ne signifie rien du tout. Avouer que le droit commun serait impuissant sur un territoire, c'est reconnaître que le moment n'est pas encore venu d'y introduire le régime civil. Il faut éviter de déconsidérer celui-ci et ne pas se donner l'air d'accomplir une grande réforme pour n'aboutir, comme l'a spirituellement dit un conseiller général d'Alger, qu'à remplacer un pantalon rouge par un pantalon noir.

Qu'y a-t-il donc à faire? Les Algériens qui désapprouvent le projet du gouverneur m'ont paru partagés entre deux systèmes. Les uns, reculant devant la mesure radicale qu'ils ont longtemps réclamée comme tous leurs compatriotes, estiment que l'on devrait procéder avec plus de sagesse, ne rien improviser, opérer les rattachements au territoire civil à mesure que l'extension et les besoins de la colonisation l'exigeraient, former progressivement un personnel civil assez instruit et assez intègre pour ne pas faire regretter le personnel militaire. Les autres sont d'avis qu'il n'est pas impossible de rattacher immédiatement le Tell tout entier au territoire civil, mais à la condition de l'organiser autrement que ne le propose M. Albert Grévy. Au lieu de ces communes mixtes, qui ne seront pas mixtes et qu'on livrera à l'arbitraire d'un administrateur, quelques-uns demandent qu'on appelle hardiment les indigènes à la vie municipale et qu'on organise chez eux la commune proprement dite. Dans ces conditions, le régime civil ne serait plus seulement un mot, mais une réalité, un véritable régime de liberté. Quelle que soit la solution à laquelle on s'arrêtera définitivement, la question demande à être promptement tranchée. Les bureaux arabes sont actuellement dans la situation de gens qui entendent discuter la façon dont on les fera mourir. Ils sont bien excusables s'ils se relâchent dans leur service, et on m'a souvent répété pendant le séjour de la caravane en Algérie que l'administration des indigènes tombe dans un état de désorganisation qui finit par devenir alarmant pour la sécurité du pays.

Beaucoup de colons émettent un vœu qui me paraît fort digne d'attention. Ils considèrent le remplacement définitif du régime militaire par le régime civil comme l'avènement d'un ère nouvelle qui implique une refonte générale des institutions algériennes. Ce qui convenait à un régime ne saurait convenir à l'autre qui sera animé d'un esprit tout différent; il est peu de branches de l'administration auxquelles il ne faille toucher, il est peu de lois qui ne doivent être remaniées. Les colons voudraient que M. Grévy, au lieu de présenter ses projets séparément, les groupât en un ensemble homogène et coordonné qui réglerait simultanément toutes les questions coloniales et toutes les questions indigènes, et à l'examen duquel le Parlement se consacrerait entièrement pendant quelques semaines. Notre colonie mérite l'honneur d'une pareille solennité, et j'estime que par sa grandeur même un tel débat aurait plus de chances d'être mis promptement à l'ordre du jour que des discussions isolées qui frapperont beaucoup moins l'attention. Pour réaliser ce vœu il faudrait qu'au lieu d'établir des catégories de questions et de réclamer d'abord la solution de celles seulement qui lui paraissent les plus urgentes, M. Albert Grévy embrassât dans un vaste projet général toutes les réformes qui sont à faire. Voici, d'après les indications que j'ai recueillies, les principales lacunes du programme qu'il a fait connaître jusqu'à présent.

1° Abolition du régime des décrets. Sous l'empire, le gouverneur général, n'étant responsable que devant l'empereur, jouissait d'une autorité absolue et réglait par décret tout ce qui ne concernait ni la justice, ni la marine, ni l'instruction publique et les cultes qui ressortissaient directement à leurs ministères respectifs à Paris. Depuis 1870, les gouverneurs ont continué à jouir de ce droit qu'ils n'ont plus exercé qu'avec modération, et que M. Albert Grévy n'a pas exercé du tout depuis qu'il est à Alger. Mais enfin le principe subsiste. La loi de 1871 sur les conseils généraux n'a été promulguée qu'en 1875 en Algérie. Pour prévenir le retour de pareils faits, les colons demandent qu'on précise rigoureusement ce qui dans la colonie sera désormais du domaine de la loi et ce qui sera du domaine des décrets.

2° Création d'un sous-secrétariat d'État de l'Algérie au ministère de l'intérieur. Faute d'un ministère des colonies, cette création est indispensable. L'Algérie n'est pas représentée au sein du gouvernement et ses services en souffrent tous les jours. Qu'on parcoure les nombreux programmes ministériels qui se sont succédé depuis dix ans ; elle n'y figure jamais. Cet oubli est très-sensible aux colons et aurait été évité si l'un des membres du gouvernement était spécialement chargé de leurs intérêts.

3° Réforme de l'impôt européen. Une cause de gêne pour la colonie provient de la faiblesse et du défaut de fixité de son budget. Elle ne paye guère jusqu'à présent que des impôts indirects ; le moment est venu d'y introduire avec prudence nos impôts directs. Il y a aux environs de Bône, de Philippeville, d'Alger et d'Oran, des propriétés qui valent 3 et 4,000 francs l'hectare : un cadastre où l'on ne comprendrait que les terres en plein rapport fournirait dès maintenant une base à l'impôt foncier. Dans la plupart des villes, les maisons ont acquis une assez grande valeur ; l'impôt sur les portes et fenêtres y pourrait donc être appliqué.

4° Réforme des impôts arabes. C'est ici que la fixité manque absolument. Les recettes sont basées sur la valeur de la récolte et sur le nombre des têtes de bétail. Que la récolte soit mauvaise, que le typhus ravage les troupeaux, et il se produit un écart énorme entre les recettes d'une année et celles de l'année suivante. Pour arriver à pouvoir compter sur des ressources assurées, on propose soit de changer l'assiette de l'impôt en taxant chaque tribu d'une somme invariable dont elle répartirait le payement entre tous ses membres, soit de constituer comme en France un fonds de non-valeurs pour parer aux mécomptes.

5° Création de nouveaux départements. Avec l'extension du territoire civil et le progrès croissant de la population, la division de l'Algérie en trois départements est devenue complètement insuffisante. Quand le Tell sera rattaché au territoire civil, le département de Constantine aura l'étendue de six départements français. Le bon fonctionnement des services administratifs et judiciaires est impossible avec les énormes distances qu'une pareille surface comporte. En outre il s'est créé autour de nouveaux centres des intérêts considérables dont l'essor est gêné par l'obligation de se référer à un chef-lieu lointain. On propose de partager l'Algérie en sept départements qui porteraient les dénominations suivantes : la Tafna, chef-lieu Tlemcen ; Oran, chef-lieu Oran ; le Chélif, chef-lieu Orléansville ; Alger, chef-lieu Alger ; la Kabylie, chef-lieu Bougie ou Sétif ; Constantine, chef-lieu Constantine ; la Seybouse, chef-lieu Bône. Des études faites ont démontré que chacune de ces circonscriptions aurait des ressources suffisantes pour subvenir aux besoins des services départementaux. Les colons se plaignent beaucoup actuellement du trop fréquent renouvellement du personnel administratif. A peine un préfet a-t-il eu le temps de s'initier aux affaires du pays, qu'il est rappelé en France, et remplacé par un autre qui a tout à apprendre et s'en ira de nouveau juste au moment où il commencera à savoir. Avec sept départements on pourrait établir une hiérarchie et constituer une administration algérienne où un agent ferait toute sa carrière.

6° Augmentation de la représentation algérienne au Parlement. Cette augmentation serait une conséquence naturelle de l'augmentation du nombre des départements. Cependant, à mon avis, sept députés ne suffiraient pas encore. Il faudrait, ou qu'il y en ait deux par département, soit quatorze, ou mieux encore un par arrondissement suivant le principe même de la loi électorale, soit seize députés en tout. Pour l'Algérie, il ne faut pas regarder seulement au nombre de ses citoyens français, qui est de cent quatre-vingt dix mille actuellement. Il faut songer à la grandeur du pays, à l'importance de ses intérêts, à l'avenir qu'on lui prépare, aux deux millions six cent mille individus qui sont derrière les électeurs français. Deux chiffres feront sentir qu'à quantité égale d'électeurs l'Algérie mérite une représentation beaucoup plus considérable. Le commerce total de la France s'élève à environ 9 milliards, soit pour 37 millions de Français 243 francs par tête ; le commerce total de l'Algérie s'élève à 367 millions, soit pour 190,000 Français 1984 francs par tête. Je sais bien que les Français n'ont qu'une part dans le commerce algérien, mais ils ont seuls qualité pour le représenter au Parlement et le représentent par conséquent tout entier. Trois voix sont complètement perdues dans une grande assemblée. Seize voix composeraient un groupe qui imposerait ses désirs.

7° Suppression du Conseil supérieur. Le Conseil supérieur est une assemblée fort anormale composée de dix-huit délégués nommés par les conseils généraux algériens, c'est-à-dire issus du suffrage au second degré, et de dix-huit fonctionnaires. Il a été créé à l'origine pour assister le gouverneur dans la confection du budget colonial, puis ses attributions se sont étendues, et il examine aujourd'hui les diverses propositions que le gouverneur compte soumettre soit au Parlement soit au ministère. Quand seize députés représenteront l'Algérie à la Chambre, ils feront avec autant de compétence et avec plus d'autorité la besogne actuelle du Conseil supérieur; le budget, par exemple, avec seize députés et un sous-secrétaire d'État pour l'Algérie, sera aussi bien préparé à Paris qu'à Alger. Cette institution, dont l'utilité a été souvent contestée, sera donc alors d'une inutilité incontestable. J'ajouterai qu'elle est dès maintenant dangereuse, en servant de point de ralliement au parti autonomiste, comme je vais l'expliquer.

8° Préparation de l'assimilation des indigènes. M. Albert Grévy a déjà formulé l'important projet relatif à la constitution d'un état civil chez les indigènes. J'ai indiqué dans un chapitre précédent les autres mesures demandées : suppression de la justice musulmane, suppression des collecteurs d'impôt indigènes, application de nos lois de succession aux indigènes, organisation de l'instruction parmi les indigènes, accélération de la constitution de la propriété individuelle.

Toutes ces réformes ne créeront encore à l'administration et à la législation algériennes qu'un état provisoire. Ce ne sera que la seconde des trois périodes par lesquelles l'Algérie doit passer. La première a été la période du pouvoir militaire qui va finir; les besoins de la conquête et de la défense y primaient tous les autres intérêts. La seconde sera celle du pouvoir civil fonctionnant avec une législation spéciale. Elle prend l'Algérie à demi barbare et à demi inculte; sa mission est de l'arracher à l'inculture par la colonisation, de l'arracher à la barbarie en appelant les indigènes à notre civilisation et d'en faire un pays vraiment français. Quand cette grande transformation sera achevée, la législation spéciale par laquelle elle se sera accomplie n'aura plus de raison d'être ; alors la troisième période, l'état définitif commencera, et l'Algérie, complètement assimilée à la mère-patrie pour l'administration comme pour la législation, en partagera désormais étroitement les destinées.

Un des grands avantages qu'il y aurait à discuter ensemble toutes les réformes algériennes, c'est qu'on pourrait leur imprimer une tendance bien décidée vers cette assimilation à la France qui doit être le but suprême de nos efforts en Algérie. Il est nécessaire de le faire pour étouffer dans l'œuf le parti autonomiste, car il existe un parti autonomiste dans notre colonie, un parti qui rêve pour elle une existence à part à côté de celle de la France, un parti qui ne parle pas encore de la séparation, mais qui inconsciemment voudrait la préparer. C'est, je crois bien, la seule impression absolument mauvaise que la caravane ait rapportée de son voyage. Les idées de ce parti répugnent, il est vrai, aux sentiments patriotiques de la majorité des colons, mais il n'en est pas moins fort remuant et il compte un représentant parmi les trois députés de l'Algérie, M. Jacques, qui, dans son fameux discours du 19 octobre à Oran, s'est fait l'organe de ses prétentions. La chose est donc plus grave que ne permet de le supposer l'ignorance à peu près complète où le public français est resté de son existence jusqu'à présent.

Oh! pour le moment, le programme du parti est d'apparence bien modeste! Même les plus timides repoussent ce mot d'autonomiste comme trop bruyant. On se contente de demander que le Conseil supérieur soit élu par le suffrage universel. — Mais, leur fait-on remarquer, ce Conseil supérieur élu sera à proprement parler un Parlement algérien. — Si vous voulez, répondent-ils; mais il aura simplement voix consultative. Il préparera les projets concernant l'Algérie et le Parlement français décidera ensuite ; ce dernier jugera toujours en dernier ressort. On pourrait se demander ce que deviendraient les sénateurs et les députés algériens dans cette combinaison. Est-ce auprès d'eux, est-ce auprès du Conseil supérieur qu'il faudra chercher l'expression des vœux de l'Algérie ? En cas de dissentiment, qui devra l'emporter ? Étrange confusion de pouvoirs où se manifeste l'inutilité du Conseil. Et puis il faudrait une forte dose de naïveté pour croire qu'une semblable organisation pourrait fonctionner longtemps. Le soleil d'Afrique fait des tempéraments ardents ; les Algériens apportent dans les affaires publiques une propension bien marquée à l'impatience. Si déjà aujourd'hui ils contestaient la compétence du Parlement français dans les matières qui les concernent, que serait-ce si, pour une raison ou pour l'autre, ce Parlement rejetait des projets préparés par l'assemblée de leurs élus ? Pour le coup, ils renieraient son autorité. L'opinion française soutiendrait le Parlement français ; l'opinion algérienne soutiendrait le Parlement algérien, et un antagonisme naîtrait entre les deux pays. Je ne veux pas même songer à ce qui pourrait suivre.

Les partisans du Conseil supérieur élu invoquent l'exemple des colonies anglaises. Voyez l'Afrique australe, l'Amérique du Nord, les colonies australiennes, elles ont chacune leur parlement! C'est vrai. Mais quels rapports peut-on établir entre ces colonies et l'Algérie? Pour laquelle d'entre elles l'Angleterre a-t-elle dépensé les dix milliards que nous a coûtés notre possession africaine? Les colons anglais tirent de leurs propres ressources tout ce qui est nécessaire au fonctionnement des sociétés nouvelles qu'ils ont fondées. En Algérie, au contraire, ports, routes, chemins de fer, c'est la France qui a tout créé de toutes pièces; après s'être imposé les sacrifices les plus lourds pour la conquête du pays, elle y entretient encore aujourd'hui cinquante mille hommes. Les mêmes raisons qui donnent aux colons anglais le droit de se gouverner eux-mêmes donnent à la France le droit imprescriptible de garder l'Algérie comme une partie intégrante d'elle-même. L'Irlande aussi est une colonie anglaise et qui ressemble à l'Algérie par plus d'un côté : l'Angleterre lui a-t-elle donné une constitution spéciale? Et puis, comment comparer des possessions qui sont à des milliers de lieues de la métropole avec un pays qui en est à trente heures (par Port-Vendres)? Le gouvernement direct est matériellement impossible pour les premières et l'autonomie une nécessité. Soutiendra-t-on sérieusement que cette raison existe pour l'Algérie? Non. Nous poursuivons en

Afrique un but très-précis qui est, comme on l'a fort bien dit et comme on ne saurait trop le répéter, celui de prolonger la France au-delà de la Méditerranée. Quiconque rêve un gouvernement particulier pour l'Algérie attente à l'unité française.

Mais, disent les autonomistes, pouvez-vous méconnaître les profondes différences géographiques, ethnographiques, économiques et sociales qui distinguent l'Algérie de la France ? Ne nécessitent-elles point des institutions spéciales ? Nos populations ont des besoins et des intérêts généraux sans analogie en France et pour lesquels, par conséquent, les lois françaises n'ont pas été faites et ne valent rien. Ces besoins, ces intérêts, qui les connaît mieux que nous, Algériens ? Nous seuls sommes capables de résoudre les questions qu'ils soulèvent. Je répondrai d'abord à ce dernier argument. Dans la plupart des questions spéciales à l'Algérie, il y a deux intérêts en présence : l'intérêt de la colonisation et l'intérêt des indigènes. Certes, dans les préoccupations gouvernementales, le premier doit toujours primer le second, mais sacrifier systématiquement les indigènes serait aussi contraire à l'humanité qu'à la prospérité définitive de la colonie. Or, ce n'est point faire injure aux colons que de dire qu'il leur serait bien difficile d'être justes envers une population à laquelle ils disputent la possession du pays. L'équité n'est possible qu'en France, loin des passions qui les soutiennent dans la lutte qu'ils poursuivent vaillamment pour établir notre race sur le sol africain. Compétence et capacité sont deux termes différents, et leur compétence, que personne ne songe à contester, s'exercera tout aussi bien dans le Parlement français que dans un Parlement algérien. Dès à présent, toute faible qu'elle est, la représentation algérienne a une influence prépondérante dans les débats spéciaux à l'Algérie ; à plus forte raison l'aurait-elle si elle était quintuplée.

Ensuite est-il bien démontré qu'en dehors des besoins de la colonisation qui cesseront dans un temps qu'on pourrait dès à présent calculer, il y ait autant de besoins et autant d'intérêts qui soient communs à toute l'Algérie ? Les villes qu'a traversées la caravane parlementaire se sont empressées de lui faire connaître leurs vœux, et ce qui m'a très-vivement frappé dans ce pays qui date en quelque sorte d'hier, c'est la force de l'esprit local, résultat de la divergence des intérêts. Bône veut divorcer avec Constantine; Bougie et Sétif sont en querelle ; Oran jalouse mortellement Alger, qu'elle accuse de tout faire pour l'étouffer ; Tlemcen, de son côté, se plaint d'être perpétuellement sacrifiée à Oran et demande à s'en détacher. C'est exactement le contraire d'un pays uni, et la vérité est qu'il n'y a pas d'Algérie, ce n'est qu'une expression administrative. Le pays est très-divers, comme j'ai essayé de le montrer dans mes descriptions ; la diversité de la nature fait la diversité des intérêts et des tempéraments. Cette force de l'esprit local s'affirme jusque dans les questions générales par une extraordinaire variété d'appréciations. C'est un fait dont les Algériens conviennent eux-mêmes : il n'y a pas de pays au monde où, la question politique mise à part, l'opinion soit aussi divisée, je devrais dire aussi émiettée, preuve que cette solidarité de besoins et d'intérêts, dont les autonomistes se font un argument, n'existe pas. Que l'on parcoure les journaux de la colonie, qu'on suive les délibérations des conseils généraux, et l'on aura une idée de ces dissentiments profonds.

Enfin, les autonomistes croient-ils avoir fait une découverte en prétendant que l'Algérie a besoin d'institutions spéciales? Mais les institutions qu'elle possède ne sont-elles pas des institutions spéciales? Son régime municipal, son régime départemental, presque tous les traits de son organisation actuelle ne sont-ils pas différents des institutions françaises? Où a-t-on jamais vu que la France ait commis la folie de vouloir plier inflexiblement un pays tout nouveau aux lois d'une vieille société? Mais ne partez pas de là pour vous écrier que vous avez raison d'être autonomiste, puisque l'autonomie existe déjà implicitement. Tant que le gouvernement algérien sera une simple émanation du gouvernement français, celui-ci pourra le modifier à son gré et le supprimer au besoin. Le jour où il aurait pour base le suffrage universel, il deviendrait indéfectible, il serait l'égal du gouvernement français et, entraîné par la logique même de cette situation, il tendrait à s'émanciper de sa tutelle. Les institutions spéciales actuelles ont un caractère essentiellement temporaire, elles disparaîtront avec les besoins qui les justifient. Déjà on a pu rattacher directement aux ministères à Paris un certain nombre de services algériens ; à mesure que les œuvres parallèles de la colonisation européenne et de l'assimilation des indigènes s'achèveront, on pourra les rattacher tous. Alors l'incorporation de l'Algérie au territoire français sera complète, et le but que nous avons poursuivi dans sa conquête sera atteint : notre pays sera agrandi, sa population augmentée, ses forces accrues. Les institutions spéciales que demandent les autonomistes seraient, au contraire, définitives ; il serait à tout jamais interdit à l'Algérie d'être complètement française. En deux mots, un programme prépare l'union intime des deux pays, l'autre prépare leur séparation.

On demandera sans doute si le mal est bien sérieux, s'il faut s'en préoccuper dès maintenant. Je pense qu'on ne saurait s'y prendre trop tôt pour enrayer un mouvement qui menace de désaffectionner de la mère patrie une population française. Dès maintenant donc, ne laissons subsister aucun doute sur notre but, marquons nettement dans toutes les réformes qu'elles ne sont qu'un acheminement à la complète assimilation de l'Algérie à la France. Quelques-unes de celles que j'ai indiquées plus haut auront pour effet de transférer à Paris une partie des pouvoirs actuellement concentrés à Alger. C'est le gouvernement général qui donne à l'Algérie une apparence d'unité sur laquelle spéculent les autonomistes : la fixation des matières abandonnées au régime des décrets l'affaiblira au profit du Parlement ; la création d'un sous-secrétariat d'État au ministère de l'intérieur l'affaiblira au profit du pouvoir central ; l'augmentation de la représentation transportera dans les bureaux de la Chambre le siège des intérêts qu'on voudrait grouper autour du Conseil supérieur. Les autres réformes contribueront également, à leur manière, à l'assimilation. La division du pays en sept départements fortifiera l'esprit local, source où se retrempe le sentiment national ; à Bône, chef-lieu de département, on sera Bônois et Français ; de même à Bougie, à Tlemcen ; les villes, émancipées d'anciennes sujétions, renieront tout joug algérien et ne se sentiront vraiment libres que dans le sein de la grande patrie française. La réforme des impôts effacera quelques-unes des différences qui existent entre la colonie et la métropole. L'assimilation des indigènes fera disparaître les mesures spéciales dont ils sont l'objet actuellement. Voilà la voie où il faut marcher sagement, mais résolument, sans se presser, mais sans tarder. Elle conduira à supprimer l'Algérie comme expression administrative, et à faire de ses sept départements sept départements purement et simplement français. Qu'on le sache bien, et qu'on cesse de prononcer ce mot d'autonomie qui blesse cruellement une oreille patriote.

D'ALGER A ORAN

Boufarik. — L'eucalyptus. — Blidah. — Millanah. — Le plus grand fleuve de l'Algérie. — Deux cents kilomètres de plaine. — Orléansville. — Oran, sa prospérité, ses plaintes contre Alger. — L'émigration espagnole.

Le 17 octobre, la caravane parlementaire quitta Alger et alla coucher à Médéah. Une indisposition m'empêcha de la suivre et m'ôta le plaisir de voir cette ville qu'on m'a dit être fort pittoresquement posée sur le bord d'un haut plateau. Son vœu était de devenir sous-préfecture; un décret récent l'a satisfait.

Je rejoignis les députés à Blidah, le lendemain. En quittant Alger, la voie longe un moment la belle baie que la houle qui déferle frange d'une blanche dentelle d'écume, puis elle s'enfonce dans la grande plaine de la Métidja, que les poètes arabes ont tant célébrée. Là, plus que partout ailleurs, on peut juger de la transformation que nous opérons en Algérie. Cette plaine fameuse, nous l'avons trouvée noyée de marais et, pendant longtemps, elle a pu servir d'argument aux pessimistes qui prétendaient que notre race ne s'acclimaterait jamais en Afrique. Les premières générations de colons y ont été effroyablement moissonnées par la fièvre. L'histoire particulière de Boufarik pourrait servir de type à l'histoire générale de la colonisation dans cette partie du territoire. Fondé en 1835, ce centre n'avait encore que 429 habitants en 1841, et sur ces 429 habitants, 106 moururent dans le cours de l'année. Tous les autres furent plus ou moins atteints par la fièvre. On changeait de prêtre tous les quatre mois. Un jour, le colonel du 11ᵉ de ligne, ayant voulu passer en revue une compagnie de son régiment, il ne trouva debout que trois hommes : un fourrier, un caporal et un tambour. Cependant, avec un courage admirable, les Français, séduits par la beauté du pays et la richesse de la terre, n'en continuèrent pas moins obstinément les travaux d'assainissement, drainant les eaux marécageuses et plantant des arbres. Les arbres ont absorbé les poisons que contenait le sol, les marécages se sont transformés en champs plantureux, et l'homme a fini par vaincre la nature. Boufarik est aujourd'hui le plus grand marché de chevaux et de bestiaux qu'il y ait en Algérie, une ville de 15,000 âmes qui grandit chaque jour, dans l'espèce de grand bocage que les plantations lui ont fait. Chose à peine croyable, l'effort du colon a tellement changé le climat que Boufarik est devenu une station sanitaire : on y envoie les malades. L'indigène n'a pas moins changé que son pays. Entre Boufarik et Blidah campait autrefois une des tribus les plus belliqueuses de l'Algérie, les Hadjoutes. Que sont-ils devenus? Cultivateurs ou petits commerçants, leurs descendants sont aujourd'hui les plus paisibles des hommes. Et vous ne croiriez pas à la transformation des Arabes, quand un court espace de cinquante années vous fournit un tel exemple?

Il faut nos plus grasses campagnes normandes pour donner une idée de l'opulent aspect de la plaine jusqu'à Blidah. Les plantations qu'on y a multipliées pour assainir en font aujourd'hui l'ornement et lui donnent des airs de parc arrangé pour l'agrément des yeux : c'est un fouillis charmant de platanes, d'eucalyptus, de pins d'Alep, d'ailanthes, de caroubiers sur les dômes desquels des cyprès s'élèvent comme de noirs obélisques. L'un des arbres qu'on a le plus plantés depuis une quinzaine d'années est le célèbre eucalyptus; on en a mis partout, en bordures le long des chemins et de la voie ferrée, en bosquets autour des maisons, en bois dans les bas-fonds. Dans telle commune que nous traversons, comme Hussein-Dey, on en a planté plus de 50,000 pieds. Avec son feuillage ébouriffé qui a toujours l'air de sortir d'un coup de vent, ses feuilles qui sont ovales et d'un bleu métallique, ou lancéolées et d'un vert pâle, selon qu'elles poussent sur les branches hautes ou les branches basses, son tronc dont le bois est généralement tordu en spirale, son écorce au ton vineux qui s'effrange et pend aux nœuds des branches en paquets de guenilles, cet arbre a une physionomie désharmonique qui surprend singulièrement l'œil. On est un peu revenu sur son compte. Dans les premiers moments, lorsque M. Ramel eut introduit dans la colonie cet émigrant australien et l'eut fait connaître, on n'en parlait que sur le ton du dithyrambe. Non-seulement il assainissait les endroits où on le plantait, mais son écorce et ses feuilles guérissaient de toutes les maladies, son bois était dur, imputrescible et pouvait servir aux plus grandes constructions ; bref, il avait toutes les qualités et encore quelques autres. Aujourd'hui ses propriétés assainissantes, bien que contestées encore par de rares personnes, semblent définitivement acquises ; mais on a reconnu à l'usage que l'on ne pouvait pas faire grand'chose de son bois. Il n'a pas de fil et se gâte rapidement. On n'en continue pas moins à propager l'eucalyptus ; il y en a environ deux millions de pieds plantés à l'heure actuelle, et les fanatiques soutiennent qu'on ne devra s'arrêter que quand il y en aura quinze millions en Algérie. N'eût-il que l'avantage de fournir promptement de la verdure aux lieux qui n'en ont pas, que ce mouvement devrait être encouragé. On nous a montré des eucalyptus de douze ans qui étaient des arbres d'une très-belle venue. Le malheur est qu'ils demandent de la chaleur et beaucoup d'eau, de sorte qu'ils ne poussent point partout.

La députation a trouvé à Blidah une ville contente de son sort et qui n'avait rien à lui demander, ou à peu près rien. Le discours du maire a été une petite apologie du pays qu'il administre. En aucun endroit, en effet, je n'ai vu de dehors plus riants, plus d'indices de prospérité que dans cette gracieuse ville de 16,000 âmes située aux pieds de coteaux couverts de vignes et mollement assise au milieu des orangers. Cinquante mille de ces arbres lui font une ceinture perpétuellement verdoyante et parfumée que les fruits mûrs piquent, à partir du mois de décembre, d'innombrables taches d'or. Je dis arbres, quand je ferais peut-être mieux de dire arbustes, car l'oranger n'atteint point de hautes proportions, même dans son pays de prédilection. La moyenne des exportations annuelles de Blidah est de dix millions d'oranges et de mandarines : les prétendues valences des marchandes de Paris viennent souvent tout bonnement d'Afrique et n'en sont pas moins bonnes pour cela. Une trop courte promenade aux environs de la ville a ravi la députation ; les orangeries sont, à proprement parler, des jardins, et vous voyez ce que peut être un jardin de 300 hectares. Le terrible vent du sud leur avait nui quand nous les vîmes. Mon cocher me dit :

— Médiocre année, monsieur, le sirocco a mangé les oranges.

Les pieds d'orangers sont alignés au cordeau, les eaux qui les arrosent courent de tous côtés dans de petits canaux de briques à ciel ouvert ; il y a partout des fleurs ; d'épais tapis de volubilis bleus sont jetés sur les haies et pendent des plus grands arbres : c'est la féerie de l'agriculture heureuse.

De jolies villas sont bâties aux abords des cultures. J'ai noté là d'intéressants essais d'architecture locale, un compromis avec le style mauresque, sa polychromie et ses faïences. C'est un des regrets du voyageur de voir que nous introduisons bêtement partout en Algérie la manière de bâtir de nos pays du nord. Tout ce que nous y faisons ressemble invariablement à des casernes. Certes, les constructions arabes, faites pour des gens sans mobilier et qui tiennent à cacher leur intérieur à tous les yeux, ne conviennent pas à notre civilisation ; mais les nôtres ne conviennent pas davantage au climat algérien. Où est le grand artiste qui donnera la formule nouvelle? On l'a cherchée à Blidah, et la tentative me paraît assez heureuse pour qu'on la renouvelle.

La ville entretient, sous le nom de Bois Sacré, un jardin public d'une grande beauté. Les oliviers séculaires y font les plus charmants ombrages qu'on puisse voir. Les Blidiens en sont fiers et répandent le bruit qu'ils sont les plus gros de l'Afrique; mais nous en avons vu de plus gros encore à Bougie et à Tlemcen. Un blanc marabout dédié à Sidi-Yacoub, le saint propice à la fécondité des femmes qu'on retrouve par toute l'Algérie, donne au jardin je ne sais quel air de mystère qui ajoute à son charme et explique son épithète de sacré. Nous y vîmes plusieurs femmes musulmanes que la stérilité ne devait pas amener à ce pèlerinage, car elles étaient accompagnées de nombreux enfants. A l'ouest d'Alger, les femmes ne se cachent plus le visage de la même façon qu'à l'est; ici, au lieu d'un voile posé au-dessous des yeux, elles se contentent, quand un homme approche, de serrer avec la main sur leur visage les deux pans de la longue pièce d'étoffe blanche dont elles se couvrent la tête; on n'aperçoit plus alors qu'un œil qui brille comme une escarboucle au fond de l'étroite fente qu'elles laissent entr'ouverte, et elles font songer à des enfants jouant à « coucou, le voilà! » Nous ne pouvions nous empêcher de sourire à les voir ainsi arrangées, et, comme ce sont des êtres faciles à amuser, souvent elles riaient de bon cœur de notre propre gaieté.

A quelques kilomètres de Blidah, la Chiffa s'ouvre un passage à travers la chaîne de montagnes qui borde la plaine de la Metidja. C'est un lieu de promenade célèbre que ne manque jamais de faire le visiteur qui vient à Alger. La caravane y passa en allant à Médéah. C'est, m'a-t-on dit, une gorge qui rappelle en petit le Chabet-el-Akhra et qui est plus agréable parce que la végétation y est beaucoup plus vigoureuse. Les singes de la Chiffa font partie des curiosités de l'Algérie; on raconte qu'ils sont à demi apprivoisés et viennent manger le pain qu'on leur jette; cependant ils furent moins aimables que ceux du Chabet et ne se dérangèrent pas pour se montrer aux députés. Une autre curiosité est le tombeau de la Chrétienne, dont on voit le cône se profiler comme un énorme clocher dans le lointain, sur les collines qui séparent la Metidja de la mer; c'est la sépulture de quelques anciens rois maures.

La caravane se remit en route par un train qui avait amené le gouverneur général. M. Albert Grévy n'avait pas encore visité la province d'Oran, et profitait de l'occasion pour faire avec les députés un voyage vivement désiré par la population. A partir d'El-

Affroun la voie entre dans une région montagneuse. On retombe dans l'inculte. Les hauts mamelons sont couverts d'un manteau de maigres broussailles que des landes désertes criblent de trous. Après Bou-Medfa on pourrait se croire revenu aux environs de Constantine, tant les pentes sont nues. Il a fallu trois tunnels pour franchir le massif; le dernier débouche sur le bassin du Chelif où pour un moment la nature redevient riante.

Passer de Blidah à Milianah, c'est passer de l'Andalousie dans la Touraine. Milianah est perché à mi-côte du Zaccar, et, pour l'atteindre de la gare d'Affreville qui la dessert, il faut gravir une pente de six cents mètres. On devine quels circuits il a fallu faire décrire à la route pour la rendre praticable avec une telle inclinaison. Par un hasard curieux, ces circuits, vus de la terrasse de la ville, dessinent exactement la figure d'un chapeau de gendarme. Comme Blidah, Milianah est au milieu d'un immense verger; la terre manquant pour la grande culture, tout le pied du Zaccar a été converti en jardins; mais le climat, grâce à l'altitude, se rapproche de celui de la France; il neige abondamment l'hiver, et nos fruits, qui viennent généralement assez mal en Algérie, y réussissent à merveille. On y récolte des raisins exquis, des coings, des cerises, des noix, des noisettes, des châtaignes, des pommes et des poires qui sont excellentes. Le seul fruit algérien qui y prospère est la grenade, qui y est énorme; c'était justement l'époque de la maturité, et nous avons pu voir les minces rameaux des grenadiers plier jusqu'à terre sous le poids de fruits gros comme les deux poings.

Milianah est une ville en décadence. Négligemment, elle a laissé passer le chemin de fer assez loin d'elle, alors qu'un tracé qu'elle aurait pu faire adopter le rapprochait jusqu'à quatre kilomètres de ses murs. Tout le commerce et toute l'industrie descendent à Affreville. Un fait indique la rapidité de cette ruine : il y a quelques années, trois maisons se faisaient concurrence pour la correspondance avec la gare; aujourd'hui il n'y a plus qu'une diligence, et elle ne fait pas de brillantes affaires. Les eaux mêmes qui jaillissent de tous côtés des flancs de la montagne et qui font tourner quatorze moulins entre Affreville et Milianah ne défendront pas cette ville de l'abandon; on commence à faire moudre ailleurs; l'industrie cherche le voisinage des voies rapides. L'agriculture n'offre non plus aucune ressource, car, comme je l'ai dit, il n'y a pas de terre aux environs. Le peu qui existait est livré depuis longtemps aux arbres fruitiers et aux cultures maraîchères. Il ne restera à Milianah que son site charmant, d'où l'on doit s'éloigner difficilement quand on y est accoutumé, ses vergers, les beaux platanes de ses rues et sa garnison, qui est pour elle, comme pour tant d'autres villes, un de ses revenus les plus clairs. Cela suffira-t-il pour lui retenir ses 7,000 habitants?

Où il n'y a plus d'eau et plus d'arbres, là commence la province d'Oran, dit un proverbe arabe. A ce compte, elle commencerait dès Affreville, car c'est ce gros bourg qui inaugure le triste paysage qui ne change plus jusqu'à Oran. Une plaine brûlée et poudreuse, tantôt abandonnée encore aux palmiers nains et aux chétifs oliviers sauvages qui la tachètent de noir, tantôt défrichée, mais complètement dépouillée au moment où nous y passions : dans le lointain, des montagnes dénudées et d'un rose sale, tel est le spectacle désolé que nous avons eu sous les yeux pendant deux cents kilomètres. Dans cette plaine l'été est torride et l'hiver glacial ; au milieu d'octobre, la chaleur y était encore assez forte.

Quelques minutes avant d'arriver à Duperré, Lemay, qui, en sa qualité de vieil Africain, nous faisait les honneurs de l'Algérie et dont l'inaltérable bonne humeur se plaît à cacher un grand savoir sous une forme enjouée, nous fit mettre la tête à la portière.

— Messieurs, attention! Permettez-moi de vous présenter le Chelif. Voyez! Le plus grand fleuve de l'Algérie! Pas une chopine d'eau.

Il est de fait qu'il n'y en avait guère. Quelques flaques étamées par le reflet du ciel dormaient au fond d'un lit de sable marneux, reliées les unes aux autres par un filet d'eau si mince qu'il semblait s'égrener comme les perles d'un chapelet. La Seybouse, l'Oued-Sahel, le Sebaou, pour être moins longs, nous avaient montrés des lits beaucoup mieux remplis.

Cependant il ne faut pas se laisser prendre à son impression. Ce n'est pas ici le désert. Loin de là ; le sol est fertile, il ne lui manque que d'être convenablement arrosé pour rivaliser avec les plus féconds, et par des aménagements, — coûteux, il est vrai, — mais dont les résultats compenseront brillamment les dépenses premières, on arrivera à lui donner de l'eau presque partout. Cette immense plaine sera un jour une des grandes terres à blé de l'Algérie. Les centres qui y sont déjà établis permettent de se figurer la métamorphose que la colonisation lui fera subir; Orléansville, Relizane, le Sig, le Tlelat, que leurs habitants ont su entourer de verdure, apparaissent de loin en loin comme d'aimables oasis.

La caravane parlementaire s'arrêta dans la première de ces villes, le temps de prendre une légère collation et de permettre aux habitants d'exprimer leurs vœux que le gouverneur promit de satisfaire. Le Chelif étant impropre à la navigation, on devrait en employer jusqu'à la dernière goutte à l'arrosage. Le fleuve, à quelque distance au-dessus de la ville, s'encaissant dans une gorge, on a conçu le projet d'en couper le lit par un barrage de douze mètres de haut et d'en répandre l'eau sur les deux rives. On pourrait irriguer ainsi près de dix mille hectares de bonnes terres, ce qui ferait d'Orléansville un grand centre agricole. Les travaux ont commencé il y a dix ans; on y a dépensé 800,000 francs et il fallait encore 200,000 francs pour les achever, lorsque l'administration décida qu'elle ne continuerait l'entreprise qu'autant que les colons intéressés se constitueraient en syndicat et fourniraient cette dernière somme. Les colons, avant de s'engager, voulurent qu'on éprouvât les ouvrages déjà faits et qui leur paraissaient défectueux. On lâcha l'eau dans les canaux, et l'un d'eux s'effondra, tandis que d'autres restaient à sec. Ceci se passait peu de temps avant le voyage de la caravane. Les habitants ont demandé qu'on prenne au plus vite les mesures nécessaires pour leur livrer promptement un barrage qu'ils ont déjà tant attendu. Ils ont demandé également que l'on tire enfin du triste état de décadence dans laquelle il est laissé le port de Tenez, qui est leur débouché naturel sur la mer. Des travaux étudiés dès 1844 y ont été commencés en 1868, puis on les a interrompus en 1872, de sorte que les trois millions dépensés sont restés à peu près inutiles. Il faut y ajouter trois millions et demi encore (1) et construire la voie ferrée qui est dès maintenant classée entre Orléansville et Tenez. L'importance croissante d'Orléansville, la nécessité de donner un point d'embarquement aussi rapproché que possible aux produits de la vallée du haut Chelif, le développement des exploitations minières du voisinage rendent ces travaux indispensables. Ils seront tout à fait urgents si l'on crée le département du Chelif et si Orléansville devient chef-lieu.

La députation a rencontré à Oran ce qu'elle avait trouvé à Bône, des passions locales très-surexcitées. Oran se plaint d'être perpétuellement sacrifiée au reste de l'Algérie. Les habitants étaient mécontents du gouverneur, parce qu'il était allé visiter la province de Constantine et qu'il n'était pas encore venu chez eux. Ayant appris que les députés ne passeraient qu'un jour parmi eux, ils voulaient voir dans ce fait une nouvelle preuve de la mauvaise volonté

(1) Un mois après le passage de la caravane, on a adjugé pour 1,100,000 francs de travaux.

systématique dont ils prétendent être les victimes. Les députés sont restés deux jours, et tout s'est apaisé. Malgré l'abandon où on la laisse, la province d'Oran se glorifie d'être la province la plus prospère de l'Algérie; son sol est moins bien arrosé; le palmier nain, ce désespoir du défricheur, y abonde, et cependant les colons y réussissent. Ils ont trouvé dans l'émigration espagnole des auxiliaires précieux, les indigènes eux-mêmes les secondent, tout le monde travaille et s'enrichit. Fiers de leur activité, les Oranais prétendent faire de leur province la première province et de leur ville la première ville de l'Algérie. Déjà ce sont eux qui comptent la plus forte population européenne (1), ce sont eux aussi qui possèdent le plus de vignes, ils ont à peu près le monopole de l'alfa, et ils se vantent de produire dès aujourd'hui plus de blé que la province de Constantine, assertion dont il est difficile de vérifier l'exactitude, car ces vaillants colons poussent la manie de la persécution jusqu'à accuser les statistiques officielles d'être falsifiées à leur détriment. Oran espère dépasser prochainement Alger en grandeur, sa population a doublé en vingt ans, et elle atteint déjà près de 50,000 habitants. Elle veut également que son port dépasse en activité celui de sa rivale, et son ambition n'est pas loin d'être réalisée; déjà il exporte davantage (42 millions contre 37 en 1878), et il est arrivé parfois qu'il a importé autant (68 millions seulement contre 87 en 1878).

(1) Population européenne d'après le recensement de 1876 : Oran, 116,661; Alger, 112,764; Constantine, 82,002.

Peut-être les Oranais doivent-ils cette activité qui les distingue précisément à l'abandon dont ils se plaignent. La députation n'a eu que trop souvent l'occasion de constater que l'habitude de compter sur la protection officielle paralysait l'initiative chez les populations. Cependant ils ne peuvent tout faire par eux-mêmes, et il est certains travaux qu'ils ont le droit de réclamer de l'État. Le port d'Oran n'est pas digne d'une ville par laquelle se fait le tiers du commerce algérien. Il est d'une exiguïté fort gênante; ses quais ne sont pas achevés, et il lui en faudrait quatre fois autant qu'il en a. Au moment des grands départs de blé, les sacs s'entassent au bord de la mer au point de rendre la circulation impossible. Les travaux à exécuter sont évalués à 3,200,000 francs, et la Chambre de commerce offre d'avancer cette somme à l'État. Si l'on s'étonne qu'avec cette facilité les choses ne bougent point, les habitants s'écrient : C'est Alger qui étouffe nos réclamations. Ce port si maltraité est fort mal desservi; les routes qui y amènent les produits de l'intérieur sont généralement en mauvais état. Hélas! nos reins en savent quelque chose. Et on les avait arrangées pour le passage de la députation! Qu'est-ce donc en temps ordinaire? Aussi la bête noire de la population est-elle l'administration des ponts et chaussées, et n'est-il sorte d'injures qu'elle ne lui adresse dans le cours des conversations ordinaires.

Oran était autrefois une place de guerre, aujourd'hui c'est une grande ville de commerce. Autrefois comme aujourd'hui, on sacrifiait tout à l'utile ; c'est dire qu'en dehors du spectacle de ses rues, elle n'offre rien de bien curieux. Quand on a parcouru la charmante promenade de Letang qui longe la mer au milieu des arbres et des fleurs et d'où l'on a plusieurs vues remarquables des côtes qui se dessinent jusqu'à Mers-el-Kebir, on n'a plus qu'à monter sur une des hauteurs voisines pour contempler le panorama de la ville. Je l'ai vu du fort Saint-Grégoire, et j'en sais peu d'aussi intéressant, d'aussi particulier. Le sol, avant d'arriver à la baie, s'affaisse brusquement en un vaste creux triangulaire où les maisons sont comme entassées. La ville est si basse qu'il semble qu'on l'a littéralement sous les pieds ; les plans inclinés des toits dominent, attestant l'origine et la prépondérance européenne ; cependant les minarets de Sidi-el-Haouri et de la mosquée du Pacha rappellent les vieux souvenirs musulmans. Les hauteurs qui bordent le triangle sont couvertes d'une si prodigieuse quantité de fortifications que l'œil en est tout surpris. Les Espagnols, qui ont occupé Oran pendant trois siècles, en avaient fait un bagne, et, pendant trois siècles, les forçats furent occupés à maçonner et à bâtir. Il semble que les gouverneurs mettaient leur orgueil à ajouter quelques murailles à celles qu'avaient laissées leurs prédécesseurs. A travers l'atmosphère que la chaleur faisait trembler, nous distinguions confusément en suivant le contour de la ville les tours rondes du Château-Neuf, imposantes comme des rocs de granit, des bastions en fer de lance, des courtines, des redans, des créneaux, des forts en étoile, d'épais ouvrages carrés, des lignes de mur tantôt droites, tantôt en dents de scie, et près de nous les lourdes masses de la Kasbah. Jamais on n'a entassé plus de pierres.

La belle couleur rousse dont le soleil a doré toutes ces constructions, l'aspect brûlé des champs voisins, les tons ferrugineux des montagnes qui montrent à la mer leur flanc affreusement nu, le palmier qui se dresse dans la cour de la préfecture, les pâles cactus épuisés qui languissent sur les rochers, donnent à Oran un caractère terriblement africain. On sent un ardent climat dont aucune autre ville du Tell ne donne idée. Pour égayer un peu les environs, il a fallu créer artificiellement une forêt de pins d'Alep sur la montagne de Santa-Cruz. Une jeune dame française, qui n'était en Algérie que depuis quelques mois et ne s'était pas encore accoutumée à ce fauve spectacle, nous disait avec un sourire de regret : Je donnerais bien mille francs pour voir un peuplier.

On nous fit remarquer, près de la Kasbah, d'énormes pans de mur éboulés qui furent jetés à bas par le tremblement de terre du 9 octobre 1790, dont il existe, du reste, bien d'autres traces encore, à ce qu'on m'a dit. Je ne connais pas dans l'histoire de situation plus tragique que celle où se trouva le gouverneur Cumbre-Hermosa après cette catastrophe. Oran était à peu près détruite, un incendie formidable dévorait ses ruines, trois mille personnes avaient été écrasées sous les décombres ; menacé de la famine parce que les vivres avaient disparu et de la peste à cause de l'infection des cadavres, au milieu des flammes et de la fumée, avec les débris d'une population affolée de terreur, avec une garnison dont la moitié avait péri, derrière des fortifications écroulées ou entr'ouvertes, il lui fallut résister aux Arabes qui se ruèrent par milliers sur la malheureuse cité pour l'achever.

L'Algérie tout entière contient près de cent mille Espagnols. Les deux tiers habitent la province d'Oran, et, dans la ville même, il y en a vingt-cinq mille tandis qu'il n'y a que onze mille Français. L'émigration va croissant, les paysans de Valence et de Murcie ne sont qu'à quelques heures de mer; qu'il arrive une mauvaise saison comme celle de 1879, et les barques les amènent par centaines. Ils couchent le long du port ou sur les places, et, s'ils ne trouvent pas à se louer comme portefaix ou jardiniers, s'en vont dans la campagne se livrer aux travaux des champs et à la récolte de l'alfa. Ce sont de bons cultivateurs, sobres et laborieux, fort entendus aux soins que réclame la terre algérienne, qui reste improductive sans irrigations. Ils ont dans les veines du sang de ces Maures qui apprirent à l'Espagne à aménager les eaux. L'émigration leur coûte d'autant moins qu'à Oran ils peuvent se croire encore dans leur pays, les deux bords de la Méditerranée se ressemblent trait pour trait, et ils se retrouvent au milieu de leurs compatriotes qui ont une colonie jusque dans les moindres villages de la province. A Oran même, la mairie rédige ses affiches dans les deux langues, et l'espagnol est aussi fréquent sur les enseignes que le français. Dans le populaire, le costume qui domine est le leur : le mouchoir noué autour de la tête, la courte veste noire, la large ceinture passée sur le gilet et le pantalon, les guêtres boutonnées. Quelques-uns portent le large sombrero. Cette importance de l'élément espagnol accentue encore le caractère africain d'Oran : les teints y sont bistrés comme du cuir de Cordoue, les yeux sont noirs et sombres.

A Constantine et à Alger, des colons nous disaient : Un des points inquiétants pour l'avenir est l'invasion espagnole dans la province d'Oran ; si l'on n'y prend garde, la colonie ne sera bientôt plus une colonie française. A Oran, on envisage la question d'une façon toute différente, et ladite invasion, au lieu d'être regardée comme une calamité, est considérée comme un bienfait. J'ai déjà dit que les ouvriers espagnols ont fait la fortune de cette province en lui fournissant à très-bon marché une main-d'œuvre de première qualité ; ce sont eux qui livrent au palmier nain la rude guerre qui lui permet aujourd'hui de rivaliser avec Constantine pour la production du blé. Au point de vue économique, on ne peut donc que se féliciter de les voir venir en grand nombre. Au point de vue national, j'estime qu'on peut également s'en réjouir, car les enfants de ces colons deviennent en grande partie Français. La convention franco-espagnole du 7 janvier 1862 porte que tout Espagnol né sur le territoire français doit, quand il a atteint l'âge de la conscription, produire un certificat constatant qu'il a satisfait à la loi du recrutement en Espagne, faute de quoi il est obligé de tirer au sort en France. Les statistiques annuelles montrent que nombre de jeunes Espagnols satisfont à la loi militaire en Algérie. Il y en a eu 289 dans ce cas en 1878. C'est autant d'acquis pour l'élément français.

TLEMCEN ET SIDI-BEL-ABBÈS

Les routes de la province d'Oran. — La mosquée de Bou-Médine. — Les ruines de Mausourah. — Le minaret d'Agadir. La légende de Sidi-Yacoub. — Tlemcen. — Beautés naturelles de ses environs. — Le chemin de fer transsaharien. — Avantages du tracé par la province d'Oran. — Nécessité de rectifier la frontière franco-marocaine. — Sidi-Bel-Abbès. — L'alfa. — Les chemins de fer en Algérie. — Départ de la caravane.

La députation termina son voyage en Algérie par une excursion à Tlemcen. On lui avait parlé à Oran du mauvais état des routes, elle put en juger par elle-même. Sur une longueur d'une centaine de kilomètres, immédiatement à partir d'Oran, la chaussée installée sur un sol très-meuble et empierrée de cailloux blancs eux-mêmes très-friables, est couverte d'une couche de poussière qui en certains endroits a plus de dix centimètres de hauteur. Par un fâcheux hasard, le trajet s'opéra au milieu d'un ouragan comme on n'en avait pas vu depuis longtemps dans la contrée. Vous pouvez juger de l'effet. Un voyage dans la farine! Les roues soulevaient d'épais tourbillons de poussière que le vent emportait au loin dans la campagne; voitures, mules, députés, journalistes, buissons, sol, tout était parfaitement blanc. C'eût été comme un rêve absolument fantastique si nos bronches endolories ne nous eussent rappelé au sentiment de la réalité. On aurait rebâti Carthage en béton rien qu'avec ce que j'ai avalé pour ma part. Une des mules, aveuglée, buta dans un des trous de la route, le cavalier qui la montait roula sous le fourgon qui s'arrêta juste au moment où la roue lui montait sur la figure. Le malheureux eut la mâchoire brisée. Si l'on demande des crédits pour les routes de l'Algérie, on peut être certain que les députés qui étaient de la partie les voteront des deux mains.

Je ne saurais parler du pays que nous avons ainsi traversé. Je n'en connais que ce que j'en aurais vu par un brouillard à couper au couteau. Je me rappelle vaguement un endroit où nous avons fait trois ou quatre ablutions sans arriver à nous débarbouiller et où on nous a servi à déjeuner. C'était Aïn-Temouchent. On nous a parlé de cent soixante hectares de vignes qui sont en pleine prospérité, comme toutes celles qu'on a plantées dans la région. Puis nous sommes rentrés dans la poussière, dont nous n'avons été délivrés qu'à l'approche de la nuit; la route montait alors d'une façon décidée, nous grimpions le plateau de Tlemcen; l'air était plus vif, l'eau paraissait plus abondante, et la végétation était plus verte et plus vigoureuse.

Nous avons trouvé à Tlemcen ce qui manque aux autres villes algériennes : des monuments. La ville avec ses environs forme comme un musée de l'art mauresque. La plus gracieuse des architectures a produit en Andalousie des édifices plus considéra-

bles ; elle n'en a pas inspiré de plus parfait que
quelques-uns de ceux qui se rencontrent là. La mosquée de Bou-Médine, dont le minaret avait été copié
pour le pavillon de l'Algérie à l'Exposition universelle de 1878, Bou-Médine peut soutenir la comparaison avec n'importe quel chef-d'œuvre. Elle s'élève
sur un mamelon à deux kilomètres de la ville, près
du tombeau du saint personnage auquel elle doit
son nom. On y accède par un parvis en carreaux de
faïence. Les lourds battants qui ferment sa belle
porte ogivale sont couverts d'un revêtement de cuivre fort curieusement ouvragé. Ce travail a sa légende ; du reste chaque chose a sa légende à
Tlemcen ; le peuple, qui y a manifesté la vigueur de
son imagination dans tant de charmants monuments,
en a laissé d'autres preuves dans la foule de contes
merveilleux dont il a peuplé le pays. L'intérieur, nu
comme celui de toutes les mosquées, se recommande
par l'élégance de ses quatre rangées d'arcades, et le
mirhab est digne de celui de la mosquée de Cordoue
dont on montrait il y a quelques années une reproduction à Paris. On appelle mirhab une espèce de
niche pratiquée dans le mur au fond de la mosquée
et orientée vers la Mecque ; c'est là que l'imam se
place pour dire les prières. Cette niche est découpée
sur le patron de l'ogive renflée si chère aux architectes musulmans. Elle est encadrée dans une bordure carrée d'une ornementation exquise : sur un
fond tantôt bleu, tantôt rouge, se détachent vigoureusement en relief des arabesques en stuc colorées
elles-mêmes de nuances différentes et figurant des

versets du Koran, des fleurs et de simples dessins géométriques. Rien ne saurait rendre l'harmonieuse variété, la belle fantaisie de cette décoration.

Du haut du minaret la vue s'étend sur le fertile pays qui entoure Tlemcen jusqu'à la plaine de la Tafna. Au pied s'étale le village fondé autrefois par les disciples qu'attirait le bruit des vertus de Bou-Médine. La plupart des maisons s'effondrent, les propriétaires ne voulant pas les vendre parce qu'elles ont appartenu à des personnages révérés, et étant trop pauvres pour les réparer. Au moment où nous les regardions, des épis de maïs, des piments rouges, des tomates, des citrouilles séchaient sur les terrasses; des femmes misérablement mises vaquaient aux soins du ménage dans les cours. Une indicible tristesse se dégage du contraste de cette pauvreté et des témoignages d'une grandeur disparue, entre ces murailles à demi ruinées et l'exubérante végétation, presque sauvage, qui essaye de les recouvrir. La mosquée même est en mauvais état; le toit est effondré en un endroit.

— Monsieur le Domaine est venu, nous dit l'Arabe qui nous guidait, et il a dit qu'il faudrait vingt mille francs. Nous nous recommandons à vous pour nous les faire donner.

Les colons de Tlemcen eux-mêmes se plaignent de cet abandon où on laisse un monument qui est une des gloires de leur ville. Ils estiment qu'avec quelques dépenses l'État pourrait rendre à ce sanctuaire musulman son ancien prestige. Il y gagnerait au point de vue pécuniaire, en retenant dans le pays un million d'aumônes qu'y glanent aujourd'hui les marabouts marocains; il y gagnerait davantage encore au point de vue politique, en plaçant sous sa main un foyer de propagande religieuse qui échappe actuellement entièrement à son contrôle.

Bou-Médine est au sud-ouest de Tlemcen; à l'opposé, au nord-ouest sont les ruines colossales de Mansourah. Un roi du Maroc était venu assiéger Tlemcen. Comme les opérations se prolongeaient, il résolut de transformer son camp en une ville, afin de bien montrer qu'il ne repartirait que lorsque les assiégés se seraient rendus, et il bâtit Mansourah. A voir ce qui reste de cette cité improvisée, on peut se demander si son armée était composée de géants. Une enceinte de quatre kilomètres, flanquée de deux cents tours, le tout en murailles de pisé mêlé de briques, de deux ou trois mètres d'épaisseur et de dix ou quinze de haut, représente une somme de travail que de simples humains seraient incapables de s'imposer pour une installation provisoire. Les restes d'une mosquée immense et d'un minaret de quarante mètres de haut en complètent l'effet grandiose. Un petit village, des jardins, des plantations prospèrent dans cette enceinte, et rien ne saurait rendre l'effet de ces énormes murailles fauves au milieu de cette verdure, et de ce formidable attirail militaire au milieu de ces paisibles champs cultivés.

A l'est de Tlemcen et toujours à un ou deux kilomètres seulement, on trouve l'emplacement d'une troisième ville, Agadir, qui avait elle-même succédé à un établissement romain. Il n'en reste qu'un haut minaret qui présente cette particularité curieuse que la base est construite avec des pierres tumulaires romaines. Les inscriptions de quelques-unes sont tournées en dehors et peuvent encore se lire. Agadir vous reporte aux Romains; mais on peut remonter plus haut encore : sur les flancs des deux montagnes qui font muraille à l'ouest de Tlemcen s'ouvrent des grottes où logèrent des Troglodytes, probablement les premiers habitants de la contrée. Le passé a ainsi laissé des monuments durables des diverses périodes de son histoire.

Les promenades que l'on fait pour se rendre dans ces divers endroits inspirent a plus haute idée de ce que devait être Tlemcen au temps de sa splendeur. Partout on rencontre des ruines intéressantes, débris des sept enceintes qu'a eues successivement la ville, tours démantelées, portes ogivales, mosquées à moitié abattues, marabouts abandonnés. Ceux-ci sont en général percés d'arcades tréflées qui leur donnent une élégance que n'ont pas les lourdes koubas que l'on voit dans le reste de l'Algérie. Ils sont aussi plus grands, et la coupole, au lieu d'être arrondie, affecte légèrement la forme plus gracieuse d'un cône renflé. Le moindre morceau d'architecture porte du reste la marque d'un rare génie artistique. La situation de Tlemcen, où l'on a toutes les beautés du ciel africain sans en avoir les énervantes chaleurs, est pour beaucoup sans doute dans cet épanouissement artistique, et je suis persuadé que, les mêmes causes agissant dans l'avenir, la ville reprendra un jour une des premières places dans le mouvement intellectuel algérien.

La vue de toutes ces ruines, reportant la pensée vers des splendeurs éclipsées, ne va pas sans mélancolie. Qu'est devenu le peuple qui eut assez de goût pour imaginer ces remarquables monuments, assez de puissance et de fortune pour les construire? O Maures, ranimé par le nôtre, votre génie ne revivra-t-il point? Cependant les alentours si singulièrement variés de la ville comportent des points de vue dont le charme est sans tristesse. Je mettrais au premier rang la promenade qui conduit au marabout de Sidi-Yakoub. Ce marabout n'est qu'une kouba moderne pareille à toutes les koubas de l'Algérie, c'est-à-dire indigne de figurer à côté de tant d'autres que nous venions de voir. Mais sa masse blanche est d'un si joli effet au milieu des gigantesques térébinthes où elle est placée qu'on ne songe plus à son insignifiance.

Quand nous le visitâmes, quelques femmes musulmanes y étaient assises et causaient. Un jeune homme de Tlemcen, avec lequel nous avions eu la bonne fortune de nous lier pendant la traversée et qui était le cicérone le plus aimable et le plus instruit qu'on pût désirer, leur demanda la permission d'entrer, ce qu'elles accordèrent sans se faire prier. Mais le gardien du marabout survint et se mit à nous injurier avec une feinte violence et une verve merveilleuse.

— Il nous prend pour des étrangers, dit notre ami, et il veut nous arracher une pièce de vingt sous. Vous allez voir.

Il parlait arabe aussi bien que l'Arabe lui-même, et il lui fit observer qu'il avait demandé la permission d'entrer. En entendant sa langue, le vieillard parut un peu interloqué, mais il ne baissa pas encore le ton; alors notre ami haussa le sien et la conversation se termina de la façon la plus plaisante.

— Pourquoi nous injuries-tu? Nous sommes des Français. Et n'est-ce pas le gouvernement français qui te paye pour garder le marabout?

— Oui.

— Tais-toi donc, ne vois-tu pas qui nous sommes?

— Ah, sidi, à la forme de vos chapeaux (nous avions des casques), j'avais deviné tout de suite que vous étiez des chefs. Protégez-moi. Voyez la grosse branche de ce térébinthe, elle va renverser le marabout. Faites-la couper.

Notre ami, qui prépare sur Tlemcen et ses mille légendes un livre qui sera d'un vif intérêt, nous raconta celle de Sidi-Yacoub, et je ne saurais me tenir de la répéter pour donner un nouveau spécimen de l'esprit caustique des contes arabes, dont la traduction édulcorée de Galland n'offre qu'un pâle reflet. Sidi-Yacoub ne s'est pas toujours occupé de la fécondité des femmes; il avait jadis une autre spécialité et était le gardien de leur fidélité. Un jour qu'il planait dans les airs, il entendit un mari reprocher à sa femme de l'avoir trompé. La femme niait.

— Alors jure-moi que tu m'as toujours été fidèle.

— Je jure n'avoir jamais connu d'autres hommes que ceux que je vois en ce moment.

Le mari regarda de tous côtés et n'aperçut pas

l'amant qui était caché dans un buisson. Se croyant seul aimé, il s'écria joyeusement :

— Jure-le par Sidi-Yacoub.

— Par Sidi-Yacoub, je le jure.

— Voilà donc à quoi on fait servir mon nom, se dit tristement Sidi-Yacoub. Et, dégoûté, il alla trouver Allah : Seigneur je ne puis pas rester plus longtemps dans un pays où j'ai couvert un parjure, permettez-moi de transporter mon marabout ailleurs.

— Prends ton marabout dès que l'aube pointera, lui répondit Allah, et tu parcourras le monde pour choisir la place où tu désires te transplanter. Seulement tu n'as qu'une journée : si tu ne t'es pas décidé au moment où on ne distingue plus un fil noir d'un fil blanc, ton marabout tombera à l'endroit où tu te trouveras.

Toute une journée, Sidi-Yacoub avec sa chapelle sous le bras parcourut le monde, et partout il ne voyait que des femmes parjures et des ménages désunis. Il commençait à désespérer, la nuit approchait, lorsqu'il entendit un homme qui disait à sa femme :

— Il n'y a point d'autre femme comme toi. Toi seule sais aimer ton mari. Tu es ma joie et ma bénédiction.

Et la femme répondait :

— Oh! oui, je t'aime, personne ne saurait dire combien.

— Enfin, soupira Sidi-Yacoub avec satisfaction, voilà un couple fidèle et un ménage où l'on s'aime. C'est ici que je m'établirai. Et il laissa tomber son marabout par terre. Mais, dit-il, en examinant le paysage, il me semble que je connais ces arbres, et, regardant les deux causeurs, il me semble que je connais cet homme et cette femme. En effet, il se trouvait près de Tlemcen, exactement à l'endroit d'où il était parti le matin, et c'était le couple qui l'avait chassé qui l'avait aussi fait revenir.

— Allons, pensa-t-il philosophiquement, la fidélité n'est pas de ce monde. Et, de gardien d'une vertu impossible à découvrir, il se fit protecteur d'une qualité qu'à son avis les femmes avaient plus de chances de se procurer. Voilà pourquoi aujourd'hui, par toute l'Algérie, il préside à leur fécondité.

Une des musulmanes venait précisément lui offrir un sacrifice et nous fûmes témoins d'une scène curieuse. Elle appela le vieillard qui brûlait de l'encens au fond d'une petite marmite placée dans le creux d'un térébinthe, et lui donna un poulet qu'elle avait apporté. La terre devant le marabout était jonchée de plumes qui indiquaient que cette sorte de cérémonie doit se répéter fréquemment. Le vieillard pluma le cou du poulet, tira un long couteau pointu, lui ouvrit la gorge et le jeta par terre. Tous deux suivirent alors avec une grande attention les palpitations de la pauvre bête, et il lui en commentait le sens à voix basse. Le poulet agonisant battit des ailes et la femme effrayée se mit à crier avec lui; puis, quand il fut bien mort, elle parut éprouver une vive satisfaction. Notre ami lui demanda pour qui elle consultait le saint, mais il n'en put tirer autre chose sinon qu'elle avait une amie possédée du démon qu'elle voulait délivrer.

L'intérieur de Tlemcen contient quelques monuments qui ne sont pas indignes de ceux des environs. La grande mosquée est un peu banale, mais son mirhab, pour être assez sobre de décoration, n'en est pas moins charmant, et la Medreça qui l'avoisine est de beaucoup supérieure à celle de Bou-Médine qui est cependant fameuse. C'est un véritable bijou, et les détails en sont d'une finesse et d'une élégance qu'aucun autre art n'a jamais dépassées. Il y a des minarets dans presque toutes les rues, c'est encore un témoignage de l'ancienne prospérité, et l'aspect général de la ville a un peu de la mélancolie des ruines des environs. On y sent combien sous le régime turc avait déchu l'opulence passée, et les traces de la décadence de l'ancienne capitale des Beni-Zyan sont loin d'avoir disparues. Certains quartiers ont l'air accablés de vieillesse et décrépits, les maisons branlent, d'autres paraissent abandonnées, les terrasses sont découronnées et des fagots de broussailles pansent mal les fentes et les trous des murs éventrés. La rue des Orfèvres, bordée de mauvaises huttes de terre toutes noircies par la fumée des forges, est à elle seule un poème de misère et de saleté pittoresque; c'est un haillon de rue, quelque chose qui est à une rue véritable ce qu'une guenille de mendiant est à un manteau de roi. Je la recommande à nos peintres d'Orient, le tableau est tout fait et étrangement original. En revanche la grande rue de Mascara est très-vivante, elle est remplie de boutiques où les marchands indigènes vendent toute espèce de produits de l'industrie locale, des tapis.

des nattes d'alfa, des bijoux, des poteries, des cuivres marocains et cent autres objets. Devant chaque étalage, toute la journée on voit des groupes qui causent ou qui marchandent, de sorte qu'on pourrait se croire au milieu d'une foire.

La perfection et l'abondance de ses monuments suffiraient à classer Tlemcen parmi les villes les plus curieuses à visiter de l'Afrique ; cependant la nature y a joint encore des beautés de premier ordre. A six kilomètres par la route de Sidi-bel-Abbès, les cascades du Saf-Saf tombent au milieu d'un cirque de rochers qu'on a comparé à celui de Gavarnie pour la grandeur. Il est rempli d'une épaisse végétation dont les tons variés ressortent sur le fond presque rouge de la montagne. De minces filets d'eau se glissaient au travers à l'époque de notre passage ; mais, quand la rivière est grossie par les pluies, c'est un torrent écumant qui se précipite, et le spectacle, qui est d'un grand effet en tout temps, devient sublime. Il y a là des cerisiers célèbres dont il est d'usage de venir manger les fruits le lundi de la Pentecôte. Quelques kilomètres encore plus loin, toujours sur la même route, on trouve les grottes des Hal-el-Oued, qui n'ont pas encore toute la réputation qu'elles méritent. Quelques membres de la caravane qui allèrent les visiter en revinrent enthousiasmés. On n'en a jamais trouvé le fond, et on prétend qu'elles communiquent avec d'autres grottes qui se trouvent dans le voisinage de Sebdou. Elles consistent en une série de salles plus vastes que la grande nef de la plus vaste cathédrale, avec des colonnes de concrétions calcaires, des stalactites et des stalagmites prodigieuses. Une personne qui a parcouru à peu près le globe entier affirmait qu'on ne peut leur comparer au monde que les fameuses grottes du Mammouth aux États-Unis.

La région agricole dont Tlemcen est le centre est des plus riches, parce que l'eau, ce grand principe de la fertilité en Algérie, y abonde plus qu'en toute autre partie du pays. Les oliviers y atteignent à la taille de nos chênes. Le blé et la vigne y viennent bien. On y pourrait livrer à la colonisation 600,000 hectares qui nourriraient 50,000 colons. Malheureusement elle a toujours été délaissée dans les programmes officiels. Peut-être hésite-t-on à appeler les émigrants sur un territoire où il est difficile d'assurer la sécurité. Le voisinage du Maroc, qui offre un refuge à tous les fugitifs, stimule les instincts de déprédation chez les indigènes. Il y a le long de la frontière des bandes de maraudeurs qui vivent uniquement de rapines à nos dépens : quelques jours avant l'arrivée de la députation, on avait encore assassiné deux soldats du train près de Sebdou. Aussi l'un des principaux vœux exprimés par les habitants a-t-il été qu'on prît des mesures envers le Maroc. S'il ne peut faire la police chez lui, allons l'y faire, a dit l'orateur qui était leur organe. Cette proposition a paru effrayer la députation. M. Girerd, dans sa réponse, a invoqué les difficultés diplomatiques qu'une semblable intervention soulèverait. Les Tlemcenois estiment qu'on abuse un peu trop desdites difficultés diplomatiques pour ne rien faire, et j'avoue que je me rangerais volontiers à leur avis. Il me semble que l'on compte beaucoup trop avec un État dont le souverain n'a d'autorité immédiate que sur quelques villes et ne peut sortir de sa capitale sans être escorté d'une armée de dix mille hommes. Toutes les fois qu'une injure grave est commise, il envoie des excuses et paye une indemnité, comme il vient de le faire encore pour cette affaire de Sebdou. Faire payer le mal est bien, mais le prévenir serait encore mieux.

Il faut constater que cet état d'insécurité n'anime point les habitants de sentiments hostiles à l'égard des indigènes en général. J'ai vu avec plaisir que les idées de refoulement ont fort peu de partisans parmi eux, et que les idées d'assimilation en ont au contraire beaucoup. Il est vrai que les 13,000 indigènes qui peuplent Tlemcen (1) appartiennent, en grand nombre, à une race qui nous a été toujours fort dévouée. C'est celle des Coulouglis, descendants des Turcs qui occupaient autrefois l'Algérie. Étrangers comme nous dans le pays, en butte aux mêmes haines et aux mêmes dangers, ils ont été tout naturellement portés à chercher notre protection, une fois que leur puissance a été brisée. C'est ainsi qu'en 1833 ils ont défendu Tlemcen pour notre compte contre les Marocains. Depuis, il nous ont toujours été fidèles, et la plupart de ceux qui le

---

(1) Tlemcen compte 22,000 habitants dont 3113 Français, 3,012 Israélites, 13,356 indigènes et 2,461 étrangers.

peuvent font donner une éducation française à leurs enfants.

Parmi les autres vœux que Tlemcen a exprimés à la caravane parlementaire, se trouve celui de devenir la tête de ligne du chemin de fer transsaharien. Il avait déjà été question de cette grande entreprise à Biskra et en diverses autres villes, mais c'était la première fois qu'une population algérienne exprimait par un vœu précis sa confiance de la voir prochainement accomplir. Aussi m'étais-je réservé de parler ici d'une idée qui m'était chère longtemps avant qu'elle eût obtenu la faveur du public. Le projet d'un chemin de fer transsaharien se motive par les mêmes considérations qui me faisaient saluer dans l'Algérie un gage d'avenir pour notre race. La France, affaiblie par ses désastres, est condamnée pour longtemps à une politique résolument pacifique en Europe. Elle a pour voisins de petits États auxquels elle ne désire rien enlever et un autre État plus considérable qui n'est nullement disposé à l'aider à reprendre dans le monde la place qu'il lui a fait perdre. Si elle veut employer les forces d'expansion qu'elle contient dans son sein, si elle veut faire de la politique extérieure active, si elle veut vivre, et la vie d'une nation ne s'entretient que par l'action, il lui faut donc sortir de l'Europe et songer à quelqu'une de ces grandes entreprises coloniales qui ont fait la fortune de l'Angleterre et doublé le territoire de la Russie.

Il suffit d'un regard jeté sur une mappemonde pour voir de quel côté nous devons nous tourner.

Une double raison nous appelle en Afrique: d'abord ce continent est à peu près vierge de toute influence européenne, et nous n'y rencontrerons aucun concurrent : ensuite nous y avons déjà pris solidement pied par nos colonies de l'Algérie et du Sénégal que l'on a souvent et avec raison comparées à deux portes ouvertes sur l'intérieur. Où irions-nous, si nous avions la volonté de pousser en avant en partant de nos possessions? Au Soudan, immense pays sept ou huit fois grand comme la France, peuplé, d'après les évaluations les plus modérées, de trente à quarante millions d'habitants, imparfaitement connu encore, il est vrai, mais sur lequel nous possédons cependant assez de données pour nous faire une idée suffisante des richesses qu'il renferme.

Si le commerce européen ne s'est pas encore emparé de ce vaste marché, c'est que l'accès en est fort difficile. Les côtes sont insalubres et bordées de peuplades hostiles aux étrangers, soit par suite de leur barbarie, soit parce que, appréciant fort bien les avantages du transit qui s'opère par leur territoire, elles entendent s'en réserver le monopole. Au nord, où le climat est plus sain et par où les négociants méditerranéens auraient dû tout naturellement arriver, le Sahara oppose une barrière insurmontable au transport des marchandises un peu volumineuses; insurmontable avec les moyens primitifs employés jusqu'ici, mais la civilisation moderne est capable de supprimer l'obstacle.

L'idée d'un chemin de fer qui franchirait le désert et relierait l'Algérie au bassin du Niger, émise il y a une vingtaine d'années par M. Mac-Carthy, reprise il y a quelque temps avec une conviction contagieuse par M. Paul Soleillet, étudiée avec soin par un ingénieur distingué, M. Duponchel, tantôt traitée de chimère et tournée en ridicule, tantôt défendue par les personnes les plus autorisées, a enfin reçu une consécration officielle. Une commission chargée de l'examiner a été nommée en 1879 par M. de Freycinet, alors qu'il était ministre des travaux publics, et j'ai vu avec joie que cette commission, considérant le projet comme adopté en principe, s'est uniquement occupée des moyens de le mettre à exécution. Du coup, l'idée a enfoncé la porte des journaux fort indifférents jusqu'alors et s'est emparée de l'opinion. Elle est servie par le besoin pressant que nous avons de retrouver un peu de notre prestige; et elle est assez grande, elle aurait des résultats assez glorieux, sinon pour nous consoler de nos désastres, du moins pour nous faire prendre en patience le temps de la réparation.

Ce n'est pas que la conviction soit faite encore dans tous les esprits. Nous avons une horreur naturelle pour les choses neuves, et il nous faut du temps pour nous y accoutumer. La défiance du public s'abrite derrière une foule d'objections qu'il n'est pas bien difficile de réfuter et dont les apparences sérieuses s'évanouiront peu à peu à mesure que l'idée deviendra plus familière. On dit : Mais c'est une entreprise chimérique, comme on n'en a jamais vu, c'est impossible. On répond : De New-York à San-Francisco, il y a 5,614 kilomètres; les

Américains ont fait un chemin de fer à travers les déserts du Far-West; d'Alger à Tombouctou il n'y a que 2,600 kilomètres; pourquoi ne ferions-nous pas un chemin de fer à travers le Sahara? D'Omaha à Sacramento, c'est-à-dire pour une longueur égale de 2,600 kilomètres, le chemin de fer du Pacifique a coûté 500 millions. Le Transsaharien, qui n'aurait pas deux hautes chaînes de montagnes à franchir, ne coûterait probablement que 400 millions. En quoi cette entreprise est-elle donc chimérique? On a déjà fait beaucoup plus grand.

On dit : Que transportera votre chemin de fer? L'exportation actuelle du Soudan vers l'Afrique du Nord consiste en un peu d'or, de l'ivoire et des plumes d'autruche: cela vaut cinq ou six millions et quatre trains par an suffiraient. On répond : Aussi n'est-ce pas pour ces produits que nous ferons la ligne. Aujourd'hui, pour qu'une balle de marchandise arrive du Niger à Mogador ou à Tripoli, il lui faut un voyage de trois ou quatre mois à dos de chameaux. Dans ces conditions, il n'est possible de transporter avec profit que les marchandises qui ont une grande valeur sous un petit volume. Ce que nous irons demander au Soudan, ce sont, au contraire, les produits encombrants, les matières premières que nos industries tirent aujourd'hui de pays étrangers. Par ce qu'on sait de cette région, on peut prévoir qu'elle sera sans rivale au monde pour la production des matières oléagineuses, le bassin du haut Niger n'est qu'une forêt de « Bassia Parkii », l'arbre qui donne le beurre végétal; l'arachide et la sésame y sont cultivés partout; elle fera concurrence à l'Inde pour le riz et l'indigo; aux Antilles et au Brésil pour le sucre et le café: aux États-Unis pour le coton; le maïs, le mil, le sorgho, le chanvre, y réussissent admirablement, et il semble que ses mines d'or sont assez abondantes pour remplacer un jour, lorsque nous y aurons introduit nos procédés d'extraction, les placers épuisés de la Californie et de l'Australie. Trente millions de noirs nous fourniront ces objets d'échange et consommeront le sel et les produits fabriqués que nous leur apporterons.

On dit : Les noirs n'ont pas de besoins, ils ne travaillent pas. On répond : C'est une légende qui s'est formée d'après les nègres des côtes que nous avions préalablement abrutis d'eau-de-vie. Les voyageurs signalent par tout le continent des populations commerçantes et industrieuses. Les Bambaras sont fort laborieux, et les caravanes des Mandingues sillonnent dès maintenant le haut Niger. Du reste, voyez ce qui s'est passé au Sénégal : il y a vingt ans, il n'en sortait pas une gousse d'arachide; aujourd'hui on en exporte pour sept ou huit millions. Qui les fournit? Ce ne sont pas les blancs, puisqu'il n'y en a point; ce sont donc les noirs qui se sont mis à travailler lorsqu'on leur a fait des offres d'échange. Il en sera de même dans le bassin du Niger, dont les habitants sont déjà plus avancés en civilisation.

On dit : La construction de la voie sera impossible; il y a des dunes de sable mouvant, il n'y a pas d'eau. On répond : Le pays est connu depuis Alger jusqu'au Touat; on n'y rencontre qu'une seule bande de dunes, qui en un endroit voisin d'El-Goleah n'a pas plus de quatre kilomètres de largeur. On voûtera au besoin la voie sur une longueur de quatre kilomètres ; est-ce là un obstacle ? Du Touat au Niger, aucun Européen n'a relevé la route ; le seul qui l'ait suivie, le major Laing, a été assassiné près de Tombouctou, et ses papiers sont perdus, mais on possède de nombreux itinéraires de caravanes arabes, et aucun d'eux n'indique de dunes. Les tempêtes de sable sont de purs effets littéraires que la constatation de la réalité a démodés pour toujours ; le désert présente presque partout une surface caillouteuse et dure qui exigera peu de grands remaniements de terrain et peu de travaux d'art. Quant à l'eau, il est possible qu'elle manque en certaines parties du parcours ; on fera des conduites pour l'y amener ; cette dépense est prévue dans la dépense totale de 400 millions. On se préoccupe également de la chaleur ; mais les chemins de fer égyptiens sont établis dans des conditions thermométriques identiques, et ils fonctionnent parfaitement.

On dit : Les populations du Sahara seront hostiles. On répond : Cela n'est pas bien démontré. Notre domination est acclamée comme un bienfait dans les oasis de l'Oued-Rhir auxquelles nous avons rendu la vie par nos puits artésiens. Des influences du même genre pourront agir dans le Grand Désert. Et puis, fussent-elles hostiles, serait-ce une raison aussi mince qui pourrait nous arrêter ? On estime à 300,000 le nombre des Touaregs qui vivent sur un espace de 200 millions d'hectares représentant quatre fois l'étendue de la France. S'ils sont si disséminés, si peu nombreux, c'est parce que la quantité de points cultivés d'où ils tirent leur subsistance est excessivement restreinte. Ces points occupés, il ne leur resterait qu'à se soumettre ou à périr de faim. Avec cinq ou six postes, nous tenons tout le Sahara algérien ; il ne serait pas plus difficile de contenir le Grand Désert. On dit encore : Les noirs aussi seront hostiles. On répond : Cela non plus n'est pas bien démontré. Nous nous présenterons à eux en marchands, leur apportant l'abondance; pourquoi nous recevraient-ils mal? Mais, au cas où des difficultés s'élèveraient, la disposition naturelle du Soudan occidental nous est singulièrement favorable. Ce ne sont pas les faibles barques des indigènes qui oseraient disputer à nos vapeurs la possession du Niger. Or, ce fleuve, c'est l'artère, le cœur du pays. La vie ne circulera qu'autant que nous le voudrons bien.

A bout d'arguments, quelques Algériens vous disent enfin : Pourquoi éparpiller nos efforts? Pourquoi ne pas nous occuper exclusivement de l'Algérie où il y a tant à faire encore? On répond : Le rôle de l'État en Algérie est limité. Quand il a donné des terres aux colons et pourvu généreusement aux travaux publics, il a fait à peu près tout ce qu'il peut légitimement faire. Aller au delà dans sa sollicitude pour les colons, ce serait prendre l'argent dans la poche des travailleurs de France pour le mettre dans la poche des travailleurs d'Algérie, ce que ni les uns ni les autres ne sauraient souffrir. Le Transsaharien, ne nuisant à aucun service de la colonie, ne frustrera donc aucune de ses espérances. Et puis, qui profitera plus directement et plus promptement que l'Algérie de cette grande entreprise? Ce qui a fait la constante fortune de Constantinople et d'Alexandrie, c'est qu'elles sont les traits d'union entre l'Europe et l'Asie. Pense-t-on que la fortune de l'Algérie ne s'en ressentira pas si elle devient le lieu de transit entre l'Afrique et l'Europe? Mais rien que les travaux de la voie y attireront une abondance d'ouvriers et de capitaux qui y resteront. Plus tard elle bénéficiera quotidiennement du mouvement qui entraînera la spéculation vers les régions nouvellement ouvertes. Quand il se fait de grands déplacements d'intérêts, les stations intermédiaires en recueillent toujours quelque chose.

C'est ce que m'a paru avoir compris la majorité de la population algérienne, et, ce qui le prouve, c'est la rivalité qui a éclaté entre les trois provinces aussitôt que le projet du Transsaharien est devenu officiel et que la question du tracé a été posée. D'où partira le chemin de fer? De Philippeville, d'Alger ou d'Oran? Chaque province fait valoir ses raisons, et toutes trois en ont de fort sérieuses; la commission du Transsaharien, sans cependant engager son opinion, a paru pencher pour le tracé par la province de Constantine; Alger pèse de toute son influence de capitale pour devenir tête de ligne; Oran met en avant des arguments d'un grand poids. Ce sont naturellement les mêmes que Tlemcen a exposés à la caravane.

La discussion porte uniquement sur le trajet entre la côte et le Touat où les trois tracés qu'on propose viennent se rejoindre. Au-delà le pays étant inconnu, tout débat serait oiseux jusqu'à nouvel ordre. Le tracé que recommande la province de Constantine passerait par Biskra, Touggourt et Ouargla; celui que réclame Alger se dirige sur le Touat par Affreville et Laghouat; celui d'Oran traverse Tlemcen et gagne le Touat par la vallée de l'Oued-Saoura (1). Les avantages que présente ce dernier sont nombreux. Il est le plus court puisqu'il n'a que 1,310 kilomètres, tandis que celui d'Alger en a 1,494 et celui de Constantine, 1,650. Étant le plus court, il sera naturellement le meilleur marché. La traversée des montagnes présentera, il est vrai, des difficultés entre Tlemcen et Sebdou, mais des difficultés du même genre enchériraient la construction de la voie sur les deux autres; par Constantine, il faut franchir l'Aurès, et par Alger il faut traverser de vastes espaces où l'on devrait dépenser dix millions rien que pour amener l'eau.

Il est le plus avangeux au point de vue du trafic. Tlemcen est, en effet, la seule ville algérienne qui ait gardé de grandes relations commerciales avec le Sahara. Les Hamyanes et les Trafis font chaque année en laines, en dattes et en blé pour plusieurs millions d'affaires entre elle et le Touat; ce

---

(1) Comme tous les Oueds du désert, celui-ci porte plusieurs noms. On le trouvera sur les cartes désigné de l'une des *façons suivantes* : Oued-Sousfana, Oued-Messaoura, Oued-Ghir, Oued-Messaoud, Oued-Saoura.

serait un premier élément de recettes pour le Transsaharien. Ensuite le sol des régions traversées offrira de nombreuses ressources, car on signale sur la route des gîtes de sel et de salpêtre, des mines de fer, d'antimoine, de manganèse et de cuivre. Enfin le cours de l'Oued-Saoura est un chapelet ininterrompu d'oasis, la voie passerait à travers 500,000 palmiers et auprès de 33 ksours (1) dont la population assez nombreuse alimenterait un trafic local d'une certaine importance. Cette ressource serait moins considérable sur les lignes de Constantine et d'Alger.

La seule objection grave que l'on ait faite au tracé de la province d'Oran est qu'il emprunte une partie de son parcours à un territoire que l'on considère comme appartenant au Maroc. Mais il faut observer que le Touat aussi est nominalement placé sous la protection du Maroc, et que, comme les trois tracés y aboutissent, si la question diplomatique doit être soulevée, elle le sera forcément quel que soit le tracé qu'on adoptera. Cette nécessité étant commune aux rois projets, celui d'Oran se recommande encore ici par deux raisons : la première, c'est qu'il nous obligera à demander enfin au Maroc une rectification de frontière qui aurait dû être opérée depuis longtemps ; la seconde, c'est qu'il assurera la pacification du sud de la province d'Oran, que nous n'avons pas pu obtenir jusqu'ici.

Le traité franco-marocain, conclu en 1845, à la

---

(1) Ksar, pluriel ksour, centre de population dans le Sahara.

suite de la bataille d'Isly, fixe la frontière des deux empires depuis la mer jusqu'à un point de la région des Hauts-Plateaux appelé Teniet-el-Saci. Le sud étant alors fort mal connu, on crut inutile de pousser plus loin la délimitation. « Dans le Sahara, dit l'article 4 du traité, il n'y a pas de limite territoriale à établir entre les deux pays, puisque la terre ne se laboure pas et qu'elle sert de pacage aux Arabes des deux empires qui viennent y camper pour y trouver les pâturages et les eaux qui leur sont nécessaires. » On se contenta de désigner les tribus et les ksours qui dépendraient de la France et ceux qui dépendraient du Maroc. L'expérience a démontré tous les inconvénients de ce traité : dans la partie où elle est délimitée, notre frontière n'étant couverte par aucun accident naturel, il nous est impossible de la garder contre les maraudeurs qui la violent incessamment; dans le sud, où elle n'est pas fixée du tout, le désordre est permanent. Les tribus qui avoisinent notre territoire sont par le fait indépendantes; elles n'obéissent point à l'autorité du sultan du Maroc et la plupart ne lui ont jamais payé aucun impôt; elles vivent à leur guise dans un état de brigandage qui en fait d'intolérables voisins. Il n'est pas d'année où l'Algérie n'ait quelque attaque, quelques coups de main à subir de leur part. Elles trouvent aisément des complices parmi nos indigènes, car ceux-ci sont assurés de l'impunité; l'article 7 de cet intelligent traité porte en effet que « tout individu qui se réfugiera d'un État dans l'autre, ne sera pas rendu au gouvernement qu'il aura quitté par celui auprès duquel il se sera réfugié, tant qu'il voudra y rester ». Il est de notoriété publique qu'il y a à Ouchda, à quelques heures de notre frontière, deux ou trois cents de ces réfugiés algériens qui vivent uniquement des rapines qu'ils commettent sur notre territoire. Depuis 1864, la grande tribu oranaise des Ouled-sidi-Cheikh est en révolte dans le Sahara marocain, d'où chaque hiver ses cavaliers viennent exécuter des razzias sur les tribus qui nous sont fidèles. Nous passons pour un peuple peu endurant; pourtant, je ne crois pas qu'il y en ait un autre au monde qui embourserait aussi patiemment toutes les avanies qu'il plaît à quelques milliers de barbares de nous infliger.

De loin en loin, quand on estime que la mesure est pleine, on ordonne une expédition. Les habitants de Tlemcen, en demandant à la caravane que nous allions faire la police au Maroc, ne proposaient pas une nouveauté, car souvent déjà, et notamment en 1852, en 1855, en 1856, en 1859 et en 1870, nos colonnes ont passé la frontière et sont allés châtier des tribus marocaines. Cela coûte très-cher et a peu d'effet. Nous tuons quelques individus, nous brûlons quelques villages, nous revenons, et le lendemain c'est à recommencer, car les maraudeurs, convaincus que si nous quittons leur territoire, c'est parce que nous n'osons nous y établir, reparaissent à la frontière aussitôt que nos soldats l'ont quittée. On a vu que, quelques jours avant le voyage de la caravane, ils ont eu l'audace d'attaquer un détachement du train sur la route de Sebdou à El-Aricha. Nous avons réclamé auprès du gouvernement marocain, qui a fait toutes les excuses exigibles et a payé une indemnité qui s'élevait, si je me souviens bien, à seize ou dix-sept mille francs par tête de soldat tué. Cet arrangement a dû beaucoup amuser les coupables, pour peu qu'ils soient d'humeur à rire; car, s'ils bravent le gouvernement français, ils se moquent bien davantage encore du gouvernement marocain : celui-ci paye pour eux, qui ne le rembourseront jamais, sous aucune forme. En réalité cette façon de les punir doit leur être un encouragement à recommencer, et ils recommencent; depuis cette affaire de Sebdou, 1,500 de nos chameaux ont encore été razzés dans l'extrême sud.

L'admirable région agricole de la Tafna reste inculte, parce que nous ne pouvons y garantir la sécurité aux colons, et le sud de la province d'Oran est voué à des perturbations chroniques; il est à espérer que, quand le sort du Transsaharien s'ajoutera à ces deux raisons, le gouvernement se décidera enfin à prendre une mesure qui a déjà beaucoup trop tardé pour notre honneur aussi bien que pour notre intérêt. Il ne faut pas seulement que nos troupes entrent sur le territoire marocain, il faut qu'elles y restent; il nous faut une frontière que nous puissions garder et derrière laquelle la civilisation soit abritée contre la barbarie. La nature s'est chargée de l'indiquer; ce sera au nord le cours de la Molouïa et au sud la vallée de l'Oued-Saoura; au nord quelques postes suffiront pour protéger nos colons; au sud, en occupant les ksours de Figuig, nous priverons les pillards du désert de leur base d'opération et de leur centre d'approvisionnement; en y établissant un poste militaire indigène comme ceux de Touggourt et d'Ouargla, nous achèverons de les disperser; alors la paix sera rendue à une partie de la colonie qui en est privée depuis seize ans, la ligne du Transsaharien par la province d'Oran sera tracée tout entière en territoire français, et elle deviendra elle-même une cause de sécurité, en nous permettant de transporter rapidement autant de troupes qu'il en serait besoin jusqu'aux extrémités de nos possessions.

Naturellement on se demande comment la proposition de cette rectification de frontière serait accueillie par le gouvernement marocain. L'opinion générale en Algérie est qu'il serait possible d'obtenir un arrangement à l'amiable. Les tribus dont nous annexerions le territoire ne lui obéissent pas; elles lui causent beaucoup d'embarras et ne lui rapportent aucun profit. Le point d'honneur seul pourrait l'engager à ne pas se dessaisir du pouvoir purement nominal qu'il possède sur elles; or, lors des expéditions dont j'ai rappelé plus haut les dates, nous avons occupé ce territoire pendant des mois entiers et il n'a jamais protesté; le point d'honneur est donc fort émoussé chez lui. Mais supposons qu'il refuse, n'avons-nous pas tous les droits possibles à passer outre? Est-ce que trente-cinq ans d'une expérience poursuivie à nos dépens n'ont pas démontré à satiété qu'il est incapable d'exercer son autorité sur ces tribus et de nous faire respecter par elles? Il n'est pas vraisemblable qu'il coure les risques d'une guerre sans espoir pour essayer de nous arrêter ; mais, même s'il fallait compter avec cette éventualité, la France est-elle tombée si bas qu'entre une situation humiliante et une campagne contre le Maroc, elle choisisse l'humiliation? On parlera peut-être de complications diplomatiques ; ce sont là des épouvantails pour les niais. Aucune puissance européenne n'a rien à voir à ce qui se passe dans le bassin de la Molouïa, encore moins dans le Grand Désert ; quand l'Angleterre occupe Chypre, quand la Russie marche sur Merv, elles ne consultent personne ; nous n'avons personne non plus à consulter pour régler les affaires algériennes.

Le 22 octobre, la caravane se remit en route pour rentrer à Alger par Sidi-bel-Abbès. Sur la route qui mène de Tlemcen à cette ville, il y a autant de poussière que sur celle d'Oran à Tlemcen ; seulement, au lieu d'être blanche, elle est rouge, ce qui la rend plus désagréable. Les gens du pays préfèrent, dans les passages les plus difficiles, s'engager tout bonnement à travers la broussaille. J'étais dans une voiture particulière, et c'est ce que nous avons fait ; cette manière de voyager à travers les touffes d'alfa et de diss, les buissons de lentisques, de genévriers, d'arbousiers, de myrtes, de thuyas, d'oliviers sauvages et de chênes, ne manque ni de cahots ni de charmes. Deux de nos compagnons de route et le cocher avaient des fusils, et de temps en temps on faisait une décharge générale sur les compagnies de perdreaux qui se posaient à portée.

Nous déjeunâmes à Lamoricière, un village que

le blé enrichit comme tous ceux de cette riche région, et qui est en train de devenir un gros bourg. Comme nous disposions de quelques instants, nous voulûmes aller voir les ruines d'Hadjar-Roum. Le *Guide Piesse* m'avait fort excité l'imagination; il parle, en trois colonnes, de constructions romaines et d'inscriptions de toutes sortes. Savez-vous ce que nous trouvâmes? Nous ne pûmes nous empêcher de rire : deux montants de porte à peine dégrossis que nous aurions pris aux environs d'un village de France pour les restes de quelque mauvaise écurie. Le *Guide Piesse* est en général fort exactement renseigné et rend de grands services, mais ne vous laissez pas prendre à son amour de l'archéologie, c'est un conseil dont vous me saurez gré si vous n'avez pas la passion des vieilles pierres.

Dans les broussailles que nous traversâmes, il nous arriva plusieurs fois de rencontrer de pauvres gourbis de branchages et d'herbes sèches, habités non pas par des Arabes, mais par des Espagnols, arracheurs d'alfa. Au point de vue de la sobriété, des habitudes, de l'insouciance du confortable, il y a de grandes similitudes entre les deux races, qui se sont, du reste, fortement pénétrées l'une l'autre autrefois. Je n'ai pas vu ce qu'on appelle la mer d'alfa, c'est-à-dire des espaces où cette plante règne sans partage; il faut pour cela descendre plus au sud que la caravane parlementaire ne l'a fait; mais, dans la région que nous avons parcourue entre Tlemcen et Sidi-bel-Abbès, ce textile est cependant assez abondant pour être exploité avantageusement, et c'est lui qui alimente avec le blé le trafic de la ligne de Sidi-bel-Abbès au Tlelat. Regardez une touffe de petits joncs près d'une mare, et vous avez vu une touffe d'alfa; seulement les feuilles, au lieu d'être naturellement rondes, sont simplement des feuilles plates enroulées sur elles-mêmes. Si on ne les arrache pas, elles retombent autour de la souche et forment ce que les colons appellent pittoresquement un bonnet à poil; les feuilles nouvelles passent au travers, et les débris de chaque saison, en s'entassant, finissent par faire des mottes assez considérables pour rendre les secousses d'une voiture difficiles à supporter.

Le premier chargement d'alfa algérien s'est fait à bord d'un navire anglais en 1862. Auparavant les indigènes s'en servaient pour faire des nattes et divers ouvrages de sparterie et de vannerie; mais, s'il n'avait jamais eu d'autre utilité, sa production serait restée fort restreinte. Aujourd'hui qu'on en tire une pâte à papier excellente, la colonie en exporte régulièrement par an 60 à 65,000 tonnes valant une dizaine de millions de francs. Cette exportation ira assurément en croissant, car les besoins auxquels elle répond grandissent chaque jour. Les hauts plateaux contiennent de vastes champs de cette précieuse plante, et on a calculé qu'ils en pourraient fournir aisément trois millions de tonnes chaque année. L'Angleterre, qui a épuisé les peuplements de l'Espagne, n'est donc pas près d'épuiser ceux de l'Algérie. Un chemin de fer, celui d'Arzeu à Saïda, qui a 212 kilomètres, a été construit spécialement pour exploiter l'alfa. Des demandes sont faites pour en construire d'autres dans le même but, notamment de Sidi-bel-Abbès à Magenta et de Mostaganem à Tiaret. Ce textile est donc une fortune inespérée qui favorisera singulièrement l'œuvre de la colonisation, car c'est une loi bien connue que la création d'une voie ferrée dans un pays inculte encore y détermine immédiatement un afflux de population.

La récolte se fait de juin en décembre. On recrute pour cette besogne des Espagnols et des indigènes. Un ouvrier peut se charger de vingt à vingt-cinq hectares dans une saison, de sorte qu'une exploitation comme celle de la Compagnie du chemin de fer d'Arzeu à Saïda, qui possède 300,000 hectares, nécessiterait 15,000 ouvriers. Ceux qui ne se soucient point de l'avenir arrachent les feuilles en enroulant une touffe autour d'un bâtonnet et en donnant un coup sec; ce procédé ébranle la racine, et la plante meurt au bout de deux ou trois ans; les autres choisissent parmi les feuilles celles qui ont une valeur marchande et les cueillent sans causer de préjudice à la vie de la plante. Les colons demandent qu'une réglementation sévère impose à tous les glaneurs d'alfa ce dernier procédé, sans quoi les peuplements de l'Algérie seraient un jour détruits comme ceux de l'Espagne et la richesse publique gravement atteinte. L'alfa cueilli, on le fait sécher, on le lie par petites bottes, et il attend, empilé, la voiture qui le mènera au chemin de fer, qui le conduira lui-même au port le plus voisin. Nous avons pu voir à Sidi-bel-Abbès à quel actif mouvement cette industrie donne lieu.

L'excursion parlementaire ne pouvait mieux se terminer que par Sidi-bel-Abbès. Non que la ville soit curieuse, elle est au milieu d'une plaine plate comme une table et n'a d'autres beautés que celles qui résultent des admirables plantations d'arbres dont on l'a complètement entourée ; mais c'est, de beaucoup, le centre agricole le plus prospère que nous ayons créé en Algérie. Bien que n'ayant que trente ans d'existence, la ville compte déjà 12,000 habitants, et il s'y trouve des fortunes considérables. On nous a raconté l'histoire du maire, qui a commencé par être un simple cantinier, vendant des petits verres le long de la route, et qui, aujourd'hui, possède 2,500 hectares et une fortune qui dépasse le million. Plusieurs autres colons, partis de rien, sont ainsi, à force de travail et d'ordre, devenus millionnaires. Tout le monde est dans l'aisance ; il est, dit-on, peu de cultivateurs qui n'aient leurs cent hectares de terre. C'est au blé qu'est due cette prospérité qui nous fit un vif plaisir à voir ; en 1879, la récolte s'est liquidée par une recette de huit à neuf millions. Cette abondance habitue les colons à une vie très-large ; sitôt leur blé vendu, ils fuient les chaleurs de l'été qui sont pénibles dans leur plaine, et s'en vont à Vichy soigner les dispositions aux maladies de foie que le climat développe chez eux. Il est bon de noter que, si les cultures de Sidi-bel-Abbès se sont si heureusement développées, cela tient beaucoup à ce que, comme je l'ai déjà dit autre part, c'est un des premiers endroits où la propriété indigène ait été constituée. Quand ils sont en possession de leurs titres, les Arabes s'en défont volontiers, et c'est ce qui a permis aux colons d'acquérir des terres au point de se tailler des domaines de plusieurs centaines d'hectares, comme on en voit autour de la ville.

Avant toutes choses, les colons de Sidi-Bel-Abbès ont demandé à la caravane que l'on construisît promptement la ligne qui doit prolonger leur chemin de fer dans le sud jusqu'à Magenta. Ils redoutent que la ligne d'Arzeu à Saïda, qui vient d'être mise en exploitation, ne leur fasse une concurrence désastreuse pour le commerce de l'alfa ; la ligne de Magenta, abordant une région où cette plante abonde, rétablira les conditions de la lutte à leur profit. On a pu remarquer dans le cours de ce volume qu'il est peu de villes qui n'aient adressé à la caravane quelque vœu de ce genre. Peut-être aurais-je bien fait de les réunir dans le chapitre sur les réclamations des colons, car ils sont l'expression de l'un des besoins les plus urgents de la colonisation. Beaucoup d'Algériens nous disaient : La question algérienne n'est qu'une question économique ; les richesses de notre pays sont innombrables, seulement il faut de l'argent pour les exploiter ; des capitaux, encore des capitaux. Tout le monde sera de cet avis, à condition qu'on n'entende point par là, comme quelques-uns de nos interlocuteurs, que l'État devrait fournir tout cet argent, pourvoir aux défrichements et commanditer les entreprises agricoles, forestières et minières. Ce serait du socialisme pur et simple. Point de confusion : à l'initiative privée les entreprises particulières ; à l'État les entreprises d'un intérêt général, c'est-à-dire les travaux publics. Restreinte à ce rôle, l'action pécuniaire de l'État n'en est pas moins prépondérante dans le développement de la colonisation. Ainsi, pour nous en tenir aux chemins de fer, le Parlement français, au mois de juillet 1879, a classé vingt-trois lignes à construire dans la colonie, formant un total de 1718 kilomètres ainsi répartis : 255 kilomètres pour l'achèvement de la ligne qui reliera Alger à Constantine, 589 kilomètres pour la province de Constantine, 358 kilomètres pour la province d'Alger, et 516 kilomètres pour la province d'Oran ; la rapidité des progrès de la colonisation dépend de la rapidité de la construction de ces lignes, et il est bien évident que cette construction s'achèvera d'autant plus promptement que l'État y consacrera des crédits plus considérables.

En France, on construit des voies ferrées pour desservir des intérêts existants ; en Algérie, on doit construire des lignes pour développer des intérêts qui n'existeraient point sans elles. Cette nécessité renverse les idées généralement admises, de sorte qu'on est porté à la contester ; cependant, pour peu qu'on y réfléchisse, on voit qu'il n'en est pas de plus facile à démontrer. Prenez l'exemple de la région de Sétif ; pendant longtemps la colonisation y a été dans une situation précaire ; la plaine était d'une fertilité admirable, il y avait beaucoup de terres, et cependant les colons n'y venaient pas, et ceux qui y étaient venus végétaient misérablement ; c'est que ces avantages étaient complètement annulés par le manque de moyens de transport ; il fallait dépenser une fois et demie le prix d'un hectolitre de blé pour l'amener au port d'embarquement, ce qui rendait l'exportation impossible ; dès lors, que la terre fût bonne ou mauvaise, la récolte médiocre ou abondante, c'était tout un, puisqu'on ne pouvait en vendre les produits. Aujourd'hui qu'un chemin de fer permet à cette région d'exporter à bon marché, elle se peuple rapidement, les cultures s'agrandissent sans cesse, et elle prend rang au nombre des plus florissantes de l'Algérie. Vingt autres régions sont dans le même cas. Les belles forêts de cèdres et de chênes-lièges de l'Aurès, qui n'ont pas encore de voies de communication, sont comme une mine d'or encore enfouie dans la terre ; il leur faut un chemin de fer pour qu'elles aient une valeur ; de même pour les champs d'alfa des hauts plateaux : sans chemin de fer, c'est comme s'ils étaient stériles. L'exploitation de ces richesses ne peut être tentée qu'autant qu'on les rendra accessibles. Cet axiome s'impose donc : il ne faut pas attendre que la colonisation soit développée pour construire des chemins de fer, il faut construire des chemins de fer pour développer la colonisation. A cet égard, les colons ont le droit d'attendre de l'État le concours le plus large.

Le 24 octobre, la caravane parlementaire reprit au Tlelat le chemin de fer d'Oran à Alger. Son voyage était heureusement terminé, et, le 25, ceux de ses membres qui n'avaient pas préféré la route d'Espagne s'embarquaient pour Marseille à cinq heures du soir. Je crois pouvoir dire que tous étaient très-satisfaits, autant à cause de la haute opinion qu'ils emportaient de l'Algérie qu'à cause de l'accueil chaleureux qu'ils y avaient partout reçu. Comme j'attendais un autre départ afin de jouir quelques jours de plus de l'ensorcellement d'Alger, nous allâmes au bateau, Lemay et moi, leur faire nos adieux que remplirent de cordialité les souvenirs d'un mois de vie commune dont, pour notre compte, nous n'avions eu qu'à nous louer.

CONCLUSION

Une fois revenus à Alger, on nous demandait : Eh bien ! quelle est votre impression ? On nous adressa la même question en France. De la part de nos amis d'Algérie, elle voulait dire : Avez-vous pris notre pays au sérieux ? Et de la part de nos amis de France : L'Algérie, est-ce sérieux ? En général, on ne croit pas assez à notre colonie, et les colons qui le savent ont fort à cœur de détruire cette fâcheuse prévention. J'espère avoir fait partager mes sentiments sur ce sujet aux lecteurs qui auront bien voulu m'accompagner jusqu'ici. Cependant il est un point sur lequel je veux insister une dernière fois en manière de conclusion.

Rien n'est tenace comme un jugement accepté par le public sur une question ; la question a beau changer d'aspect et se transformer, l'opinion n'évolue qu'avec une extrême lenteur, car il lui faut non-seulement se renseigner à nouveau, mais encore se débarrasser de sa première appréciation ; le passé lui cache le présent comme une barrière qu'elle doit détruire pour retrouver la vérité. C'est ce qui arrive pour l'Algérie. Le jugement qui a encore aujourd'hui généralement cours sur elle s'est formé pendant les trente années qui ont suivi la conquête. Les journaux avaient alors à raconter de fréquents faits d'armes, et de nombreuses publications initiaient la France aux mœurs et aux curiosités de sa nouvelle possession. Il nous est resté de cette éducation, où les détails qui frappaient le plus l'imagination par leur étrangeté et leur nouveauté étaient mis au premier plan, l'idée d'un pays extraordinaire : beaucoup de palmiers et beaucoup de sables, des gorges sauvages, des montagnes escaladées par nos soldats, des sentiers à travers les broussailles, des cactus, des chacals, des histoires de lions et de bêtes fauves, des tentes et des gourbis, des courses à cheval, des fantasias, un peuple en burnous aimant la poudre, beaucoup de férocité et beaucoup de poésie, beaucoup de ruse et beaucoup de bravoure, des coups de yatagan et des coups de matraque, des aventures romanesques, des prouessses de zouaves, des actes héroïques, la vie de bivouac, les mœurs des camps, le débraillement de la guerre, quelques expressions de l'argot sabir, le colon à l'état de cantinier suivant l'armée, un décor curieux et des existences de fantaisie, voilà les légendes où le grand public va trop souvent puiser encore aujourd'hui ses opinions sur l'Algérie. Combien faudra-t-il de livres nouveaux et d'années pour les lui désapprendre !

Et, tandis qu'il en reste là, l'Algérie se transforme, que dis-je? elle s'est métamorphosée. Deux députés qui l'avaient visitée dans leur jeunesse ne pouvaient retenir des exclamations d'étonnement : Nous n'y reconnaissons plus rien, s'écriaient-ils. Après le défrichement des landes qui a rendu le sol à la vie, ce qui a peut-être le plus changé la physionomie du pays, ce sont les innombrables plantations dont tous les centres de population s'entourent; on arrive le plus souvent aux villes et aux villages par de belles avenues à travers des jardins et des vergers; comment reconnaître l'ancienne nudité sous les riantes féeries de la verdure? Pour moi, qui m'étais préparé au voyage autant que j'avais pu, je n'ai éprouvé aucune désillusion; en revanche, j'ai éprouvé beaucoup de surprises. La plus forte et la plus agréable, une surprise à laquelle mes lectures ne m'avaient pas préparé, a été de voir combien nous sommes déjà solidement assis dans notre conquête. La quantité de travaux publics que nous y avons exécutés est vraiment énorme : ports, quais, ponts, aqueducs, canaux, barrages, chemins de fer, routes, attestent le caractère à tout jamais définitif de notre occupation (1). Une population entreprenante et laborieuse, à laquelle il serait souverainement injuste de continuer les sentiments de défiance qu'ont pu inspirer les premiers émigrants, utilise avec une grande activité ce matériel de la civilisation. L'admirable aspect des campagnes dans la Metidja, dans les environs de Bône et de Philippeville et dans la province d'Oran, explique l'expression dont je me suis servi

---

(1) Une notice officielle distribuée à l'Exposition de 1878 donnait le relevé suivant des travaux faits en Algérie :

Des débarcadères établis sur la côte partout où ils étaient utiles;

8 ports construits ou en construction;

43 phares;

en disant qu'elle recrée la terre par son travail, elle la fait sienne en la tirant du néant où l'incurie arabe l'avait laissée tomber et sa persévérante énergie se manifeste par l'augmentation incessante du commerce général de la colonie.

On entend souvent, à propos du chiffre de cette population coloniale, répéter ce lieu commun : Ah ! si les Anglais avaient l'Algérie, il y aurait trois fois plus de colons ; voyez l'Australie, voyez les États-Unis. On oublie que l'Australie et les États-Unis sont des mondes capables de nourrir cinq cents millions d'hommes, et que l'Algérie n'est qu'un modeste coin de terre auprès. Prenons des territoires dont les proportions se rapprochent des siennes, la Californie et la Nouvelle-Galles du Sud par exemple, et nous verrons que le développement de la population algérienne n'a point à souffrir de la comparaison. La colonisation de l'Algérie n'a vraiment commencé que vers 1840. A cette époque, on y comptait en tout 20,000 Européens. En trente-six ans, elle est arrivée à avoir 313,437 colons (recensement de 1876), soit pour 20 millions d'hectares cultivables, — et ce chiffre est certainement exagéré, — un habitant par 64 hectares environ. La Nouvelle-Galles du Sud est occupée par les Anglais depuis 1778, c'est-à-dire

---

7,267 kilomètres de routes et de chemins de grande communication

1,344 kilomètres de chemins de fer exploités ou en cours d'exécution ;

50,000 hectares de terres irriguées ;

5 millions et demi dépensés pour l'assainissement des parties marécageuses du territoire.

depuis un siècle ; elle compte environ 60 millions d'hectares de terre cultivable, et elle n'a encore aujourd'hui que 560,000 habitants (recensement de 1873), soit un habitant par 107 hectares environ. La Californie a 49 millions d'hectares de bonnes terres ; mais elle n'a commencé à se peupler qu'en 1848 ; elle compte aujourd'hui 750,000 habitants, soit un habitant par 65 hectares. Ainsi l'Algérie (1) a l'avance sur les fameuses colonies anglaises. Il est vrai que la colonisation de la Californie est de date un peu plus récente, mais celle de la Nouvelle-Galles du Sud, en revanche, est de date beaucoup plus ancienne. On pourra faire remarquer que cette dernière est aux antipodes de la métropole et que la Californie est séparée du reste des États-Unis par d'immenses solitudes, tandis que l'Algérie n'est qu'à quelques heures de la France. C'est vrai ; mais il faut considérer, d'une part, que l'Algérie a ce désavantage de contenir une population indigène nombreuse et fortement attachée au sol qu'elle possède presque tout entier ; et, de l'autre, que la découverte des mines d'or a déterminé vers la Californie et vers l'Australie des courants d'émigration d'une violence sans exemple jusqu'alors. Tout bien pesé, les chances de la colonisation ont été à peu près égales, et on voit que, malgré les fautes com-

---

(1) Il convient de dire que la moitié de la population européenne de l'Algérie est composée d'étrangers. Mais toutes les races n'ont-elles pas également, bien que dans des proportions moindres, contribué au peuplement de la Californie et de la Nouvelle-Galles du Sud?

mises, nous nous en sommes tirés à notre honneur.

C'est l'avis des étrangers qui visitent l'Algérie. J'emprunte à une traduction de M. de Lamothe ce passage d'un article qu'a publié en 1876 dans les *Mittheilungen* de Petermann un voyageur allemand qui fait profession de haïr la France, M. Gehrard Rohlfs ; le témoignage n'est pas suspect : « A l'étranger, on a toujours soutenu cette théorie, — et, à force de se l'entendre répéter, les Français eux-mêmes commencent à y croire, — que la France ne s'entend pas à coloniser. Et cependant rien de plus erroné que cette assertion. Celui qui comme moi a vu cette splendide (*herrliche*) colonie ; les routes construites avec art qui la traversent du nord au sud, de l'est à l'ouest ; ses nouveaux canaux d'irrigation ; les travaux des ports ; les lignes de télégraphe et de chemin de fer, etc. ; celui qui comme moi a été témoin de la création de cités entièrement nouvelles et des colossales (*kolossalen*) améliorations des cités anciennes ; celui qui comme moi a voyagé parmi les magnifiques et exubérantes plantations de ce pays, celui-là repoussera en haussant les épaules (*mit Achselzucken*) ce reproche adressé aux Français, de ne point s'entendre à coloniser. »

Sachons donc enfin nous rendre justice. Oui, nous savons coloniser. Oui, l'Algérie existe, une Algérie qui travaille et qui produit et où le champ de la civilisation s'étend chaque jour. C'est déjà mieux qu'une promesse, c'est un succès. Nos colons y ont triomphé de la nature et des hommes, des fièvres, des fatigues, des déboires du début comme des indécisions des gouvernements et des entraves des administrations. Ils se sont attachés à cette terre en raison des difficultés qu'ils y ont rencontrées, c'est-à-dire par des liens indestructibles. Arpent par arpent ils en refont la conquête, arrosant de leurs sueurs le sillon où nos soldats avaient versé leur sang, et déjà se dessine à grands traits la France nouvelle qui s'élève sous leurs efforts. Ainsi prenons confiance dans les résultats du passé pour agir avec assurance dans l'avenir; nous avons déjà beaucoup fait, mais il reste beaucoup à faire encore : continuons notre œuvre avec la foi en nous-mêmes qui nous a manqué jusqu'ici; les sacrifices nous seront désormais d'autant moins pénibles que nous serons plus convaincus qu'ils ne sont pas stériles. L'Algérie est arrivée à un moment capital de son histoire où une administration mieux appropriée à ses besoins, une refonte de sa législation, une impulsion plus active donnée à ses travaux publics doivent imprimer un nouvel élan à ses progrès; l'idée bien nette du but que nous poursuivons et la certitude que nous pouvons l'atteindre rendront toute hésitation impossible dans les décisions du Parlement. Ce but est de faire de l'Algérie un pays entièrement français, et il commande une double série de mesures, les unes tendant à multiplier indéfiniment l'élément français, les autres tendant à supprimer cette anomalie de deux millions et demi d'individus qui sont sujets sans être citoyens; les unes consistant à favoriser, par tous les moyens dont dispose l'État, le développement de la colonisation en hâtant par la construction des ports, des routes, des chemins de fer et des travaux d'irrigation, l'achèvement de l'outillage que la civilisation moderne peut mettre à sa disposition, en procurant à l'émigrant les facilités d'installation les plus grandes et en garantissant aux colons les libertés de la mère-patrie; les autres consistant à pourvoir à l'éducation des indigènes et à les tirer de l'état à demi barbare où nous les avons laissés jusqu'à présent pour les rendre dignes de devenir Français un jour. Peut-être ces mesures nécessiteront-elles quelques charges nouvelles; qu'on les accepte sans déplaisir, car il n'en est point qui puissent être plus sûrement profitables à la force et à la gloire de notre patrie.

FIN

TABLE

	Pages.
Préface...	I
La Traversée...	1

Le mal de mer. — Déceptions. — Pas de vaste mer ! — Devant Alger. — Première vue de l'Algérie.

Bone... 9

Le débarquement. — Les querelles de Bône et de Constantine. — Le département de la Seybouse. — Autres vœux de Bône. — La ville. — Les corailleurs. — Les Biskris. — La Kasbah et ses légendes. — Les incendies des forêts. — Une kouba. — Les ruines d'Hippone.

Bone (suite)... 27

Le concours régional. — Les chevaux arabes. — Bœufs et moutons. — Le chêne-liège et le liège. — La vigne et les vins en Algérie. — Curiosités gastronomiques, le raisin de 'Écriture. — L'olivier. — Peaux de grèbe et peaux de lion. — Un fabricant de tapis indigène. — Les courses de chevaux en Algérie. — Une fantasia.

De Bone a Constantine... 45

La vallée de la Seybouse. — La ferme d'Ous-Fetha. — Notre droit sur l'Algérie. — Histoires de chasse. — Bombonnel sauvé par le naturalisme. — Guelma. — Un musée algérien. — Le chercheur de trésors. — Hammam-Meskhoutine, le bain des maudits. — Les légendes arabes. — L'Algérie nue.

Constantine... 64

Une ville sur un piédestal. — La ville européenne. — Les Constantinoises sont jolies. — Le quartier marchand indigène. — La ville arabe. — Le palais de El-Hadj-Ahmed. —

Un tyran africain. — Types algériens : les Maures, les Arabes, les Kabyles, les Mozabites, les Nègres, les Juifs. — La porte Valée et le génie militaire. — Le marché aux grains. — Environs de Constantine.

PHILIPPEVILLE 99
    La culture des primeurs. — Les marbres du Filfila.

DE CONSTANTINE A BISKRA. 103
    Toujours le plateau nu. — Batna. — Les ruines de Lambèse. — Le pénitencier. — Traversée de l'Aurès. — L'Algérie légendaire et la véritable Algérie. — Les caravanes en marche. — La gorge et l'oasis d'El-Kantara. — L'oasis d'El-Outaïa. — Le col de Sfa. — Vue du désert.

BISKRA. 133
    Projet d'une station de plaisance dans le désert. — Le nouveau Biskra. — Les Européens. — Le quartier marchand. — Une boutique de curiosités. — Les indigènes parlent français. — M. Colombo. — Un gavroche biskrien. — Une soirée chez les Naïliennes. — Bâtonnistes tunisiens. — Le vieux Biskra. — Les palmiers. — L'insurrection de l'Aurès. — La mer intérieure de M. Roudaire.

DE CONSTANTINE A BOUGIE. 171
    Les Abd-en-Nour. — Sétif. — Le Chabet-el-Akhra. — La vallée de l'Oued-Aguerioun. — Bougie.

RÉCLAMATIONS DES COLONS AGRICOLES. 187
    La question des terres. — La question du crédit. — La question de la sécurité.

EN KABYLIE. 208
    Notre caravane. — Aspect de la Kabylie. — Chellata. — L'asif Tifilkount. — Hommes et femmes kabyles. — Tifilkount. — La vie kabyle. — Merveilles de culture. — Chez Mohamed-Saïd-ben-Tahar. — Surprises. — Fort-National.

LA QUESTION INDIGÈNE. 229
    Qui se fera l'apôtre de la Kabylie? — Notre honneur et notre intérêt exigent l'assimilation des indigènes. — Les indigènes ne disparaîtront pas de l'Algérie. — Preuves qu'ils ne sont point réfractaires à notre civilisation. — Arabes et Berbères. — Ilotisme actuel des indigènes. — Vainqueurs et vaincus. — Comment on encourage les naturalisations. — Nécessité de mettre les indigènes en rapport avec le

gouvernement par des délégués élus. — Il faut détruire la société arabe. — Constitution de la propriété individuelle. — Constitution d'un état civil des indigènes. — Suppression de la justice musulmane. — Suppression des collecteurs d'impôts indigènes. — Des écoles! Partout des écoles!

Alger 267

Flâneries dans Alger. — Fromentin. — Physionomie d'Alger. — La ville européenne. — La ville arabe. — Les monuments. — Les réclamations des habitants. — Environs. — Les parcs d'autruches. — Alger, station d'hiver.

De quelques autres Réformes. 294

Nécessité d'une administration civile. — Les bureaux arabes. — Faute commise par M. Albert Grévy. — Rattachement du Tell au territoire civil. — Nécessité de coordonner tous les projets de réforme. — Lacunes du programme de M. Albert Grévy. — Il faut indiquer dès maintenant que le but final des réformes est l'assimilation complète de l'Algérie à la France. — Existence d'un parti autonomiste en Algérie.

D'Alger a Oran 323

Boufarik. — L'eucalyptus. — Blidah. — Milianah. — Le plus grand fleuve de l'Algérie. — Deux cents kilomètres de plaine. — Orléansville. — Oran, sa prospérité, ses plaintes contre Alger. — L'émigration espagnole.

Tlemcen et Sidi-Bel-Abbès 342

Les routes de la province d'Oran. — La mosquée de Bou-Medine. — Les ruines de Mansourah. — Le minaret d'Agadir. — La légende de Sidi-Yacoub. — Tlemcen. — Beautés naturelles de ses environs. — Le chemin de fer transsaharien. — Avantages du tracé par la province d'Oran. — Nécessité de rectifier la frontière franco-marocaine. — Sidi-Bel-Abbès. — L'alfa. — Les chemins de fer en Algérie. — Départ de la caravane.

Conclusion 379

Paris. — Typ. G. Chamerot, 19, rue des Saints-Pères. — 9087.

www.ingramcontent.com/pod-product-compliance
Lightning Source LLC
Chambersburg PA
CBHW050418170426
43201CB00008B/451